儒家文化传统与新时期长篇小说的文化价值建构

——以茅盾文学奖获奖作品为研究样本

Confucian Cultural and the Construction of Long Novels of Cultural Values in New Period：Based on the Research Sample of Mao Dun Literature Award-winning Entries

孙俊杰 著

人民出版社

国家社科基金后期资助项目
出版说明

后期资助项目是国家社科基金项目主要类别之一，旨在鼓励广大人文社会科学工作者潜心治学，扎实研究，多出优秀成果，进一步发挥国家社科基金在繁荣发展哲学社会科学中的示范引导作用。后期资助项目主要资助已基本完成且尚未出版的人文社会科学基础研究的优秀学术成果，以资助学术专著为主，也资助少量学术价值较高的资料汇编和学术含量较高的工具书。为扩大后期资助项目的学术影响，促进成果转化，全国哲学社会科学规划办公室按照“统一设计、统一标识、统一版式、形成系列”的总体要求，组织出版国家社科基金后期资助项目成果。

全国哲学社会科学规划办公室

2014 年 7 月

目 录

绪　　论

第一节　儒家文化的当代际遇

中国传统文化是一个多成分、多层次的繁复体系，如“一树繁花，由生根发脉而老干直上，而枝叶扶疏，而群花烂漫”，①其中，儒家文化因自汉代开始与封建政权相结合，占据着犹如国教的地位，成为传统文化的主流，而且它本身也融合了释家、道家、兵家等合理因子，由此，传统文化有时也代指为儒家文化，虽然并不确切。我们看取儒家文化传统的当代际遇，离不开其在一百多年的中国现代化进程中遭遇到的巨大挑战，及其被迫的发展和转化的过程。

儒家文化传统在历史中是一个不断发展流变的过程。“各代有各代的儒家。有原创性的先秦儒家，有带有浓厚政治色彩的汉代儒家，有融化了禅佛思想的宋代儒家，有集大成的清代儒家，还有在民国后与西方文化冲击下形成的‘新儒家’。各代儒家思想都有变化和发展。”②它并非是一个死的“流”，而是一个活的“源”。在漫长的儒家文化占主导地位的封建社会，这种变化与发展，不外来自两方面的原因：一方面是儒家文化为了适应新的社会政治、经济状况所作的自我调整和完善。时代的发展需要与之相匹配相适应的文化。另一方面是来自别种文化的冲击和威胁。如禅、佛、法、兵以及西方文化，这些犹如异质的因素对儒家文化构成一种对抗瓦解的力量，也如一面镜子，映照出儒家文化自身的脆弱、僵化与固守之处，驱使它吸收融化其他文化中的一些合理因素以更好地行使其整合人心和社会秩序的社会意识形态功能。但无论如何变化，它作为一个“有机整体”的核心肌理都是共同的。它以“仁”学为其本质和灵魂来调节人与人之间的关系，以“天人合一”来解决人与自然的关系，以三纲五常、家庭本位、忠孝观念来关照人与社会之间的关系，以仁、义、礼、智、信等作为日常生活中为人处世的一般

---

① 钱穆：《民族与文化》，台北联合出版中心社 1960 年版，第 49 页。

② 童庆炳：《中国古代文论的现代意义》，北京师范大学出版社 2003 年版，第 5 页。

行为准则,以三纲领八条目①为人树立了道德理想的典范目标。

近代以来,儒家文化遭遇到前所未有的巨大挑战。从鸦片战争开始,西方文化凭借其依附的坚船利炮显示出比中国传统文化更加强势、更加优势的姿态,先进的中国士人则力图在儒学框架内吸纳新质,重铸新声,重塑孔子形象②,以挽救颓败的国势,但终未能挽狂澜于既倒。随着清政府的覆灭,中国几千年的封建政治统治宣告退出历史舞台,儒家文化又失去了政权的支撑,国力衰败被欺凌的弱势地位却未得到改善,而大量西方文化思潮的涌入,迫使越来越多的中国人睁开眼睛看世界,也开始思索中国老大落后的内在原因。诚如鲁迅所说:"由历史所指示,凡有改革,最初,总是觉悟的智识者的任务。"③而觉悟的智识者将这种落后的原因归结为传统文化所造就的思想文化方面,于是在20世纪初中国现代化的追求中,科学与民主成为启蒙者的主要任务,对应着传统文化造成的人的愚昧和专制。"五四"时期激进的知识分子以不容置辩的口吻发出反传统的呼声,以绝无仅有的彻底精神涤荡传统文化的污泥浊水,"必"字句可说是"五四"的典型句式,④西方现代文化与传统文化被置入革命/反动、前进/倒退、科学/愚昧、自由/专制、现代/传统、活/死、新/旧等二元对立的框架之中,甚至主张文化上"全盘西化"在精英知识分子中也占了一定的比重。虽然有梅光迪、胡先骕、吴宓等对传统文化不无更加理性、对西方文化也保持更加清醒的看法,显示了"反思现代性"的倾向,但长期以来,他们都是作为封建文化、作为"五四"革命的对抗力量而受到批判,即使在我们当代所编的现代文学史教材中亦不

① 《大学》中说"大学之道,在明明德,在亲民,在止於至善。"(程颐认为"亲,当作新。")"古之欲明明德於天下者,先治其国。欲治其国者,先齐其家。欲齐其家者,先修其身。欲修其身者,先正其心。欲正其心者,先诚其意。欲诚其意者,先致其知。致知在格物。"朱熹在他所著的《大学章句》中,把《大学》提出的"明明德""亲民""止于至善"三者称为"大学之纲领",把"格物""致知""诚意""正心""修身""齐家""治国""平天下"八项称为"大学之条目"。后人称之为"三纲领八条目"。

② 如康有为的《新学伪经考》《孔子改制考》以西学为参照系统,托古改制,重塑孔子形象。

③ 鲁迅:《门外文谈》,《鲁迅全集》第六卷,人民文学出版社2005年版,第104页。

④ 如汪叔潜在《新旧问题》中所言:"新旧二者,绝对不能相容,折衷之说,非但不知新,并且不知旧,非直为新界之罪人,抑亦为旧界之蟊贼。"(《青年杂志》1卷1号,1915年9月);李大钊:"由来新文明之诞生,必有新文艺为之先声,而新文艺之勃兴,尤必赖有一二哲人……"(《〈晨钟〉之使命》,《晨钟报》创刊号1916年8月15日),陈独秀1917年5月1日答胡适之关于文学革命的信尤多被人引用:"改良中国文学,当以白话为文学正宗之说,其是非甚明,必不容反对者有讨论之余地,必以吾辈所主张者之绝对之是,而不容他人之匡正也。"(载《新青年》3卷3号)显示着某种与传统文化决绝的社会情绪,也反映了五四新文化人物的某些偏激之处。

乏这种观点。① 在社会处于大变革的年代里,文化间的冲突,往往并不局限于纯文化的性质,而显现着更为深层的政治背景。这些文化上的论争,也必然在文学中表现出来。"吃人"是那个时代给予传统文化最为形象的画像。

在革命战争的年代里,侵略与反侵略的民族矛盾成为社会的最主要矛盾,救亡图存成为中国人的首要任务,"救亡压倒启蒙",在此一时期,传统文化在事实上成为我们国家认同、团结一致的精神凝聚力。舍生取义的儒家道德伦理也内化为保家卫国的革命实践,"精忠报国""孝悌"之义转化为爱国、团队精神。在文学创作中,有了老舍写作大鼓词,创作《四世同堂》,挖掘民族的精神优质,也正视民族的精神负累。解放区的文学创作难见个性解放的提倡,代之以家庭在适应新的革命需要基础上的和谐与稳定,是"民族革命战争的大众文学"②,是"民族的科学的大众的文化"③。依许纪霖对近代以来中西文化之争历史的概括,"大致说来,从鸦片战争开始到辛亥革命失败,是致力于中西文化互相调和的时期;从五四新文化运动兴起到三十年代前叶,是致力于中西文化互相批判的时期,从抗日战争爆发前夕到新中国成立,是致力于中西文化互相融合的时期"。④ 新中国成立后,马克思主义成为国家的意识形态,占据了绝对的优势,直到"文革"期间,传统文化再次作为被彻底打倒彻底清除的对象被涂鸦成封建妖孽谬种。

进入新时期以来,中国的传统文化又一次被推到了文化争鸣的风口浪尖,在"新启蒙"的社会任务和"现代"的坐标中,被批判、反思、再认识、再评价。"文化热"是20世纪80年代一个显著的文化现象。它肇始于20世纪80年代初,兴盛于20世纪80年代中后期,进入20世纪90年代开始降温,

---

① 如王瑶在《中国新文学史稿》中称以吴宓、梅光迪等为代表的"学衡派"为"标准的封建文化与买办文化相结合的代表"(上海文艺出版社1982年版,第39页);郭志刚、孙中田主编的《中国现代文学史》则将"学衡派"认为是"封建复古派"(高等教育出版社1999年版,第63页);而朱栋霖、丁帆、朱晓进主编的《中国现代文学史(1917—1997)》(高等教育出版社1999年版)中将"学衡派"评为"思想倾向稳健保守","击中了新文学倡导者的弱点和某些要害",已不再将之与封建相挂钩,这些评价的差异无疑显示的是社会文化环境对待文化传统态度上的某种转变。

② "民族革命战争的大众文学"是在中国共产党抗日民族统一战线的路线、方针、政策影响下,由鲁迅等人于1936年6月提出的。鲁迅指出:"'左翼作家联盟'五六年来领导和战斗过来的,是无产阶级革命文学的运动。这文学和运动,一直发展着;到现在更具体底地,更实际斗争底地发展到民族革命战争的大众文学。"(《论现在我们的文学运动》,见《且介亭杂文末编》,人民文学出版社1973年版,第101页)

③ 1940年2月,毛泽东发表了著名的《新民主主义论》,把新民主主义的文化概括为"民族的科学的大众的文化""人民大众反帝反封建的文化"。

④ 许纪霖:《近代中国中西文化之争历史评述》,《学习与探索》1985年第4期。

然而文化研究和各种讨论却并未间断过。进入20世纪90年代以后,许多学人以冷静和理智的态度探究文化和文化史的种种问题,一段时间内又出现了“国学热”。这种“文化热”和“国学热”作为20世纪后20年中的客观文化现象,表现于这样几个方面:数量众多、规模不一的文化问题座谈会和研讨会的举办;文化研究的专门机构和团体的成立以及大量文化研究专栏的开辟和各种文化研究丛书的出版。①

很多学者研究概括这种“文化热”兴起的原因,认为:首先,从历史的角度看,它是近代以来特别是“五四”文化论争的继续和发展。从根本上说,这种论争都是围绕着中西文化的关系或传统文化与现代化的关系而展开,无论是近代的“中体西用论”,还是“五四”的“全盘西化论”和“本位文化论”,它们代表的是从近代到“五四”人们对中西文化关系的基本认识和态度。而20世纪80年代的“文化热”并没有背离这些论争的主题,可以说这次“文化热”是近代和“五四”文化论争的历史的延伸和历史的再现。再次,“文化热”及“国学热”出现的深层社会根源在于,它是人们对“文革”进行

---

① 1982年12月,《中国文化研究集刊》和联合国教科文组织《人类科学文化史》中国编委会共同发起的“中国文化史研究学者座谈会”,对文化与文明、文化史的对象与范围、文化形态诸问题、中国文化传统的估计、中外文化的交流、文化中心、文化的研究方法等进行了热烈的讨论,提出了研究中国文化的紧迫性。之后,对中国文化的研究迅速地在各地展开。1984年12月,上海社会科学院发起组织了全国首届“东西文化比较研究讨论会”,就东西方文化产生发展的背景、特点、差异以及进行比较研究的方法问题展开了热烈的讨论。上海还影印了20世纪30年代出版的《中国文化史丛书》共50种。在官方的支持和赞许下,1984年山东曲阜成立了中国孔子基金会,创办《孔子研究》并召开了全国性的孔子研究讨论会,考察社会主义与儒家传统间的联系。1985年在北京又成立了中国孔子研究院,这两个机构也成为中国孔子研究的两大中心。1985年,“中国文化书院”由北京大学哲学系以汤一介、乐黛云、庞朴、李泽厚等为主力的一批学者在北京发起成立。受海外新儒家影响,强调文化的延续性,强调从中国传统文化中获取现代性发展的动力,由九州知识信息开发中心和中国文化书院筹委会主办的中国文化讲习班于1985年3月4日开学,历时20天,于3月24日结束。参加这次讲习班的授课导师是:冯友兰、梁漱溟、张岱年、侯仁之、任继愈、金克木、虞愚、牙含章、石峻、吴晓铃、袁晓园、戴逸、何兹全、丁守和、阴法鲁、朱伯昆、汤一介、白化文、庞朴、杜维明、陈鼓应、李泽厚、孙长江和鲁军等。来自全国各地的170多名学员参加了学习,内容涉及中国传统的思维方式、中国文化的特质和要义、中国哲学与中国文化的关系,中国的传统经学和宗教、汉字的发展,中国的古典文学、音乐和书法艺术,中国的传统地理学,等等。1986年1月,这两个单位又联合举办了第二期中国文化讲习班。1985年12月19日至30日,武汉大学哲学系邀请了一批海内外知名学者,在古城黄州举办了一次以“中国传统文化与现代化”为题的系列讲座。举办讲座的宗旨,是探讨中国几千年的传统文化与当前正在进行的社会主义现代化事业的关系。传统文化研究机构除中国文化书院,还有诸如:中国文化研究所、汉唐文化研究室、国学研究所、文史研究所、中西文化比较研究中心等等。出版丛书如《文化哲学丛书》《人文丛书》《中国文化史丛书》《海外中国研究丛书》《现代新儒学研究丛书》等。

理性反思的结果。而最根本的原因则是改革开放和现代化建设实践向思想文化提出了客观的要求。① 这几方面都属于我们自身内部的原因,除此之外,有论者也指出了来自国外大环境的影响,认为西方出现的"中国热"也促使中国自身对传统文化进行反思。②

在当下社会文化语境中,人们主要关注儒家文化传统与两方面的关系:在社会层面上,与现代化的关系;在意识形态层面上,与马克思主义的关系。

"传统文化与现代化的关系问题乃是20世纪80年代的文化热和90年代的国学热衷的焦点,其他一切文化与文化史问题的讨论都是以这一问题为中轴而展开的。"③因为现代化是中国自晚清、"五四"以来所面临的最主要的任务,改革开放伊始,更是明确地将工业经济的发展、将"四个现代化"的实现作为目标。对传统文化与现代化的冲突,论者主要有两种观点:一种是如刘晓波认为二者根本冲突,不可调和;④而更多的论者则以辩证的观点,认为二者并非绝对对立,只是具有冲突的一面,但同时也具有相契合的一面,由此主张在批判、扬弃传统文化中不适应现代化要求的消极落后因素的同时,挖掘、弘扬其对实现现代化有意义的层面。⑤ 在21世纪的今天,我们当然不可能再持有绝对的"愤传统"的观点,这种绝对的"愤传统"除了提高点击率,激起虚无主义的民族情绪之外,无论于现代化建设还是文化传统的反思都无益处。"中国儒家学说的某些方面,如重视德性,重视人的全面发展。重视人生的意义和理想,强调人和人、人和环境、人自身身与心、肉体生命与精神生命的和谐,主张科技理性和道德理性二者的和谐统一等方面,可以作为正在高涨的全球性文化保守主义思潮的一支力量,对科技理性迅

① 邵汉明主编:《中国文化研究二十年》,人民出版社2003年版,第1—2页。

② 郑晓江的《中国文化研究热潮兴起的原因和前景》(《社会科学》1986年第4期)认为这种热潮的背景和原因在于:一是随着改革开放的实行,外来文化与中国文化发生了猛烈的碰撞。二是在西方出现了"中国热";李晓东的《中国文化史研究现状述评》(《西北大学学报》(哲学社会科学版)1985年第4期)认为中国文化史研究的兴起与中国社会形势的发展和国外的研究的兴盛有直接密切的关系,对文化史的研究,当然是缘于对文化的研究。

③ 邵汉明主编:《中国文化研究二十年》,人民出版社2003年版,第462页。

④ 如刘晓波认为中国传统文化与现代文明没有半点调和的余地,它扼杀人的创造性,造就了中国人的奴性。见其所著《形而上学的迷雾》(上海人民出版社1989年版)及《与李泽厚对话——感性·个人·我的选择》(《中国》1986年第10期)。

⑤ 这一方面的论述很多。如严钟奎:《传统文化与现代化》(《暨南学报》1987年第4期);魏承思:《论中国传统文化的改造》(《社会科学》(沪)1987年第10期);李侃:《门外私谈》(《东岳论丛》1988年第4期);汤一介:《中国文化对21世纪人类社会可有之贡献》(《文艺研究》1999年第3期);许苏民:《论中国传统文化与现代化的结合部》(《江汉论坛》1988年第2期);等等。

速膨胀、人文价值失落的现实有所匡正救治。”①可说是已经成为一种全球性的共识。

传统文化与马克思主义的关系必然是双向的。它一方面包含着传统文化的现代转化，另一方面包含着马克思主义中国化的过程。也就是对中国传统文化“取其精华，去其糟粕”，剔除或改造其中的消极层面，发掘并弘扬其中与马克思主义相容、与人类健康文化需要相适应的积极层面，使这些积极文化层面成为马克思主义植根于中国社会的文化土壤。② 早在20世纪20年代，郭沫若即写作了《马克思进文庙》一文，以戏说的方式论说了马克思主义与孔子学说的共同之处。③ 郭沫若尊孔，认为孔子的思想属于“人道主义”“人文主义”，与马克思主义相通。在当代，马克思主义已经成为国家的领导意识形态，它和中国传统文化构成两种势力最大、影响最深广的理论学说，它们的相互结合构成了有中国特色的现代文化。很多论者对这种结合的重要性、可能性进行了探讨和论证，对它们之间的相通相容及相异相别进行了论说。如邵汉明将它们之间的相通性归结为四个方面：人本性、理想性、实践性、整体性。④ 刘小枫认为中国的马克思主义具有儒教精神根源，“没有现代性事件，马克思主义不会出现；没有儒教文化传统，也不会有中国的马克思主义”。⑤ 而国家领导人所提出的“以德治国”“和谐发展”的纲领也无不具有儒家文化传统的理论资源。

深入考察“文化热”“国学热”的原因，除了政治、经济、文化的因素，如果从精神层面来说，可以看到它是源于知识分子心理上的两种焦虑：一种是现代化的焦虑。改革开放使我们看到了与西方国家相比，自身落后的状况和危机，我们需要奋起直追，需要现代化的快速发展。西方文化以及现代化的现实需要映照出传统文化的诸多弊端。于是，在20世纪80年代之初，我们听到了来自极端民族虚无主义的声音，⑥就如同“五四”时期“全盘西化论”的时空回声。当然这种民族虚无主义不可能占据文化的主流，即使是“五四”时期，轰轰烈烈的新文化运动在反传统中更多的也是对传统文化优

① 张学智：《儒家文化的精神与价值观》，《北京大学学报》1998年第1期。
② 张念丰、张秉楠、邵汉明：《马克思主义与中国民族文化》，《光明日报》1991年10月14日。
③ 《郭沫若全集》第10卷，人民文学出版社1985年版，第161—167页。
④ 邵汉明：《试论马克思主义与中国民族文化的结合》，《新长征》1999年第4期。
⑤ 刘小枫：《儒家革命精神源流考》，上海三联书店2000年版，第29页。
⑥ 如刘晓波在其《与李泽厚对话——感性·个人·我的选择》（《中国》1986年第10期）中宣称“对传统文化我全面否定。我认为中国传统文化早该后继无人。”其他如《河殇》的作者谢选骏所著《传统文化已经终结》（《电视月刊》1988年第10期）等。

秀因子的再次厘定,[1]这种极端的声音只能说是突然面对西方强势而愤慨于国家精神文化疲惫的非理性之词。它从一方面反映了中国当代知识分子面对西方现代化的强烈震惊,由此产生自身焦虑的深刻程度。在此一点,它确乎与“五四”时国门突然洞开从而使国人睁开眼睛看世界引起的无比震惊和焦虑有些相似,而越来越多的知识分子也必然会以更加理性客观的态度去评价、去反思传统文化。另一种是自我认同的焦虑。“中国人在日常生活中所寻求的人生意义,他们情感的和信仰的诉求,毕竟要受制于他们在几千年间形成的深层的文化心理结构,有中国传统的特点,如重视人伦日用,讲究合乎情理,主张不偏不倚,热爱和平、追求和谐等。”[2]改革开放又一次使国门大开,强势的西方文化潮涌而入,中国文化必然需要在与西方文化的对话中求得自身的生存与位置,这种对话在20世纪八九十年代并不是平等的,这就不能不使中国知识分子产生一种认同的焦虑。“任何人都不可能长久没有自我身份意识,或者说人只有明确肯定地知道自己是谁,才有可能解脱束缚。如果一个人没有这样的自我意识,他就连自己缺乏什么都不知道,认为自己完满充实的主体不会有需要造反的感觉。因此,受压迫民族的‘否定性’——意识到自己的虚脱状况——蕴含着一种更加积极的存在样式。异化的真正胜利在于人全然不知道自己已经异化了。”[3]只有民族文化传统才能解决我是谁、我应该怎样的自我认同问题。而现代化的西方文化对社会、对伦理道德、对价值体系产生了巨大冲击,以人为中心的启蒙理性在重现人的价值、尊严之时,也使人的精神信仰产生了危机,追求物质的享受给人带来舒适的同时也造成人与自然的失衡,拜金主义使社会道德堕落,工业社会的政治、经济、科学文化以及人们的欲望都经历了脱胎换骨式的转变,面对这种社会现实,知识分子不能不问,构建我们精神、情感、心理,绵延几千年的文化传统该何去何从。

反观无论否定贬抑抑或辩证的肯定传统文化的评论者,他们对于传统文化的态度从来没有站在纯粹学术的角度上,而是源于强烈的现实的紧迫感,源于改革开放、市场经济、现代化建设实践对思想文化的现实需要,是对

---

① 严家炎先生的《五四·文革·传统文化》一文即对有些学者认为“五四”全盘反传统造成中国文化断裂的说法提出了异议。认为“五四”固然有偏激之处,但更主要的,“五四”对于传统文化是革新,而非抛弃,它成功地解决了近代中国思想文化现代性的危机,把中国的历史和文化大大地向前推进了(严家炎:《五四的误读》,福建教育出版社2000年版,第22—38页)。

② 张曙光:《现代性论域及其中国话语》,武汉大学出版社2010年版,第197页。

③ [英]特里·伊格尔顿:《民族主义:反讽和关怀》,《历史中的政治、哲学、爱欲》,马海良译,中国社会科学出版社1999年版,第320页。

当今时代历史发问的回应,中国的现代化如何能够摆脱几千年思想的重负从而轻装上阵、奋起直追西方先进的现代化楷模,传统文化中哪些精神价值能够为中国的现代化提供动力,旧的价值体系已经分崩离析,而新的话语范型尚未建立,知识分子在这个社会的大转型期应该处在怎样的位置。知识分子都在力图去解决这些时代的疑问,彰显出一种强烈的入世情怀、一种忧患意识。这种入世情怀、忧患意识不正是儒家文化传统对人类精神思想的遗留,体现着中国知识分子的一种人格与行为原型——"原忧"在当代文化语境中的"新述"?① 哪怕是如刘晓波那种极端的虚无与愤慨?诚如郑敏所说:"其实近年关于文化传统的讨论,据我所知,其动力还真是来自世纪末自我审视,是纯本土的,出于回顾与展望,形成中国当前文化的前因后果,而产生的焦点谈论。"②

黑格尔说:"传统并不仅仅是一个管家婆,只是把它所接受过来的忠实地保存着,然后毫无改变地保持着并传给后代。它也不像自然的过程那样,在它的形态和形式的无限变化与活动里,仍然永远保持其原始的规律,没有进步……而是生命洋溢的,有如一道洪流,离开它的源头愈远,它就膨胀得愈大。"③在这个传统的洪流中,我们祖先集几千年生命智慧创造的儒家文化传统无疑是其中的根本流脉,它不断地吸纳新质,创造新生,构建着我们灵魂和精神的家园。

第二节 儒家文化传统与新时期长篇小说

一 儒家文化传统对新时期长篇小说的影响

——从作家和读者方面来看

"传统文化与现代化的关系乃是贯穿中国现代化运动始终的大问

① 王一川在《修辞论美学:文化语境中的20世纪中国文艺》中认为中国知识分子总是处于一种似乎与生俱来的"原忧"之中。这种"原忧"是"原债感"和"原任感"两种情结剧烈冲突的产物。"原债感"来源于个人与"家""国"的伦理关系,它要求人孝父忠君,是遵循传统的,"原任感"来自于"天道"所赋予承担的神圣使命,是孟子所谓"天降"之"大任"。"原债感"和"原任感"并不总是和谐的,相反,在历史发展的特殊时期(如"转折"或"动乱"年代),"原任感"往往是反传统的革命的,与"原债感"发生冲突。但另一方面,二者也可能有某些潜在的相通之处:反传统论者在潜意识中也对传统寄以深深的眷恋之情(中国人民大学出版社2009年版,第96—103页)。

② 郑敏:《文化、政治、语言三者关系之我见》,《二十一世纪》1995年6月号。

③ [德]黑格尔:《哲学史讲演录》第1卷,贺麟等译,商务印书馆2011年版,第8页。

题”①,换句话说,儒家文化传统与现代化的关系是新时期时代文化的中心问题。文学创作正是时代文化建设重要的一部分,尤其是长篇小说创作,可以说,传统文化与现代化的关系也是贯穿长篇小说创作的一个潜在主题和时代背景。文化(传统与现代)造成人的观念转变,对人的精神、心理、情感和日常生活产生重大影响,文学要表现人,表现人的生活,那么,作家不管有意或无意都必然会在创作中表达对这一问题的思考和探索。无论是反思、改革题材、农村题材、历史题材,女性主义的小说,具魔幻、荒诞、先锋色彩的小说等几乎都留下了作家对这一时代问题回应的痕迹。在这一过程中,几千年儒家文化传统的集体无意识造就的作家自我身份的想象,造就的作家、读者的文学想象和期待,并不会随着现代文化的到来而突然改变。

(一) 儒家文化传统对作家的影响

作家作为知识分子,是由古代的“士”演变而来的,如杜维明认为,儒家士人完全可以被视为现代知识分子的先驱。作为士大夫,他们确定其政治角色,并通过官僚制来履行其社会功能。他们是导师;他们是伦理的模范;他们是博学的学者;他们是智者;他们是精神的领袖;他们是社群的领导。究极而言,他们信守的对象是人类境况改善而非此世的实在。这一点使得他们承担了一种可与现代知识分子相匹配的社会责任。“从儒家的角度来看,一个具有良知的宗教领导人对政治事务没有深入的关怀,对社会服务没有积极的参与,对文化事业没有深厚的敏感,这是无法想象的。”②当代作家也承载了诸多传统的“士”在历史推进中形成的精神传统。

这种精神传统最为突出地表现为“忧患意识”。徐复观先生曾经指出中国文化,乃“一忧患之文化也”。③ 儒家文化传统中洋溢着浓厚的忧患意识。《易·系辞下》云:“《易》之兴也,其于中古乎?作《易》者,其有忧患乎?”孟子有“生于忧患而死于安乐”的名训,范仲淹的“先天下之忧而忧,后天下之乐而乐”更是千古传诵。何为“忧患意识”?徐复观先生认为,忧患意识“乃人类精神开始直接对事物发生责任感的表现,也即是精神上开始有了人的自觉的表现”④。夏乃儒先生依此进一步指出,忧患意识是观察与思考的升华,是理智与情感的融通,是理想与现实的冲撞,是觉醒与未悟的

① 邵汉明主编:《中国文化研究二十年》,人民出版社2003年版,第488—489页。

② [美]杜维明:《儒家传统与文明对话》,彭国翔编译,河北人民出版社2010年版,第134页。

③ 徐复观:《忧患之文化——寿钱宾四先生》,见徐复观著,陈史艰编:《中国知识分子精神》,华东师范大学出版社2004年版,第60页。

④ 邵汉明主编:《中国文化研究二十年》,人民出版社2003年版,第523页。

枘凿；简言之，是历史的觉醒者在使命感的驱使下，面对着艰难的时世，所发生的一种忧虑、悲悯的精神状态。[①] 传统的“士”作为掌握文化的一个阶层，是这种忧患意识的主要承担者。这种忧患意识在历史的发展中不断加入更为合理更具时代特色的因素，从孔子的“忧道”、孟子的“忧民”“忧天下”到顾炎武的“天下兴亡，匹夫有责”和孙中山的“四万万”人民的“亡国亡种”之忧，几千年来，忧国、忧民、忧世、忧天下，是无数志士仁人的精神血脉。也可以说，正是缘于儒家文化传统这种深沉的忧患意识造就了儒家“士人”的积极入世情怀，“修身、齐家、治国、平天下”是儒家文化为士大夫阶层制定的人生理想，张载《西铭》中“为天地立心，为生民立命，为往圣继绝学，为万世开太平”正是历代传统士大夫自觉身负的重大责任与使命。

在中国几千年的文学史上，感怀诗、咏史诗之类的创作极多，杜甫“穷年忧黎元，叹息肠内热”的诗作，陆游的“位卑未敢忘忧国”，即使是如白居易的闲适诗，李白充满狂放恣肆的夸张与想象的诗篇，底色里也是充满了忧国、忧民的情怀和“治国、平天下”志向无法实现的寂寥与忧愤。中国重视历史，史传传统的发达，也未尝不是因为历史可以“以古为镜，可以知兴替”[②]，具有“垂训鉴戒”的作用。这种忧患意识产生的强烈干预改造社会的意识表现在现代作家身上，就是以文学负载思想启蒙、革命动员的重任。鲁迅的以文学“疗救人们精神的创伤”冲出“铁屋中的呐喊”，钱钟书说自己的创作是“忧世伤生”之作，就是忧患意识的一种表征。对“文以载道”“文以明道”的传统文学观念，不论各家对于“道”做出何种解释，在现代新儒家钱穆先生看来，“中国文学家亲附人生，妙会实事，中国文化环境阔而疏，故一切宗教、文学、政治、礼律，凡所以维系民族文化而推进之者，皆能向心而上行。文以载道，正为此发”。[③] 文以载道，并不是求道弃世，而是执道入世。所谓道，就是人生，道是人生不可须臾扬弃的圭臬。

新时期作家继承了这种忧患意识。蒋子龙说他的《乔厂长上任记》“是‘逼’出来的。是被生活‘逼’出来的，是被一个普通的中国人对‘四化’的责任感‘逼’出来的……”[④]这无疑说尽了新时期伊始作家们以文而执道入世的实践行为。《将军吟》对“文革”中坚守信仰的将军的赞颂，《芙蓉镇》“寓政治风云于风俗民情图画，借人物命运演乡镇生活变迁”对历次政治运

① 夏乃儒：《中国古代“忧患意识”的产生与发展》，《上海师范大学学报》1989 年第 3 期。

② 李世民语。见［后晋］刘昫等撰：《旧唐书 · 魏徵》，中华书局 1975 年版，第 2561 页。

③ 钱穆：《中国文学讲演集》，巴蜀书社 1987 年版，第 17 页。

④ 蒋子龙：《〈乔厂长上任记〉的生活帐》，见彭华生等编选：《新时期作家谈创作》，人民文学出版社 1983 年版，第 24 页。

动的反思,《沉重的翅膀》谱写着“为着中华民族的振兴而忘我工作的人”的一代赞歌,他们对当下社会最迫切问题的敏锐反应,对人民代言人、启蒙者的精英知识分子身份的自觉认同,已经昭示了作家强烈的使命感和责任感。还有陈忠实“关于我们这个民族命运的思考”,①一种源于生命深处的对民族命运关注的创作冲动,刘玉民的“响应时代的召唤”②,张平的“义无反顾、大张旗鼓的张扬正义和勇敢本色,大力支持我们国家领导阶层中的健康力量和改革力量”,③贾平凹以为故乡“立碑”而创作《秦腔》,刘醒龙秉持着“文学的第一要旨是表现我们的民族精神与灵魂”④的创作理念,张炜“让自己的作品有益于世道人心”,⑤虽然对生活中的苦难充满了忧虑和牵挂,但力图让自己的作品带给人温暖和希望之光。这些并非作家的堂皇、媚俗之辞,而是他们投身写作时真实的文学观念,这种文学观念必然促使作家创作出严肃的文学作品。历史小说不可能不继承我们的史传传统,司马迁“究天人之际,通古今之变”的史传传统影响着历代历史小说家的文学创作。如熊召政所说:“让历史复活,使今天的人们能够从遥远的过去审视当下、洞察未来,这不仅仅是历史学家的责任,同时也是作家的责任。”“作为历史小说的作者,还有一点尤其重要,那就是忧患意识……一个不具备忧患意识的作家,又怎能与笔下的历史人物作穿越时空的心灵沟通?……他不会无缘无故地选取一段历史、一个人物,对现实生活的思考形成了他的历史观。”⑥历史小说的创作是源于作家对当前中国社会改革现状深怀感触,在创作中渗透了作家对当下生活的认识。第七届茅盾文学奖评选出了四部获奖作品:贾平凹的《秦腔》、迟子建的《额尔古纳河右岸》、麦家的《暗算》和周大新的《湖光山色》,除《暗算》之外的三部都触及了社会现代化进程中产生的各种问题,民族传统的逐渐瓦解消逝,现代化过程中道德的沦落,或者如詹石磴的把持,旷开田的沉沦,暖暖的坚守(《湖光山色》),从不同的角度展现给我们现代化这一伟大进程的不同面貌。这当然不是偶然的,它表明

---

① 陈忠实:《关于〈白鹿原〉的答问》,《小说评论》1993年第3期。

② 杨景贤:《作家要响应时代的召唤——访茅盾文学奖获得者刘玉民》,《走向世界》1998年第1期。

③ 张平、俞凡:《没有义愤就没有激情——作家张平访谈录》,《出版广角》1999年第11期。

④ 《刘醒龙曾被人嘲笑“坐家”:我不是写作天赋高的人》,2011年11月29日,http://www.chinawriter.com.cn/news/2011/2011-11-29/107896.html。

⑤ 《文学需要在生命中感悟——访著名作家张炜》,2011年12月7日,http://www.chinawriter.com.cn/2011/2011-12-07/108787.html。

⑥ 熊召政:《文学的自觉与作家的责任——〈张居正〉创作谈》,《湖北大学学报》2008年第5期。

的正是作家在新的历史条件下，面对文明冲突的价值危机、人与社会的文明危机、人与人的道德危机、人的心灵的精神危机、人与自然的生态危机之时，对时代问题的一种回应，一种深刻忧患意识的表达。第八届获奖作品《天行者》《蛙》《推拿》《一句顶一万句》等有着浓厚的人文关怀意识，《蛙》在书写新中国六十年的生育史中展现的对中国文化传统中生命意识的思考，《你在高原》"对于道德良心的追问、对于底层民众命运和精神深处的探询、对于自然生态平衡揪心的关注"①，都是作家"在用文学的方式回应了时代"②，是精英知识分子的人生"忧思录"。

儒家文化传统所造成的士人与国家政权的关系，也潜在地影响着当代知识分子。曹书文曾论述了传统家族文化对于现代作家的深远影响，"现代作家对修身齐家扬弃的同时却对治国平天下的责任表现出浓厚的感情，他们对自己作为作家的角色从来都不是一厢情愿的抉择，创作对他们来说永远都不是重中之重，改造社会，治国平天下对他们有着莫大的诱惑，即便是他们不得已成为作家之后，他们也透过对社会现实的关注间接流露出政治关怀的热情。现代作家的身心矛盾一方面表现出知识分子可贵的忧患意识，同时也对新文学的发展产生了一定程度的负面影响。那种对文学自身特点与规律的轻视，那种单纯配合时政的应时之作的出现无不源于现代作家根深蒂固的政治文化心态。"③将之应用于大部分当代作家无疑也是适用的。"治国、平天下"是高悬在士人头上的达摩克利斯剑，它只有通过国家政权的认可才能实现，这造成传统士人对国家政权的完全依附状态。而国家政权通过对士人的选择巩固着自己与士人之间的紧密关系，通过文化的规训巩固着士人的自我想象。尽管在新时期，作家的主体性及文学的主体性逐渐增强，国家政权对于文学创作已不再直接的干预，作家也已分化，但"政治文化"心态却使他们在事实上不可能完全疏离国家意识形态，诚如丁帆对乡土小说的论述，"它们的表层结构虽然充满着迷人的'文化'色彩和魅力，但在其深层结构中却处处表现出对那种规范化政治意识的抨击或礼赞"，④不谈政治本身也是一种政治态度。范国英曾考察了政治资本在茅盾文学奖中的消长，从第一、第二届获奖作家几乎都担任过各省市或自治区作协或有关文艺部门的领导工作，象征资本与政治资本具有高度的合一性，到

① 铁凝对《你在高原》的评价。见《〈你在高原〉等5部长篇小说获第八届茅盾文学奖》，2011年8月20日，http://www.chinawriter.com.cn/news/2011/2011-08-20/101608.html。

② 张陵语。见胡军、王觅：《对文学精神的坚守值得肯定》，《文艺报》2011年8月24日。

③ 曹书文：《家族文化与中国现代文学》，中国社会科学出版社2002年版，第58页。

④ 丁帆：《乡土小说的多元与无序格局》，《文学评论》1994年第3期。

第四、第五届文学自主性的增强，政治资本的减弱，政治的认同作用在获奖者的身份认同中所占比例减小，①但作为体现国家意识形态的最高长篇小说大奖，并不会消除作家与国家意识形态之间的关系，它通过评奖而对作家及其创作进行选择、引导和规范，使获奖作品体现主流意识形态的要求，从一个侧面规约着作家与意识形态的关系。

《平凡的世界》的创作即是一个明显的例子。在其中我们看到国家政权与当代作家之间的又一次紧密合作。路遥自述："为了方便工作，我在铜川矿务局兼了个宣传部的副部长……我来之前，矿上已在离矿区不很远的矿医院为我找好了地方。"②而在全书并没有最后完成的情况下，中央人民广播电台就已经开始对之进行联播，"这是一次打破常规的播出"。这就使人去思考：为什么《平凡的世界》会受到如此的礼遇？中央人民广播电台无疑是国家政权、国家意识形态的喉舌，为什么会在那个时期对《平凡的世界》及其作者如此偏爱？文本作为一种"复调叙述"，评论者尽可以从"现实"出发，择取所需要的，进行"社会主义""改革开放""时代精神"等等的宏大命名。国家政权及其意识形态就可以通过这种选择、命名、引导的作用，规范、强化作家符合意识形态要求的自我身份想象。

（二）儒家文化传统对读者的影响

邓小平在《在中国文学艺术工作者第四次代表大会上的祝词》中说："作品的思想成就和艺术成就，应当由人民来评定。"③这个具有评判权的人民，我们在 20 世纪 40 年代毛泽东确立的"文艺为工农兵服务"的路线中看到过它的影子，只是它比那时的范围更为广泛，在此，当指最为广大普遍的读者，而不仅仅是专业评论家或精英知识分子。"对作品最有发言权的人就是读者，就是广大人民群众。任何作品都要经过广大群众的实践来检验"。④

首先是读者具有怎样的文学想象。我们看到，当改革文学的开山之作《乔厂长上任记》发表之后，形成了满城争说乔光朴的轰动效应，有的工人甚至打报告要求"乔光朴"调到他们厂来，⑤这种轰动源于改革文学适应了

① 范国英：《茅盾文学奖的文学制度研究》，中国社会科学出版社 2009 年版，第 73—85 页。

② 路遥：《早晨从中午开始——〈平凡的世界〉创作随笔》，中国文联出版公司 1993 年版，第 43 页。

③ 邓小平：《在中国文学艺术工作者第四次代表大会上的祝词》，《人民日报》1979 年 10 月 31 日。

④ 巴金：《要有个艺术民主的局面》，《文艺报》1978 年第 5 期。

⑤ 杨志今等主编：《新时期文坛风云录》，吉林人民出版社 1999 年版，第 199 页。

国家将工作重心转移到经济建设上来的新的时代形势以及这种新的时代氛围中读者对于文学的新的期待。乔光朴这一锐意改革、颇具个人英雄主义色彩的形象正契合了那个百废待兴、矛盾与希望并在的特定时代的社会审美心理,契合了人们对于改变困顿的社会生活现实的期望。而读者要求将"乔光朴"调到自己的厂里来,又使我们忆起在战争年代里的那些街头剧演出的情景,《放下你的鞭子》使群情激愤,混淆了戏里戏外的现实与虚构,事实上,这也是那些街头剧力图达到的效果。剧作与读者或受众无疑是互动的,有这样的读者受众存在,才会实际地产生这样的效果。而我们也能够理解为什么曹禺《雷雨》的序幕和尾声常常被人们所忽略和删除,①它由此产生的距离感与现实主义的"深情入境"原则有了不可化约的罅隙。李洱《花腔》中有一个情景可以形象地说明读者的这种文学想象:胡安在《想方设法要胜利》的剧中饰演了白匪,结果戏剧刚刚演完他就被当作白匪打死了。在中国读者的文学想象中,"小说"向来是被读作"大说"的。因为他一直被灌输着这样的文学信念——文学尤其是小说应是现实的一面镜子,是生活本质的真实反映。这种反映论因其背后的意识形态性长期以来对于其他的文学表现构成了话语的压迫与等级。这样的文学与现实生活之间并不存在"城墙意识",并非纯粹的虚构。

其次,不仅是普通的读者,很多的专业评论家亦是如此。在文学作品中,我们看到了太多的现实意义。伤痕、反思、改革小说等现实主义的小说固然如此,即使如《白门柳》表现古代知识分子选择和命运的小说,尽管作家刘斯奋说自己的创作初衷"倒不是想影射现实,或者要把对现实的思考寄寓其中",但不代表读者及评论家不那样来看、来阅读。陈志红说:"《白门柳》写了历史转型时期知识分子对自身命运的选择,这的确有很大的现实意义。知识分子的角色定位,尤其从本世纪初以来,一直是一个众说纷纭的问题。"程文超说:"思想给人的启发,往往是超越时空的。《白门柳》在对历史的深度掘进中,仿佛寄寓着对现实的思考。"②况且文本的这种现实意义并非是读者和评论家的一种附会,文学创作本就基于生活的实践和体验。现实主义一直是创作的主潮,它们"贴近实际、贴近生活",当代诸多文学创作潮流:新潮小说、新写实、现实主义冲击波、女性文学,哪一个能真正地脱离生活呢?社会历史批评一直是一种有效的批评武器。

---

① 见钱理群等著:《中国现代文学三十年》,北京大学出版社 1998 年版,第 422 页。

② 刘斯奋、程文超等:《历史、现实与文化——从〈白门柳〉开始的对话》,《当代作家评论》1996 年第 4 期。

"从根本上说,读者是被建构起来的一种存在,阅读不可能有固定的审美标准和价值标准,往往要受时代风尚和主导话语以及意识形态等因素的制约。"①如果从儒家文化传统上去探求建构读者这种文学想象的根源,那么,也许可以看作是几千年的"兴、观、群、怨"的道德诗教在人们的文学思想上所存留的余韵遗响。"子曰:'小子何莫学夫诗?诗可以兴,可以观,可以群,可以怨。迩之事父,远之事君;多识于草木鸟兽之名。'"②这种道德诗教对于作者和读者都产生了深远的影响。所谓"观"即是"观风俗之盛衰"③,"考见得失"④,主要是指人们可以通过诗来观察现实的政治实施的结果,当然也可以通过赋诗言志观赋诗者的志向、意愿等,深刻揭示诗歌的认识作用。诗三百的"风"即是统治者派人员到民间去采集歌谣,由此而得知民间的风俗、呼声及对统治政权的看法。诸如"兴",通过诗歌来开发人的健康情感,"群",经由诗来进行人与人之间的沟通,"怨",《论语集解》引孔安国注:"怨刺上政"⑤,《皇侃義疏》:"'可以怨'者,诗可以怨刺讽谏之法,言之者无罪,闻之者足以戒,故可以怨也。"⑥这种道德的注重实际的诗教在几千年的发展过程中,一直占据着主导的地位,国家意识形态的支持与借重使得没有任何其他文学观念可以与之相抗衡。"文章经国之大业",自梁启超《小说与群治之关系》的发表,提倡小说革命,小说成为"五四"以来最主要的文学类别,它就开始负载这一功能。即使在新时期,我们看到"忧患意识""政治心态"对作家的影响,便也看到了"忧患意识""政治心态"对读者文学期待的影响。

艾布拉姆斯在《镜与灯》中提出的由作品、作家、宇宙、读者所组成的文学活动关系为我们所熟知,读者对作家的创作并非只是被动地接受,而是积极地反馈回应,并影响作家的文学创作,决定着作品的经典化过程。尤其是在一个以消费为主导的文化市场中,读者的阅读取向对作家的影响更为深入。那么,读者"大说"的文学期待可能会对作家的创作产生怎样的影响?从第六届茅盾文学奖的评选上即可见一斑。

茅盾文学奖是全国唯一的长篇小说大奖,是文学创作的最高荣誉,它的

① 李陀:《漫谈"纯文学"》,《上海文学》2001年第3期。
② 《论语·阳货》。
③ 何晏《论语集解》引郑玄注。见[魏]何晏等注:《论语》上,中华书局1998年版,第81页。
④ 朱熹集注:《四书集注》,岳麓书社1985年版,第215页。
⑤ [魏]何晏等注:《论语》(四部要籍注疏丛刊),中华书局1998年版,第81页。
⑥ 黄怀信主撰,孔德立等参撰:《论语汇校集释》(下),上海古籍出版社2008年版,第1552页。

评判标准,它的意识形态性、权威性、导向性,都对当代长篇小说的创作有着深远的影响,在一定程度上规范、引导着作家的创作。第六届茅盾文学奖的评选,首次由新浪读书频道与中国作家网中国作家协会独家合作,共同报道评选活动。对于网站媒体的借重,使得茅盾文学奖的受众规模大幅度扩张。当23部被认为艺术水准“在历届茅盾文学奖的评选中,如果不是最高的,至少也可说是最整齐的”①“入围作品”名单一在新浪网公布,立刻遭到了网友的猛烈围攻,其指责的核心却并非如精英批评家所通常批评的作品不够艺术,而是作品不够现实。基于读者的这种批评,除增补了进入终评的六部现实题材的作品外,最终的评选结果是,“一些雅正的作品当选”。② 洪治纲设想的“对一些具有探索意义的作品给予积极的重视”③的精英文学观念在遭遇大众读者时受到了挫折。由此可见,尽管先锋派文学由兴起至今已经发展了十多年,它极大地改变了读者的阅读习惯和文学期待,改变了人们的文学观念,然而,在现阶段,其所秉持的文学审美自足性、极端艺术创新并不能从根本上动摇更加强大稳固的现实主义文学期待,并不能改变小说之为“大说”,承载历史责任感的几千年深固的文学教化。此后,茅盾文学奖评奖条例更将群众性作为评奖的指导思想之一,而取代了原来的权威性。④这也必然要影响到之后的第七届茅盾文学奖获奖作品。第七届《暗算》的获奖则充分体现了茅盾文学奖对大众文化的开放与汲取,体现了茅盾文学奖对读者受众的重视。

作家并非为获奖而写作,也并不会为了迎合大众的阅读趣味而媚俗,但他无法不考虑读者的阅读和接受。尼采说:“吾行太远,孑然失其侣。”20世纪90年代以后,曾经绚烂一时的先锋派文学大都开始向传统转向,减弱了形式实验,而关注人物命运,重视故事情节,追求理性深度和价值意义,即意识到了自身的“政治困境”和“审美困境”。也由此进一步印证着读者不仅被建构着,同时也建构着文学创作。

二 儒家文化传统与新时期小说的研究概说

儒家文化作为中国传统文化的主流,在其漫长的统治过程中,已经渗透

---

① 邵燕君:《茅盾文学奖:风向何处吹?——兼论现实主义文学的创作困境》,《粤海风》2004年第2期。

② 邵燕君:《以和为贵,主旋律重居主导——小议茅盾文学奖评奖原则的演变》,《名作欣赏》2009年第3期。

③ 洪治纲:《无边的质疑——关于历届“茅盾文学奖”的二十二个设问和一个设想》,《当代作家评论》1999年第5期。

④ 在2011年2月25日修订的《茅盾文学奖评奖条例》中,权威性和群众性都得到了强调。

社会各阶层物质和精神生活的各个方面，虽然在20世纪失去了其政治权威性，但作为中国人延续了数千年的生活方式和情感体验方式，作为中国人自我认同的文化基础，它依然在深刻地潜在地影响着我们的心理特征、价值观念、情感态度、审美趣味、认知思维方式，影响着作家、作品以及读者。“我们以为在想，我们以为在做，而实际上只是另一个或另一些东西在替我们想与做：远古的习惯，变成了神话的原型，经过一代又一代的延续，获得一种巨大的引诱力，从‘往昔之井’（如托马斯曼所言）遥控着我们。”①尽管它经过了“五四”时期激进的反传统以及“文革”中践踏一切的重创，新时期伊始，人们开始反思，开始清理极左的路线，开始提倡“人”的回归，把“人”当“人”看，提倡人的主体性，改革文学中又以乐观昂扬的精神塑造了诸多无私奉献、具铁腕手段的改革英雄并鞭挞固守自封，给人们展现了改革的美好前景……虽然在文学创作中，是从寻根文学开始，儒家文化传统包括其他传统文化才浮出文学的历史地表，但在此之前，不仅已经有少数作家在传统文化与现代化的对照中流露出对传统美德的深情回眸，即使在其他将传统文化作为现代化的阻滞力进行书写的作品中，无论是对“人”的尊严的重视，对英雄的推崇，对无私奉献、积极乐观、勇于实践的精神的弘扬，还是对落后保守的批判，我们都可以看到儒家文化传统在其上烙下的鲜明印迹。茅盾文学奖评奖标准中对作品思想性的强调：“有利于倡导爱国主义、集体主义、社会主义的思想和精神；有利于倡导改革开放和现代化建设的思想和精神；有利于倡导民族团结、社会进步、人民幸福的思想和精神；有利于倡导用诚实劳动争取美好生活的思想和精神。对于深刻反映现实生活，较好地体现时代和历史发展趋势，塑造社会主义新人形象的作品，尤应重点关注”，②这些思想和精神无不是儒家文化传统在现代的一种转换，是儒家文化传统在新的历史条件下——也许经过了一些现代性的改造——的一种新的话语形式。当代长篇小说中所体现出的现实性、史诗性、厚重等品格都能在儒家文化传统中找到其精神的渊源。

一贯的二元对立的思维，使传统与现代始终处于落后/先进、旧/新的对应格局中，似乎传统是我们一直在力图挣脱的包裹住我们的旧的皮囊，追新逐异才是研究者的首要任务。有关当代文学现代性的研究成果不胜枚举，与之相对，当代文学与儒家文化传统内在联系方面的研究显得很不丰富。

---

① ［捷］米兰·昆德拉：《被背叛的遗嘱》，余中先译，上海译文出版社2003年版，第12页。

② 《茅盾文学奖评奖条例》（修订稿），2007年1月8日，http://www.chinawriter.com.cn/zx/2007/2007-01-08/787.html。

单篇散论较多，主要还局限于某个作家、某部作品或者作品中的人物形象，作品风格的分析等等①，整体研究较少。罗成琰、阎真的《儒家文化与二十世纪中国文学》是较全面地描述20世纪中国文学在世纪初对儒家文化的全面反叛以及20世纪90年代对儒家文化的重新认同这一历史演变轨迹的论文，它多方面地论述了儒家文化与20世纪中国文学复杂而深刻的联系。② 李扬的《中国当代文学思潮史》③看到了中国作家精神轨迹理想（拯救）——失败（逍遥）——理想——失败……循环演变背后与中国作家内在的生命价值观、文学价值观以及生存哲学的内在联系，而作家的生命价值观、文学价值观以及生存哲学无不投射着传统的儒家文化：伦理政治、官本位、士的传统等的深层暗影。张卫中的《新时期小说的流变与中国传统文化》④从儒学传统、民族形式、道家精神以及中国的文化世俗性等几个视角出发，切入了中国现当代小说的创作研究。其中对于儒学的传统，注重于它的人格理想对新时期小说人物塑造的影响，如人物的多情重义、温柔敦厚的仁义精神，忧患意识和安贫乐道的人生态度，以及文化的世俗性传统在新写实、新生代小说中的承传。此外，还论述了传统思维方式的整体性、意向性等特点对新时期小说的影响、新时期小说对民族形式的继承与创造以及对母语的认同。作者在中西文化对比、中国文学发展的纵横坐标中展开论述，视野开阔，架构了自己对当代文学的一种"寻根"。还有刘迎秋、唐长华的《新时期山东小说流变与传统文化》⑤不仅从总体上论述了传统文化对山东新时期小说创作的影响，而且通过张炜、莫言、王润滋、尤凤伟、李贯通等具体作家个案的分析来看取作家的精神追求、心路历程与传统文化精神的内在关联。在其中，传统文化是指包括了儒家文化、道家文化、民间文化等在内的大的文化传统。王彩萍的博士论文《儒家文化与新时期作家研究》主要论述了儒家文化传统中士的精神、道德意识以及中和意识对新时期作家及其创作的影响。徐其超等著《聚焦茅盾文学奖》中很多章节也论述到茅

① 如：高有鹏《论〈李自成〉与中国传统文化的表现问题》（《文学评论》2011年第2期）；傅异星《在传统中浸润与挣扎——论贾平凹的小说》（《文学评论》2011年第1期）；唐云《觅我所失——论〈白鹿原〉对儒家文化的阐释和留连》（《小说评论》1995年第1期）；等等。

② 此文发表于《文学评论》2000年第1期。与之表述了近似观点的还有刘小平的《20世纪中国文学对儒家文化的寻根及其张力》（《广西社会科学》2005年第6期），黄瑛等《儒家文化精神与新时期中国文学》（《中国文学研究》2011年第3期）则主要论述了当代作家对儒家文化中仁、义、礼以及天人合一观念的思考和质询。

③ 李扬：《中国当代文学思潮史》，上海社会科学院出版社2005年版。

④ 张卫中：《新时期小说的流变与中国传统文化》，学林出版社2000年版。

⑤ 刘迎秋等：《新时期山东小说流变与传统文化》，中国文联出版社2008年版。

盾文学奖获奖作品(如《黄河东流去》《少年天子》《平凡的世界》《白鹿原》等等)对传统文化主要是儒家文化传统中优质因素的发掘与弘扬,及其对文化传统进行辩证地看待以建构新型现代民族文化的理性精神等等。

除此之外,近些年来,研究者们已经意识到自中国现代以来形成的文学叙事模式与传统小说叙事形式之间“承继”而非“断裂”的关系,对“史传”“诗骚”等文学传统对现代文学叙事的影响多有研究。陈平原曾对中国现代小说叙事模式的转变作了文学考古式的考察。他认为,现代文学尤其是现代小说是在西方现代小说和传统文学的多重合力影响下发展起来的,在此过程中,西方现代小说的传入固然起了极大的作用,而对中国传统文化同样有着积极的吸纳和转化。① 由此开启了这一研究的向度。不仅“史传”“诗骚”,古典志怪、传奇等对现代文学叙事的影响研究也取得了较大的成果。叙事传统在当代文学中的承继同样受到研究者的关注,认为“从汪曾祺、阿城,经由贾平凹《废都》,再到莫言《檀香刑》《生死疲劳》等”,叙事传统在当代文学中获得了整体上的意义和再生②。除了对具体作家作品中叙事传统的研究,张文东、王东著的《浪漫精神与现实梦想——中国当代小说中的传奇叙事》全面梳理了当代小说对传统文学传奇叙事精神的承袭,它“并不是仅仅将其作为一种叙事模式来进行借取,而是同时也将其作为一种艺术思维方式来进行吸收的——中国小说的传奇叙事传统既是一种艺术表现的手段,也是一种艺术思维的模式”③,涉及了自新中国成立直到当下的网络小说和影视创作,对当代时期的文学作了全景化的检视。

当然,其他很多对文学的研究成果,即使对于文学的现代性研究,也不可避免地触及传统文化,从传统与现代的复杂纠葛中进行辩证地论析,包括对现代文学中传统因素的研究,这些都为本书的进一步研究奠定了基础。

我们所具有的深厚的文化传统给中国文学提供了丰富的可资凭依的精神资源,如何进行创造性的转化和整合是文艺工作者一直思索的问题。本书意欲探究儒家文化传统与新时期长篇小说文化价值建构之间的复杂关系,从史的角度,看儒家文化传统在新时期长篇小说中的吸收、借鉴、表现和反思,以及在不同历史阶段作品中的流变,这种流变也是作家对我们自身的

① 陈平原:《中国小说叙事模式的转变》,北京大学出版社2003年版。
② 郭冰茹:《中国当代小说中的“叙事传统”》,《南方文坛》2013年第6期。
③ 张文东等:《浪漫精神与现实梦想——中国当代小说中传奇叙事》,人民出版社2013年版,第35页。

文化传统再认识的一个过程，借此看到我们的民族文化是如何延续和发展的，在不同的时期，儒家文化如何"返本开新"，参与了当代精神的建构，它的优质因素使我们自身不断丰富和强大，劣质因素则引起我们的反思和反省。虽然叙事传统被一些作家有意地继承和发扬，给作品带来更多的"中国特色"，但文学也处于前所未有的挑战之下，读图时代、大众文化、信息网络都给文学带来了巨大冲击，传统的文学表现方式也在不断丧失，很多有识之士表达了对此的忧虑，如陈建忠即指出当代文学正大量失去传统小说的基本元素，譬如故事、人物、情节等，当代文学面临着一个如何承继传统经验的问题。① 这也是本论文的一个议题，挖掘传统叙事艺术在新时期长篇小说中的表现和转化，传统艺术的丰硕成果也依然能够在当代文学中焕发新的生命力。

同样，当我们看取儒家文化传统与新时期长篇小说文化价值之间的联系，或者由此考察当代文学中儒家文化传统的潜在或显在的因子，都不可能离开我们所立足的现代，是在现代意识和理性精神的烛照下审视与辨析，而儒家文化传统也必然在新的社会—历史—文化环境中呈现出新的特色。因为儒家文化传统本身具有的发展动力因子必然具有现代性的某种特质，传统与现代并不是绝然对立的。

第三节 新时期长篇小说创作与茅盾文学奖

新时期长篇小说创作成果极为丰富，作品数量越来越多，仅 2008 年年产即逾 1100 部，这还不包括庞大的网络小说。雷达曾为从 20 世纪 70 年代末以来的近 30 年长篇小说勾画了一个简要的发展脉络，每个时期有代表性的、主要的作品即能够列出一长串的书单，②面对如此众多的作品，限于论者的精力有所不逮，如何选择研究对象，以更客观地呈现几十年文学发展的概况？对此，本书选择了茅盾文学奖获奖作品作为主要的研究样本。

茅盾文学奖与中国新时期文学同步。1981 年，茅盾先生在遗嘱中将其稿费捐献给作协，作为设立一个长篇小说文艺奖金的基金，以奖励每年最优秀的长篇小说。1982 年第一届获奖作品产生，遴选了 1977—1981 年间创

---

① 岳雯整理：《长篇小说艺术暨文学发展趋势研讨会综述》，收中国作家协会创作研究部编：《长篇小说艺术论：长篇小说艺术暨文学发展趋势研讨会论文集》，作家出版社 2012 年版，第 10—11 页。

② 雷达：《20 世纪近三十年长篇小说审美经验反思》，《小说评论》2009 年第 1 期。

作的优秀作品,至今已历时30多年,产生了九届41部获奖作品(不包括2部荣誉奖作品)。作为由中国最高文学机构中国作家协会主持、受中共中央宣传部领导、唯一一个全国性的长篇小说大奖,可以说,它是国家所认可的长篇小说创作的最高荣誉。自20世纪90年代以来,正如洪治纲所发出的“无边的质疑”一样,对评奖规范和标准、对获奖作品的艺术水平等方面的质疑一直如影随形,批评意味着关注和完善的期待,从中,既是批评者们对茅盾文学奖关注程度的不断提高,也从一个侧面反映了茅盾文学奖在文学批评界影响力的加强。延续了30多年的长篇小说大奖,无论对获奖作品怎样争议,都无法忽视它的存在与重大意义,不论是非褒贬,仅仅这种与新时期文学的同步性、全国性,它的发展、它的获奖作品以及与之有关的争论就可说是一部活生生的新时期的文学发展史!如张颐武所说,茅盾文学奖的历史见证了30年来中国文学发展的状况,也提供了一个对于文学进行观察和思考的角度。①

茅盾文学奖获奖作品所涉题材宽泛,反思小说、改革小说、农村题材小说、历史小说等等,涵括了具有时代特色的主要的题材类型。虽然用题材来描述小说易产生“唯题材论”的印象,题材的宽泛却较为全面地展现出文学发展的概况,也更充分地体现了时代精神的走向。虽然获奖作品在艺术上有所参差——这一点不可否认,也是为人争议最多之处,同时也不可否认的是,就各个题材领域而言,获奖作品却可称得上是那一时段各自所涉题材领域中的优秀之作,《芙蓉镇》《沉重的翅膀》《平凡的世界》《白鹿原》……都已成为一个历史时期的写照和记忆。即使如《骚动之秋》这部为人争议较多的获奖作品,如评委胡平所指出的:“必须考虑到,1989至1994年间,在长篇小说创作范围里,正面反映改革现实的作品不多,质量好的更少,而弘扬主旋律,鼓励贴近现实生活、体现时代精神的创作是评奖的一个指导原则”,“至今改革题材小说在套路上相比《骚动之秋》等作品还没有显著的突破,因此《骚动之秋》的获奖也还说得过去”。② 由之可见,《骚动之秋》在某一方面可以代表那一时段改革题材长篇小说的创作,也反映了这一题材所面临的困境。茅盾文学奖获奖作品更为重要的一点在于,这种题材的宽泛以及不同题材的优秀之作,在历时性上,它为我们简要呈现了同一题材小说几十年的发展脉络,使得我们有可能看到在不同的社会发展时期,儒家文化传统在同一题材中有着怎样不同的呈现,它和现代化有着怎样的一种纠缠,

---

① 张颐武:《从“茅盾文学奖”反思文学》,《艺术评论》2011年第10期。

② 胡平:《我所经历的第四届茅盾文学奖评奖》,《小说评论》1998年第1期。

进而考察这种差异的原因所在。在共时性上,获奖作品也为我们考察同一时期,儒家文化传统在不同题材领域中的表现提供了文本依据。儒家文化传统在茅盾文学奖历届获奖作品中的呈现,基本上能够反映它与当代长篇小说的文化价值建构之间的复杂关联。而是否都是“最优秀”以及能否代表长篇小说的“高峰走线”,并非本书的关注点所在。

在某种程度上,茅盾文学奖将现代主义的、先锋性的作品排除在了视野之外,这也是精英评论者认为茅盾文学奖不完善的一个方面。如吴义勤曾指出的,如果谈论中国新时期的文学成就,尤其是20世纪90年代以来的长篇小说,回避了苏童、余华、北村、陈染、林白等作家的长篇创作那将是无法令人信服的,是片面的,他们以“艺术上的先锋性和特殊的叙述方式革命性地改变了我们习以为常的长篇小说文本形态和长篇小说的创作观念”。[①]但一时期能称为先锋的就绝不会是大众的、普遍的、主流的,就必然是少数者的艺术创新与实践。随着历史的发展,先锋中的某些因素也自然被主流所吸纳而失去先锋性,或者说主流文学中也会具有某些“前先锋”色彩。从这种意义上看,主流文学在技术创新或者思想观念上具有一定的“滞后性”,但也正因此,在充分考虑“厚重”的同时,更具有了“稳重”、成熟、普遍,成为体现一个国家文学的基数,成为负载中国文学传统流变过程的那一核心主线。

茅盾文学奖获奖作品代表了中国的主流文化,也以其“中国特色”充分体现着传统文化的“继往开来”。茅盾文学奖具有明确的意识形态倾向性,它要求获奖作品具有弘扬主旋律、提倡多样化、关注现实生活等等“中国特色”,第一届茅盾文学奖产生后,人民日报发表评论员文章,对长篇小说的走向,提出“希望长篇小说同我们的时代更贴近一些,同当代人民生活更贴近些”。[②] 这当然也是国家意志的体现。对于这种明确的意识形态性,孟繁华曾客观地指出:“奖励制度是鼓励文学艺术创作发展繁荣的重要机制之一,也是意识形态按照自己的意图,以权威的形式对文学艺术的导引和召唤。因此,文学艺术的奖励制度具有明确的意识形态性,权力话语以隐蔽的方式与此发生联系,它毫不掩饰地表达着主流意识形态的意图和标准,它通过奖励制度喻示着自己的主张和原则。”[③]任何奖项都不能完全排除倾向

---

① 吴义勤:《难度·长度·速度·限度——关于长篇小说文体问题的思考》,《当代作家评论》2002年第4期。

② 本报评论员:《祝长篇小说繁荣发展》,载《人民日报》1982年12月16日。

③ 孟繁华:《1978激情岁月》,山东教育出版社1998年版,第238页。

性、意识形态性，即使诺贝尔文学奖也无法做到例外①。茅盾文学奖是代表国家意识形态的、体现国家文学形象的长篇小说大奖，这种评判标准和导向使获奖作品大都秉持现实主义的创作理念，注重作品的思想性。评奖条例明确指出，坚持思想性与艺术性完美统一，要求“获奖作品应具有深刻的思想内涵，有利于倡导爱国主义、集体主义、社会主义的思想和精神；有利于倡导改革开放和现代化建设的思想和精神；有利于倡导民族团结、社会进步、人民幸福的思想和精神；有利于倡导用诚实劳动争取美好生活的思想和精神。对于深刻反映现实生活和人民主体地位、体现中国精神、弘扬社会主义核心价值体系、书写中华民族伟大复兴中国梦的作品，尤应予以关注”。②评奖条例虽亦与时俱进，随着时代审美观念的变化几次修订，显示了面对历史挑战，顺应历史潮流的趋向，但其指导思想和评选标准中，对于“思想性”的强调一以贯之。如果说获奖作品是对评奖条例很好地一种实践，我们就能够充分地感受到儒家文化传统是怎样潜在地包蕴其中，成为儒家“文以载道”——虽然“道”有不同——的现代说明。

早在20世纪40年代，毛泽东针对当时的文学状况，已经做出了要建立具有中国作风和中国气派的民族形式的论述，引起文艺工作者的热烈讨论。不论对这一论题如何争论，“中国作风和中国气派”就必然要吸收我们传统文化的优秀遗产，再先进的“思想性”也要通过中国所特有的思维方式、语言范式、叙事风格等来表达，唯有如此，才能为人民大众喜闻乐见。茅盾文学奖要求获奖作品具有的“中国作风和中国气派”，也让我们体会到中国传统叙事经验对获奖作品艺术的渗透。这在本书的论述中将有更为详细的分析。

从这几方面来看，茅盾文学奖获奖作品是能够体现新时期长篇小说创作概况的，看取儒家文化传统与获奖作品之间的复杂关系也基本上反映了新时期长篇小说文化价值建构中儒家文化传统的影响和作用。

---

① 诺贝尔在遗嘱中声称其捐赠“一部分赠与在文学上能创作出有理想倾向的最优秀作品的人”，但对“理想倾向”的不同理解，使许多最优秀的作家与这一奖项无缘。如左拉，虽然被认为有“惊人的创作能力及其借助强调对比和着眼下层平民达到强烈效果的写实态度”，但终因“其自然主义常流于庸俗无耻、缺乏道德精神，因而很难符合遗嘱人的心愿，不能荣获大奖”，此外，如托尔斯泰、勃兰克斯、易卜生、普鲁斯特等等大师均与诺贝尔奖无缘。瑞典文学院院士杰尔·伊斯普马克指出：“诺贝尔文学奖不是生活在真空里，它不可能不打上政治的烙印。事实上，诺贝尔文学奖的上空一直笼罩着一层挥不去的政治阴云。”参见孟繁华：《1978激情岁月》，山东教育出版社1998年版，第241—242页。

② 《茅盾文学奖评奖条例》（2015年3月13日修订），2011年3月1日，http://www.chinawriter.com.cn/2011/2011-03-01/94765.html。

第一章　传统文化是民族的根基

“爱国主义、集体主义、社会主义的思想和精神”是茅盾文学奖获奖作品必有的文化价值取向，它需要以对于民族国家的认同感为基础，只有对民族国家的认同才可能产生爱国情操、集体精神，进行社会主义现代化建设也才会有凝聚力。而民族认同感必然来自于在共同的民族历史中承传下来的传统文化，其中主要是儒家文化。“对民族文化的认同与对民族精神的体认，是民族认同、国家认同的深层基础，它是中华民族认同的精神基石，也是建立现代民族国家必不可少的要素。”①“中国现代化进程既要求根本改变经济政治文化的传统面貌，又仍然要保存传统中有生命力的合理东西。没有后者，前者不可能成功，没有前者，后者即成为枷锁。”②可以说，一个没有文化传统的国家和民族是没有希望的，传统文化作为一种民族内聚力，正是一个国家能够进行现代化建设的有力保证。本章即挖掘获奖作品中对传统文化的寻根表现以及对儒家文化核心精神的表现与理性反思。

第一节　小说创作对传统文化的寻根表现

庞朴曾经将文化分为三个层次：物质的——制度的——心理的，其中，“文化的物质层面，是最表层的；而审美趣味、价值观念、道德规范、宗教信念、思维方式等，属于最深层；介乎二者之间的，是种种制度和理论体系”。③虽然对这三个层次各自具体的包含内容说法不一，但这种层次的划分得到了普遍地认同。文化的物质层面随着社会的发展会不断发生变化，制度也可能消亡，而心理精神层面的审美趣味、价值观念、道德规范、思维方式、宗教信仰、风俗习性等却在漫长的发展过程中早已沉潜为我们的无意识，内化为一个民族的文化心理结构，“从‘往昔之井’遥控着我们”。体现在小说创作中，对于传统文化的寻根主要表现在这样几个方面：

---

① 俞祖华：《近代国际视野下基于中华一体的民族认同、国家认同与文化认同》，《人文杂志》2011年第1期。

② 李泽厚：《中国古代思想史论》，人民出版社1985年版，第327页。

③ 转引自李宗桂：《从理想人格和价值取向看中国传统心理》，《社会科学研究》1986年第3期。

首先，从宏观方面看，作品对于共同的民族历史的建构即是文化寻根的一种表现。历史当然是传统文化的载体，“从某种意义上说，历史题材小说就是‘文化寻根小说’或‘文化寻祖小说’。”“用文学叙事的方式反思历史，以期达成对民族的反思和认同，的确已成为许多历史小说写作的‘集体无意识’。”①

历史具有发扬民族精神，培养爱国情操的功用，对此近代的先驱者早已有了深切的认识。“若一民族对其以往历史了无所知，此必为无文化之民族，此民族中之份子对其民族必无甚深之爱，必不能为其民族有奋斗而牺牲，此民族终将无争存于世之力量。”②“故欲知其国民对国家有深厚之爱情，必先使其国民对国家以往历史有深厚的认识。”③这是钱穆先生语重心长之语。历史小说在当代的创作也极为繁荣。在宽泛的意义上，大多数小说写的都是人类的已往，属于“回溯”性叙事，是一种广义上的历史小说，它建构着我们共同的历史想象，建构着我们的政治身份与民族身份的认同感、归属感和历史感。在茅奖获奖作品中，可以看到，“革命历史题材的作品与现实题材的作品从不同的角度——过去和现在（未来）——共同完成了对‘新’的社会的合法性论证。这些革命历史题材的作品，时时提醒我们‘不要忘却过去时代的牺牲’，而这些现实题材的作品，为我们展现了党的十一届三中全会后，我们社会生活的各个方面的巨大变化。这两类作品从不同的角度为我们提供了一种共同的想象。”④在革命历史小说中，无论《李自成》⑤《黄河东流去》《东方》还是《第二个太阳》《战争和人》，它们具有相似的叙事模式，从宏观上展示了革命胜利的曲折性与必然性，甚至《历史的天空》，虽然它在历史的叙述中添加了偶然性的因素，但并不有碍于它预设光明与必然的结局，因为这种必然性就是我们的此在，我们也需要确信这种此在的合法性和正当性，而“过去的形象一般会使现在的社会秩序合法化”。⑥在这种革命历史小说的叙事中，英雄人物的英勇顽强、忘我牺牲或者普通人的同仇敌忾、团结友爱都成为我们民族文化精华的缩影。王火在其作品的

① 吴秀明：《长篇历史小说的文化阐释》，文化艺术出版社 2007 年版，第 4、45 页。
② 钱穆：《国史大纲》，商务印书馆 2010 年版，第 2 页。
③ 钱穆：《国史大纲》，商务印书馆 2010 年版，第 3 页。
④ 范国英：《茅盾文学奖的文学制度研究》，中国社会科学出版社 2009 年版，第 119 页。
⑤ 洪子诚在《中国当代文学史》中就指出，姚雪垠的《李自成》与革命历史题材的作品在结构模式和叙述方式上存在一致之处，因而，可以将《李自成》归属于革命历史小说。北京大学出版社 2010 年版，第 134—136 页。
⑥ [美]保罗·康纳德：《社会如何记忆》，纳日碧力戈译，上海人民出版社 2000 年版，第 4 页。

后记中道出自己的创作意图,“使人看到苦难中国过去了的一段长长的悲惨历史”,要展示出当时人们的“希望、信念、理想、爱国主义和民族精神、历史必由之路”。[①] 反思小说《许茂和他的女儿们》《芙蓉镇》《将军吟》等更是适应时代文化思想潮流对于“文革”历史的共同想象,对封建文化的批判反思。

陈思和在《文学创作中的文化寻根意识》中认为,“有些评论家谈阿城《棋王》时总喜欢引证老庄的话语来证明其文化,其实,如果《棋王》中所阐扬的文化精神与现代生活有益,古代也即现代,如果于现代无益,纵使是老庄再生也无意义。从人类精神现象解释文化,寻根者所寻之根,应该是最富有现代感,最有益于现代生活的内核,而不是老庄、孔孟,或者易经与诸神。”[②]《少年天子》《白门柳》《张居正》《白鹿原》等,无不是立足于民族传统文化的“根”基之上,是对于民族历史文化的反思和认同,而又与当下的社会情境联系在一起,积极地参与着当代中国文化的建设。凌力曾说:“处于改革的八十年代,我被立志改革而又步履艰难的顺治皇帝的独特命运所吸引,被他那深拒固闭的传统意识压制不住的人性光华所感动,又写了《少年天子》。”[③]可见,“革新”是她创作时所要重点渲染的历史元素。刘斯奋则说:“我们应该清理传统文化,把它和当下的文化语境结合起来,重新‘发现’自己。”[④]《白鹿原》更是对民族灵魂和民族精神充满敬意地重塑。这就必然要思考传统文化在当代的生命活力。他们对民族传统文化的表现,一定程度上起到了对“现代性偏至(现代性等于西方性)的纠正”[⑤]。我们所以能够与古代历史进行对话,与古代人气息相连,心神感应,是因为传统文化的活力依然流淌在我们的身上甚至是我们的生命所需要吸吮的琼浆,历史让我们看到自身所从来,民族所从来,从而才能够更加充满信心地面对外来文化、认清身处的当下和未来。

其次,从细节方面看,获奖作品对民情风俗、地域文化的着力表现与语言的使用也是文化寻根的表现。

---

① 王火:《全力以赴中寻到的(后记)》,《战争和人》第三部,人民文学出版社 2005 年版,第 718—719 页。

② 陈思和:《文学创作中的文化寻根意识》,《当代文学与文化批评书系:陈思和卷》,北京师范大学出版社 2010 年版,第 6 页。

③ 凌力:《从〈星星草〉到〈少年天子〉的创作反思》,见《少年天子》,人民文学出版社 2005 年版,第 615 页。

④ 刘斯奋、程文超等:《历史、现实与文化——从〈白门柳〉开始的对话》,《当代作家评论》1996 年第 4 期。

⑤ 吴秀明:《长篇历史小说的文化阐释》,文化艺术出版社 2007 年版,第 319 页。

对于民情风俗、地域文化的表现，使小说染上浓郁的地方色彩或民族特色，它是民族传统文化在日常生活中的一个显性方面。如《许茂和他的女儿们》对于巴蜀文化具体地说是对于巴蜀大地的沱江流域文化的描绘，《芙蓉镇》“寓政治风云于风俗民情图画，借人物命运演乡镇生活变迁，力求写出南国乡村的生活色彩和生活情调来。”①过年时互赠吃食的习俗及市镇风情的描写尤其是芙蓉姐子胡玉音的米豆腐摊使它充满了活泼泼的生活气息。《黄河东流去》对于黄河流域的中原文化、《平凡的世界》对于西北农村的文化风俗、《茶人三部曲》对于吴越茶文化、《长恨歌》对于上海弄堂文化、《钟鼓楼》对于北京市井文化、《张居正》对于楚文化、《穆斯林的葬礼》对于北京回族文化、《尘埃落定》对于神秘的藏文化、《战争和人》对江浙一带的自然景物、地理名物及典故传说的细致描画等。在这些小说中表现的地方色彩或民族特色，可说是缘于作家“写自己熟悉的生活”必然导致的。如果说一方水土养一方人，正是在这种特色文化背景之下，作家给我们塑造了性格各异的人物形象。中原文化所奠基的李麦、徐秋斋等人的豪爽与侠气不同于江南吴越之地杭嘉和等人在茶文化中熏染出来的儒雅与敏感，上海弄堂里王琦瑶的生活态度、行为举止也绝不同于带有更浓郁传统文化色彩的北京四合院中的人物言行、伦理道德观念。

曹文轩先生曾论说中国作家的“作坊”情结，除了可以凸显地方情调，使作品表现的“生活气息浓郁”，这一点从更广泛的意义上说就是“中国化”，中国的民族色彩浓郁。“写作坊的原因，又是因为要表达一个主题。这个主题大概是现代文学未曾触及过的。这便是：传统在现代文明的逼迫之下而退却乃至消散，在现代人心灵上留下了无法抹去的无奈与伤感。”②在部分获奖作品中，我们可以明显地感到对于民情风俗的描写不仅仅是人物形象的背景、地方文化，更能够看到作家对传统文化的认同或反思的复杂情感，尤其是文坛上在反思思潮之中和之后产生的小说，民情风俗所负载的文化意味更加浓厚。如《白鹿原》中的祠堂文化。正是由这种祠堂文化形成了族群认同感，形成共同遵循的伦理道德规范，成为宗族凝聚的精神纽带。黑娃和小娥由于不能进入祠堂而被排斥在这一族群之外，孝文违犯了伦理道德便也失去了进入祠堂的资格成为一个异类，甚至连血缘关系也无法与这种祠堂文化相抗衡。也正是这种祠堂文化形塑了族长白嘉轩此后以“仁义”“恕”为核心修身持正的人格精神与威望。祠堂文化是我们“家国一

① 古华：《芙蓉镇·后记》，人民文学出版社2009年版，第198页。

② 曹文轩：《二十世纪末中国文学现象研究》，作家出版社2003年版，第223—224页。

体”文化的产物，也是传统文化的象征，五四时期最先接受了启蒙思想的觉醒者正是从砸毁祠堂来开始其反封建的思想革命的，《白鹿原》中的黑娃亦是如此。然而黑娃最终对祠堂的虔诚皈依、小说中对白嘉轩人格精神力量的不无喜爱与赞颂，又表现出祠堂文化所代表的传统文化的内在魅力。中国自古以来就有敬天尊祖的文化传统，中国人的宗教意识较为淡薄，而在敬天尊祖的仪式中对共同的祖先的敬畏则使人产生历史认同感家国认同感，它对于维系家族民族国家的凝聚力功莫大焉。《秦腔》中对清风街习俗的细致描绘，葬礼中的各种礼仪甚至对于什么是麻叶果子都详细解释，有了新生儿在门环上挂红布以及父辈过年团聚的习俗等等。这种细致地描绘又是一种怀旧的气息，映照着传统习俗的逐渐退隐。对于年三十一家人一起吃年饭的形式的问题。年轻的一代就认为还是“各家吃各家的倒好”。年长的如夏天智认为：“该讲究形式的还得讲究形式，县上年年开人民代表大会的，会上还不是每个代表发了县长的报告稿，县长还不是在会上念报告稿……这也是形式，可这形式能体现庄严感”①。这种庄严感里无疑就已经具有了家族认同的性质在内，一家人一起吃年饭，葬礼的仪式与祠堂的祭祀仪式一样，都是家族认同的形式，这种形式就在加强着这种认同感，而家族认同也便联系着我们的民族认同。《秦腔》对于清风街民情风俗细致地娓娓道来，彰显了对它的文化自觉、文化认同、文化反省以及对它在现代化挤压之下逐渐消散的感伤情怀。它的命运也是中国传统文化的命运。

在中国现代化的进程中，“旧思想、旧文化、旧风俗、旧习惯”曾经统统被认为是阻碍现代化的封建遗留得到清理，从五四时期的砸祠堂打倒孔家店到“文革”中的批孔“破四旧”，“传统”都是被治理和清除的对象。在“文革”中，宗族组织，民间的习俗、仪式、庆典，均被取缔，均被整合到统一的国家现代性话语之中，它们被现代性冠以一个通用的名称就是“封建迷信”。阿城曾在他的随笔《闲话闲说》中说：在新中国“扫除的‘旧’里，有一样叫‘世俗’”，但毕竟“扫除自为的世俗空间而建立现代国家，清汤寡水，不是鱼的日子”②。剥除了传统，也造成了我们的文化失忆症，造成了精神上的“无根”状态。近年来人们已经认识到了非物质文化遗产的重要性，它代表了一种传统文化、民族文化，这种文化见证了我们的历史、现在与未来，形成中国文化的身份认同，使我们与“他人”得以区别。

语言是思维的工具，也是一个民族文化的主要载体。新文化运动首先

---

① 贾平凹：《秦腔》，人民文学出版社 2007 年版，第 510 页。

② 阿城：《闲话闲说——中国世俗与中国小说》，作家出版社 1998 年版，第 16—18 页。

发起的也是文学上的白话文运动，以现代白话取代古汉语，以古文写成的文学被看作一种“死文学”，新与旧、活与死、传统与现代成为对等的关系。在当代文学中运用古语，当然也是对传统文化的一种回顾。《茶人三部曲》中使用了好几种语言，有中国古典语言，有方言俚语，还有现代语言。它们除反映了不同的历史情境、人物的修养之外，我们也从中看到，正是这些文化（传统文化、地方文化、现代文化）养育了杭家几代人的各自性情与命运。《东藏记》中的典雅语言与古典诗词，让我们看到的是中国传统文化中“国家意识”“忧患意识”“乐观意识”对现代知识分子人格精神的影响，传统文化中的优秀因素在他们身上得到了发扬光大。甚至《战争和人》中童霜威时刻以古典诗词对自身的情境予以描绘与抒情，表现的也是传统文化的生命活力。正如有论者指出的：“不管是挖掘本民族古典语文还是乡土俚语，作家的用意都是把语言视为一个民族的标志，所以他们有意识地从语言入手，以寻觅中国传统文化精神。”①

最后，也是最为重要的，是对民族精神的挖掘与表现。

中国文化延续数千年“必有可发扬光大，久远而不可磨灭者在”。② 这就是中国文化养育的民族精神。对中华民族精神的讨论，是 20 世纪 80 年代“文化热”的热点之一，虽然对此有着各种不尽一致的看法，总起来看，却可简约概括为这样几个方面：自强不息、厚德载物的精神；人文精神；融合与自由精神；宗法伦理精神；民胞物与的仁爱精神。其本质核心是对“内圣外王”的终极关怀，或者说是对理想社会和理想人格的积极追求。③ 正是有这些民族精神作为思想基础和内在动力，使得一个大民族在历史上延续了五千余年，并在现代化的道路上，吸纳新质，勇于实践，不断为现代化提供新的生命动力。文学要塑造人要建构历史，自然就表现出民族的精神，尤其是当文学有意识地对文化进行寻根，立足于建设现代化进程，虽然也不排除对民族文化中封建落后的因素进行否定与批判，但必然是“更多地对民族文化的阳刚之气与向上精神进行研究与发扬”。④

《平凡的世界》中所表现的求是务实自强不息的奋斗精神使它成为一部典型的励志小说而广为读者欢迎，成为前四届获奖作品中阅读率和知名

① 禹建湘：《乡土想像：现代性与文学表意的焦虑》，湖南人民出版社 2008 年版，第 278 页。

② 梅光迪：《评提倡新文化者》，见罗岗等编：《梅光迪文录》，辽宁教育出版社 2001 年版，第 6 页。

③ 宋天：《关于中华民族精神问题的研讨综述》，《哲学研究》1991 年第 10 期。

④ 陈思和：《文学创作中的文化寻根意识》，《当代文学与文化批评书系：陈思和卷》，北京师范大学出版社 2010 年版，第 5 页。

度最高的作品。[①] 孙少平与孙少安出身贫苦农民家庭，他们渴望改变现实，改变世世代代承袭的困苦的生活方式以及自身的农民身份和地位。于是我们看到，孙少平一步步远离乡土实现抱负的艰难沉重却永远满怀信心希望永不认输的脚步，从漂泊不定处于城市最底层的揽工汉到建筑工人，再到优秀的煤矿工人，从落后闭塞的小农生产者成为现代生产力中的一员，也许他的目标最初是模糊的，但有一点却是真切的，那就是依靠脚踏实地的工作、奋斗，超越自我，创造自我，并把握了每一次机遇。孙少安则是农民致富的典型。他扎根于乡土，但并不拘囿于老一辈的观念与生活方式，稳健地开创新的人生道路，创办砖厂几起几落，虽然也有消沉但最终能总结经验而继续奋进。当孙少安由于任人有误造成了毁灭性的灾难时，他几乎陷入了绝望，但只要有一线机会和希望，他就会重新开始。对此作家评论道："是的，他又站起来了。尽管他已碰得头破血流，却再一次挣扎着迈开脚步，重新踏上了创业的征程。人，常常是脆弱的；但人又是最顽强的！"[②]它凸显了在命运面前永不妥协永不言弃的信念与韧性精神，这种对于幸福生活孜孜以求的信念与精神不也是《许茂和他的女儿们》《芙蓉镇》《湖光山色》等等作品所具有的主题吗？暖暖这一受到现代化熏陶的乡村女子，依靠其敏锐的商业意识创建旅游业从而发家致富，但当薛传薪将色情输入进来，一方面带来了巨大利益，另一方面也对乡村的道德观念造成冲击，并使乡人不断遭受到伤害之时，她又毅然对这些恶浊的行为进行了抵制和斗争，即使不被理解、被陷害、被打伤之后，也不放弃。这些都是中国现代化建设的精神动力。

《黄河东流去》的作者李凖曾谈到自己的创作动机是"想在时代的天平上，重新估量一下我们这个民族赖以生存和延续的生命力量"。[③] 这就使他的创作具有明确的文化自觉性与历史的眼光。黄泛区的人民在水、旱、蝗、汤四大灾难的逼迫下流离失所，到处漂泊，但他们始终保持着乐观、善良的美好天性，在艰难的条件下，相互鼓励携助，情感坚贞，以顽强的生命力生活着并终于重新回到自己的家园。作家所重新估量的我们民族赖以生存和延续的生命力量来自哪里呢？作品以众多的人物形象给予了明确的说明："正是中国儒家文化的优秀精华的显性影响和潜移默化，塑造了李麦、徐秋斋、海天亮、梁晴等人物群体的民族的灵魂和人格。"[④]这就是我们民族的生

① 唐韧等：《茅盾文学奖获奖作品调查报告》，《广西大学学报》（哲学社会科学版）1999 年第 5 期。该文是针对前四届茅盾文学奖 20 部获奖作品而进行的调查研究。

② 路遥：《平凡的世界》（第三部），中国文联出版公司 1991 年版，第 303 页。

③ 李凖：《黄河东流去·开头的话》，人民文学出版社 2005 年版，第 2 页。

④ 徐其超等：《聚焦茅盾文学奖》，作家出版社 2005 年版，第 21—22 页。

命力量之所在。这种生命力量在《许茂和他的女儿们》《将军吟》《白鹿原》《秦腔》《东藏记》《茶人三部曲》等小说中都有着表现。无论是普通的百姓还是高级将领，他们隐忍顽强、豁达乐观、崇尚气节、讲求道义、利群思和，具有家园(国)意识。

我们不仅在《冬天里的春天》《白鹿原》《张居正》《白门柳》《东藏记》和《天行者》等一系列作品中看到传统知识分子和现代知识分子之间精神上的纽带联系，张炜的《你在高原》以主人公宁伽对家族的寻根与追溯，对父辈的背叛以及最终的理解和皈依，在不断地游走中精神上的成长，贯穿了解放战争、新中国成立、"文革"到当下的中国历史。在这历史的洪流中，既有着险恶、嫉恨、无耻等人性阴暗的历史重叠，也再现了以屈原为代表的献身精神、理想主义精神在后辈身上的承传，以及这种精神对现代无边欲望中堕落人性的某种救赎。

此外，忧患意识与实践精神在大多数作品中都有着鲜明的表现。革命题材小说、反思小说、改革小说、历史小说等本来就是作家忧患意识的一种表达。这种忧患意识渗透在作品人物的形象刻画之中。郑子云、阎鸿唤、李高成、张居正、史天雄、梁必达、明伦大学的知识分子……对于改革、对于中国现代化的走向、对于国家的前途与命运表现出深沉的思索并勇于承担历史的责任。正如鲁迅先生所说："我们从古以来，就有埋头苦干的人，有拼命硬干的人，有为民请命的人，有舍身求法的人……虽是等于为帝王将相作家谱的所谓'正史'，也往往掩不住他们的光耀，这就是中国的脊梁。"①

第二节　儒家文化核心精神"仁义"在作品中的表现

儒家文化核心精神如果用一个词来概括，那就是"仁"。李泽厚曾论述了构成这种思想模式和仁学结构的四个因素，包括：(一)血缘基础，(二)心理原则，(三)人道主义，(四)个体人格。其整体特征则是(五)实践理性。以血缘为基础、以等级为特征的氏族统治社会使强调血缘纽带成为"仁"的一个基础含义。"入则孝，出则弟，谨而信，泛爱众，而亲仁"，②"仁之实，事亲是也"，③"孝""悌"通过血缘从纵横两个方面把氏族关系和等级制度构造起来。它肯定日常世俗生活的合理性和身心需求的正当性，人的自然正

① 鲁迅：《且介亭杂文·中国人失掉自信力了吗》，《鲁迅全集》第六卷，人民文学出版社 2005 年版，第 122 页。

② 《论语·学而》。

③ 《孟子·离娄章句上》。

常的情感即人性是“仁”的内在的心理依据，正是在这种情感性的心理原则之上，“仁学”思想在外在方面突出了原始氏族体制中所具有的民主性和人道主义，在内在方面则突出了个体人格的主动性和独立性。① “仁”学的思想在我们的民族性格上留下了深刻的痕迹，形成了民族的传统美德，如孝悌、爱国主义、人道主义、为人民服务的精神等等。而自孟子始，后世儒家又往往将“仁”“义”并举，把它作为最基本的道德原则和伦理精神。

《平凡的世界》中所体现出来的孝悌伦理规范给人以温情之感。孙玉厚赡养母亲、供养弟弟，少安少平兄妹几个可说是“兄友弟恭”“恭谨敬长”；田润叶在李向前不幸遇车祸截肢之后又和他生活在一起也表现出普通人的道义精神力量。事实上，作家们在表现家庭伦理方面，“孝悌”一直是心目中理想的家庭准则。《东藏记》中孟樾一家、《茶人三部曲》中的杭嘉和对于父母弟妹、《冬天里的春天》中于而龙一家等，他们亲人之间的父慈子孝、夫义妇顺、相亲相爱、患难与共都为作家所称道，摒弃了其中传统的父权主义与等级主义色彩，这种人伦情感总让人心生温暖。

“孝悌”原则在家国一体的政治结构中又可自然生发为“忠君”，也就是“迩之事父，远之事君”②，在现代民族国家出现以后，“忠君”“兼济天下”的思想融入了现代性观念而自然地转变为与现代观念相联系的爱国主义。文天祥的“人生自古谁无死，留取丹心照汗青”的诗句曾鼓舞了多少仁人志士。从“杀身成仁”“舍生取义”到“爱国主义”，爱国主义传统既一脉相承，也在革命叙事中得到现代转化。在获奖作品中，我们可以看到儒家文化传统怎样塑造了国人的民族意识与爱国主义情怀。《白鹿原》中的朱先生在国共战争之际置身于事外，那是因为他认为国民党与共产党之间的战争“不过是‘公婆之争’”，“我观‘三民主义’和‘共产主义’大同小异，一家主张‘天下为公’，一家昌扬‘天下为共’，既然两家都以救国扶民为宗旨，合起来不就是‘天下为公共’吗？为啥合不到一块反倒弄得自相戕杀？”③无论朱先生的这种认识是否正确，我们看到的是他置身事外的缘由在于他不能够参与任何一方去杀害自家人的另一方。而一旦我们遭到了异族日本的侵略，他却能够挺身而出，不仅认为英勇战死的将士鹿兆海是“白鹿精魂”，给予崇高的评价，而且毅然与几位老先生联名发表抗战宣言，坚决要从书斋中走出来亲上战场，表现了儒家文化传统浸染的鲜明的民族意识、国家意识、

① 李泽厚：《新版中国古代思想史论》，天津社会科学院出版社 2008 年版，第 18—25 页。

② 《论语·阳货》。

③ 陈忠实：《白鹿原》，人民文学出版社 1993 年版，第 329 页。

"修齐治平""兼济天下"的意识对他人格精神的深刻影响。《冬天里的春天》里同样写了这样的一个老夫子,有功名的前清秀才、曾修过县志的郑勉之,并与现代知识分子总工程师廖思源进行并置。我们看到他们爱国精神上的深刻联系。"这两个人,倒确确实实只有中国这块土地上,才会有的知识分子,所以,他们的命运有某些共同之处。"①"中国的知识分子,很像俗话讲的'儿不嫌母丑,狗不嫌家贫'那样,热恋着这块土地啊!"②这样的热恋不正是"富贵不能淫,贫贱不能移、威武不能屈"的爱国精神吗? 还有《东藏记》中的吕老太爷,宁肯自杀也不任伪职……《东方》《第二个太阳》《将军吟》《战争和人》《历史的天空》《暗算》等获奖作品中塑造了众多革命的英雄形象。这些英雄大公无私、勇于奉献,不怕牺牲、保家卫国,让我们看到"志士仁人,无求生以害人,有杀身以成仁"③的传统人格追求在现代革命中的闪耀,这是一种更大更高意义上的"仁义"。

"从孔子提出'仁者爱人'到宋儒的'仁民爱物',从谭嗣同的'仁为天地万物之源'到孙中山的'博爱',直到今天'仁'的精神升华为我国道德建设的核心'为人民服务',我们能找寻到贯穿于其中的一条'仁'的主线。"④"为人民服务"除了保家卫国,还要为人民谋福利,这就涉及"利"。

义利之辨一直是儒家道德论探讨的重点问题,它涉及个人利益与集体利益、物质利益与道德原则之间的关系。在儒家内部,也一直存在着两种倾向,正如汉代董仲舒谓"正其谊不谋其利,明其道不计其功",而清初颜元将之改为"正其谊以谋其利,明其道而计其功",他们各自主张的侧重点不同,由此可见一斑。牟钟鉴认为"其实儒家上述两派是相反相通的。主流派不仅肯定公利,也肯定正常的个人利益。孔子认为'富与贵是人之所欲',只是需要得之以道。荀子说:'好利恶害,是君子小人之所同也,若其所以求之之道则异矣……"⑤在《论语・雍也》篇里,子贡曾向孔子请教:"如有博施于民而能济众,何如? 可谓仁乎?"孔子说:"何事于仁! 必也圣乎! 尧舜其犹病诸!"⑥那就是说,如果"博施济众"能为民众谋取巨大的福利,同样也是"仁"的表现。这种"仁"在改革小说中得到了突出地追求。我们的改

---

① 李国文:《冬天里的春天》,作家出版社 2009 年版,第 463 页。

② 李国文:《冬天里的春天》,作家出版社 2009 年版,第 536 页。

③ 《论语・卫灵公》。

④ 唐凯麟等:《重释传统:儒家思想的现代价值评估》,华东师范大学出版社 2000 年版,第 220 页。

⑤ 牟钟鉴:《儒学价值的新探索》,齐鲁书社 2001 年版,第 146—147 页。

⑥ 《论语・雍也》。

革,正是要实现富国强民的宏愿。郑子云、阎鸿唤、史天雄等人正是基于“博施济众”的信念,冲破各种阻力一往无前。所谓“见利思义”,利,必以道取之,才能无损于“仁”。在获奖作品中,除了对以集体利益为重的改革行为进行了赞颂,对以不正当手段谋取个人利益的行为则进行了抨击。《抉择》中面对以严阵为首的腐败行为,李高成大声地喊出了“摸摸自己的良心”。《英雄时代》中对于市场经济下出现的新的阶层陆承伟,作者既对其出色的融资能力表示赞赏,同时也借史天雄之口批评其不应为了个人的利益钻国家政策的空子从而造成国有资产的大量流失。《湖光山色》中的暖暖,“尽管她特别强调致富,但是她强调致富要有一个底线。”“她始终是一个乡村道德的维护者”①。《抉择》中的普通工人胡辉中虽生活清贫,宁愿以钉鞋为生也不愿做坑骗人的事赚钱,《黄河东流去》中,赤杨岗的难民们背井离乡,到处漂泊,但无论处于怎样艰难的困境,也从未放弃自己的人格和尊严。“什么叫良心?良心就是一个人的德行,一个人的胆气,一个人的脖筋和脊梁骨,人有良心就活得仗义,活得痛快,什么都不怕,他没有亏心!”徐秋斋对梁晴的教诲也就是我们民间意义上最根本的做人的“仁义”。“富与贵,是人之所欲也,不以其道得之,不处也;贫与贱,是人之所恶也,不以其道得之,不去也。”②在个人利益与集体利益、物质利益与道德原则之间,凸显了集体利益与道德原则的优先性、根本性。

不仅如此,获奖作品也表现出对仁义二重性的思考及人道主义的某种片面性。很多论者论述过《白鹿原》等作品中“仁义”的二重性。③ 神圣样的朱先生是笃行仁义的表率,是白嘉轩的精神导师,安贫乐道,置世事纷争于身外。他以诗句对白鹿两家进行劝勉从而轻易地化解了因买地造成的矛盾冲突,并因此为白鹿村争得了“仁义白鹿村”的封号;又是他受命查禁鸦片烟苗,亲手执犁并首先拿妻弟与族长白嘉轩开刀,在短短十来天内,将川原上下正开花的罂粟犁毁净尽;他只身前往姑婆坟,劝退了二十万包围西安的前清兵,确保了全城百姓的安危;在赈济灾荒时力求把每一粒灾粮都用于灾民身上,表现出了一种“仁者爱人”的形象。然而恰如张志忠指出的,作为圣人的朱先生在对待小娥的态度上“透露出传统文化中一个如今被人有意无意地忽视的重要方面,让人想到鲁迅的《狂人日记》,在每页每行的‘仁

① 张丽军、马兵:《一部新意与遗憾并存的“未完成”小说——关于周大新〈湖光山色〉的对话》,《艺术广角》2009 年第 5 期。

② 《论语·里仁》。

③ 如张林杰《〈白鹿原〉:历史与道德的悖论》中论述了“仁义”的吃人性。载《人文杂志》2000 年第 1 期。

义道德’的后面,看出‘吃人’二字”。① 这些也表现在白嘉轩身上。白嘉轩是“民族之魂、民族精神”②,是现实日常生活中躬行“仁义”的典范,他以身体力行“仁义”来树立自己的威严,治理白鹿村。办学堂,教家族子弟识字念书,策动“交农”事件是为了反对军阀官僚对农民的横征暴敛,他对待黑娃、鹿子霖甚至其他伤害过他的人都能够以“恕”来对待,他对待小娥的无情冷酷、与白灵断绝父女关系正是缘于他所秉持的文化理念,传统文化造成了人物文化性格上的分裂以及道德伦理的两极。他力图维护的“仁义白鹿村”的精神,在宗法社会中,还不能容忍一个女性去追求生活的幸福,反抗社会安排给她的位置,这种反抗也就是对白嘉轩所代表的权力的反抗,对社会秩序的反抗。作者陈忠实写出了仁义在宗法社会中具有的二重性,但对传统文化人格的过度偏爱又导致他对这种“二重性”的态度模糊,这一点为很多论者所指出。

“仁”作为人类的一种普适之爱,在其外在方面具有民主性与人道主义。1993 年,召开了第一次世界宗教议会,基督教、回教、佛教和各种不同的民间宗教,乃至日本的神道,各方面都参加了。其中有一个工作小组,讨论人类和平共存的基本原则,最后得到了两个原则。杜维明将之用儒家的语言来概括,“第一个原则是‘己所不欲,勿施于人’,而不是‘己所欲,施于人’。第二个原则叫人道原则,就是把人当人,即使是敌人,即使是完全的他者,即使是完全认为他没有价值,即使他是属于落后的社会形态,你还是以‘人’待他。这个原则如果翻译成儒家的语言,就是‘己欲立而立人,己欲达而达人’。第一个是恕道原则,第二个是仁道原则,这是两个基本原则。”③人道主义是我们新时期文学伊始所标举的大旗,半个多世纪之后对“五四”新文学精神的再次呼应,“文学是人学”,要把人当人看,是对“文革”中践踏人的尊严、非人道行为的反驳,并以文学对“文革”的非人道进行了义正词严的控诉,伤痕、反思文学之所以在社会上引起了极大的反响。就如有论者指出的,在新时期初的十年文学中,“我们可以找到一条基本线索,就是整个新时期的文学都围绕着人的重新发现这个轴心而展开的。新时期文学作品的感人之处就在于它是以空前的热忱,呼唤着人性、人情和人

① 张志忠:《世纪末的回眸:文化激进主义与文化保守主义的思考》,《文艺评论》1998 年第 1 期。

② 人民文学出版社编辑部编:《〈白鹿原〉评论集》,人民文学出版社 2000 年版,第 430 页。

③ [美]杜维明:《儒家传统与文明对话》,彭国翔编译,河北人民出版社 2010 年版,第 30—31 页。

道主义,呼唤着人的尊严和价值。”①当历史进入新的世纪时再回首,我们却看到,新时期文学中的人道主义精神却不免带有其遗传下来的片面性,那就是,我们在高呼人道主义的时候,这种人道主义并没有涉及那些“异己”。

在《许茂和他的女儿们》《芙蓉镇》等反思小说中,“文革”的罪恶几乎都是从个人道德的“恶”来探寻其根源的,如郑百如、王秋赦与李国香等人,对于这些“反面”人物的刻画,小说中有着一种漫画化的倾向,如对李国香老而未嫁的心态描摹。同样,张洁在《沉重的翅膀》中对夏竹筠和何婷这两个人物则是揶揄甚至嘲讽的。夏竹筠的刻意打扮、做作、尖刻甚至出轨,她自己都清楚她没有得到丈夫郑子云的精神,连身体都没得到。对于这个被冷落的女人,她的尖刻甚至有时歇斯底里、爱装扮,时刻提防丈夫出轨,从心理分析的角度,不是有着可怜可悯之处吗?即使是何婷,丈夫的偏瘫,生活不能自理,导致她过着活寡似的生活,为了给二女儿安排好工作,她不惜对副部长进行讨好。她们在人格上都有缺陷,但也有其苦。

“在比较文明的视域中,无论儒家思想还是佛教都坚持认为,同情心、设身处地意识和怜悯心既是对人的最起码要求,又意味着人道的最大限度实现。”②对上述这些人物,如小娥、李国香、夏竹筠等人,作家站在伦理道德价值立场上,对她们的人格缺陷或精神缺陷进行了“凝视”,但恰恰缺乏了对她们心灵情感的理解之同情,表现出作家人道主义的某种不完整性,甚至也可说是以人道主义为其思想主旨的作家们因倾向原因,对某些弱者表现了不怎么人道的行为。这是值得人去反思的。《东藏记》中对那个下等女子吕香阁为了生存不择手段的刻画也表现出作家某种贬抑的倾向,这些与《额尔古纳河右岸》中那个自认文明人的运材车司机和助手骂马粪包为“野人”、与《白鹿原》中白嘉轩对小娥的排斥、魏巍《东方》中对阶级敌人地主谢清斋一家的漫画化并无什么本质的不同。

在理论上,对于传统“仁义”的二重性,无论是作家还是评论者都具有充分的理性认识,而在具体表现中,“仁义”中所具有的人道主义,把人当人,即使是敌人、无价值的人,也设身处地地同情与怜悯的情怀在作品中有时也并不能得到贯彻,总有被仁和人道主义所遗忘的角落。

① 刘再复:《新时期文学的主潮》,《文汇报》1986年9月8日。

② [美]杜维明:《儒家传统与文明对话》,彭国翔编译,河北人民出版社2010年版,第99页。

第二章　儒家文化传统与现代化进程

新时期文学发展至今，时间跨度上已经超过了现代文学，它伴随着中国改革开放的现代化历程，在这个历程中，中国的政治、经济、文化等领域都发生了重大甚至翻天覆地的变化，与社会现实紧密相关的思想文化界，对儒家文化传统与现代化的问题也有了更深入地思索。整个 20 世纪 80 年代，思想文化界固然也有着弘扬儒家文化精神的论调，但整体上，对现代化与改革的热望使“儒家文化被批判从新时期开始一直到 80 年代末期都是社会意识的主流，激进主义成为思想界的主流”，①20 世纪 80 年代“新启蒙主义的一个基本特征或基本运思策略是把中国的几乎所有问题都放在‘传统’与‘现代’、‘落后’与‘先进’这样一些二元对立的框架中加以把握和诠释，从而几乎无条件无限制地欢迎‘现代’而鄙弃‘传统’，拥抱‘先进’而痛恨‘落后’。‘落后就要挨打’是当时普遍接受的共识，‘传统导致落后’也属当时被认为是不言自明的前提，而清算‘传统’则属于‘五四’‘启蒙’的任务。”②在这样的社会氛围之下，20 世纪 80 年代的文学主题才可能被概括为“文明与愚昧的冲突”。进入 20 世纪 90 年代以来，现代化的改革已然取得有目共睹的巨大成就，市场经济形成，物质上富足的同时，也出现了诸多弊端，经济的杠杆对传统文化根基逐渐产生了毁灭性的冲击。大众文化的崛起极大地改变了人们的价值观念，20 世纪 90 年代初对“人文精神”的讨论恰做了社会转型、文化分化的形象的注脚。20 世纪 80 年代整体上的理想主义在 90 年代已经支离破碎，日常生活、个人欲望取代了政治成为人们关注的对象。面对新的时代问题，此时的思想文化界“对于儒家文化基本上趋于正面的肯定，希望它不仅对中国的现代思想文化建设起到重要的资源性作用，也希望它对世界文化起到应有的作用”。③ 与此相应，作家们也都用自己的笔记录下了时代的巨变，记录下变革带来的人们精神心理上的震动，也留下了作家带有自身特色的对时代的思索。在本章，我们选取茅盾文学奖获奖作品

① 朱栋霖主编：《中外文学比较史（1949—2000）》（下卷），江苏教育出版社 2009 年版，第 523 页。

② 王学典：《20 世纪 80 年代的“新启蒙”与黎澍》，《文史哲》2002 年第 2 期。

③ 朱栋霖主编：《中外文学比较史（1949—2000）》（下卷），江苏教育出版社 2009 年版，第 522 页。

中改革小说和乡土小说的代表性作品,通过它们所表现出来的对传统文化的态度和认识,既可以看到伴随现代化进程,作家对传统文化认识的不断深化,也可见出由于文化立场的不同,作家以不同的题材空间承载的不同文化价值取向。

第一节 改革小说对儒家文化传统的表现与思考
——从《沉重的翅膀》到《英雄时代》

从宽泛的角度去看,新时期文学处于改革开放这一共同的时代主题之下,都无法忽略改革、现代化这一主角的客观存在,它是一只观看和映现纷纭社会人生现象的眼睛和镜子,无论乡土题材、城市题材还是历史题材,无论对民族的寻根还是当下精神的变迁,改革都必然是小说创作中显在或潜在的一分子,影响左右着作家对历史和现实的态度和认识。在此,我们所说的改革小说,仅指直接呈现城乡现代化建设的小说,它们虽也展露改革过程中存在的某些问题,但其主旨还是表现现代化在中国新时期的进程及其带来的美好前景。在茅盾文学奖获奖作品中,这样的作品主要有表现工业改革的《沉重的翅膀》、市政建设的《都市风流》、涉及乡镇企业的《骚动之秋》、探索改革道路的《英雄时代》和表现乡村生活的《湖光山色》等,它们都与社会生活同步,共同反映了改革开放30多年来中国社会主义现代化的曲折和必然性。其中,初版于20世纪80年代初期的《沉重的翅膀》和新世纪初的《英雄时代》是两个具有代表性的典型文本。这种代表性就在于它们不仅基本上反映了30多年来中国社会主义现代化的探索过程,而且它们对于传统文化尤其是儒家文化传统的表现和态度很具有时代的代表性,从中映现出作家在时代文化影响下,对于中国的现代化与儒家文化传统以及它们之间深刻关联的认识的不断深化。

张洁的《沉重的翅膀》是反映新时期改革开放,中国进行史无前例的现代化建设的第一部长篇小说,它以重工业部和所属的曙光汽车厂的整顿改革为背景,描绘了从正副部长、司局长到记者、工人和普通群众对经济改革的不同态度,以及他们丰富的内心世界和不同的生存状态。作家以磅礴的激情写出了改革初始新与旧、文明与愚昧、改革与守旧、解放与僵化的种种冲突,为人们奉献了副部长郑子云这一积极的改革家和实干家的高级干部形象。《英雄时代》书写的则是党的十五大前后的社会、经济、政治状况。彼时,市场经济还未健全,随着现代化的发展,社会出现了很多新的问题,国企亏损、工人下岗、贫富差距加大,私营经济成为富有活力的一支,江泽民同志在党的十五大上提出了建设有中国特色社会主义的经济、政治和文化的目标。《英雄时代》即以国家组织计划司副司长史天雄这一高级干部为主导人物，对于有中国特色的社会主义进行了形象性的探索。这两部获奖的长篇改革小说都与社会发展紧密联系，呈现了改革不同阶段的不同社会问题及对之的思考。

两部作品分别着力刻画的主人公郑子云与史天雄都是中国现代化进程的代表，进行社会主义现代化是他们矢志不渝的目标。他们身上既体现出了不同改革阶段中国现代化的时代特色，表现在他们面临的不同生存困境、精神困境、文化困境与情感、伦理困境之中，同时，他们还是具有儒家文化精神品格的卡里斯玛型人物形象，继承了传统"士"的精神，具有强烈而自觉的"治国平天下"的雄心大略以及由之产生的忧患意识、担当意识、责任意识，并将之付诸行动，具有勇于实践的精神。

在《沉重的翅膀》中，改革与反改革的矛盾，在根本上演绎的还是现代化与传统文化的矛盾。现代化首先是经济的现代化，提高人们的物质生活水平，摆脱贫困的状态是彼时最紧迫的问题。郑子云作为"改革派的一个亡命徒"，他面对的最大阻力就是反对改革的僵化、守旧的观念，这种僵化、守旧的观念，在小说中，更是作为文化传统造成的惰性来加以否定的，如小说中所说的"郑子云的对手早就有了，那便是这个社会里，虽说是残存的、却万万不可等闲视之的旧意识"。我们看到儒家文化传统的"政治文化"对田守诚等人的深刻影响，他为权，为保位子，所以处心积虑，小心翼翼，无所作为，不敢作为，见风使舵，八面玲珑；看到了儒家文化传统群体意识形成的反改革的"圈子"，他们视支持改革的人为异类而共同加以排斥。作为现代化代表的郑子云，作者在描写他与反改革派进行斗争时，也写出了他自身精神上承袭的传统文化的重负，这一点主要表现在他的婚姻生活上。他虽然是个现代化的先锋，却秉持了传统的伦理情感观念，与妻子夏竹筠维持着没有爱的表面的婚姻，维持着虚无的"模范家庭"的称号，而没有勇气挣脱这种锁链。这一重负无疑也对他的身心造成了一种戕害。在 20 世纪 80 年代之初的社会文化环境下，我们也很能设身处地对他的这种心灵重负予以理解与同情。同时在郑子云身上，更显示了现代化的激情与活力，通过"小"字辈，看到了现代化强大的感召力与光明美好的前景，也通过李瑞林等人的转变看到了现代化以其显示的实绩对传统的精神思想改造的伟力。在《沉重的翅膀》中，作者刻画了普通人物身上的优秀品质，除了郑子云身上所显露的忧患意识、担当意识，那些普通工人、群众之间的友爱互助，吕志民在昏迷中还在想着将房子先让给小宋住的大义，吴国栋在与妻子争吵之后以接妻子下班的行为默默表达的悔意也让人感到贫困夫妻之间相濡以沫的深情,李瑞林虽因循守旧,因工作对陈咏明有所不满,但并不妨碍他对他人怀有一颗善良的心,并真心地为陈咏明的改革行为感到担心……都体现了传统文化点点滴滴的优秀因子,但在根本上,《沉重的翅膀》所着力于揭示的,依然是传统文化对现代化深重的阻滞力量。甚至作者在书写人物的这些优秀品质之时,也并没有从理性上意识到它们与儒家文化传统有什么关联。这也是20世纪80年代初大量涌现的改革小说的某种共性。刚刚打开国门的中国,对于现代化的呼唤和拥抱是迫切渴望富强壮大的国人的共同心愿,也使人们沉醉在现代化设定的美景里而无暇对之反省。

时代发展到20世纪90年代后期,改革的伟绩有目共睹,《英雄时代》中史天雄在其改革的探索过程中,已经不必去承受传统的婚姻伦理的枷锁,他与陆小艺离婚已不必有什么其他顾虑,而他所面对的对手也已经不仅是残存的"旧意识",更多的却是经济"现代化"所产生的观念和行为,甚至这一现代化的观念还是他必须面对的主要的方面。在文中,那种"旧意识"主要由红太阳集团的领导者陆承业以及天宇集团的总裁王传志来体现。他们家企同构的经营理念是儒家传统思想的一种遗留,史天雄对此有清醒的认识,"家国同构,家企同构,一天不改变,中国就无法谈什么伟大复兴"①,而且这一点也是显而易见的,有形的。另一更大的对手——经济"现代化"中所产生的观念和行为的代表就是他的妻弟陆承伟以及将之视为神明的政治上的潜规则。换句话说,《英雄时代》里的主要矛盾已经不再是传统文化与现代化的矛盾或者改革与反改革的矛盾,而是如何现代化的矛盾。那么答案就必然是有中国特色的社会主义现代化。

史天雄所探索的就是一条以马克思主义信仰为指导的、有中国特色的社会主义经济发展之路。在这个过程中,作者已经有意使儒家文化传统的优秀品质成为观照"现代化"的一面镜子,作为有中国特色社会主义现代化的重要精神价值加以表现。首先,史天雄本人是一个极富儒家文化精神品质的人。他是作者创作的一个理想化的人物,一个"圣徒式"人物,富于实干性。"生命诚可贵,爱情价更高。若为理想故,二者皆可抛"是他的自勉式宣言。他认识到了中国经济、政治改革中存在的诸多问题,力图挽救红太阳这一大的国营企业免于崩溃,却未获准,又因各种机缘而辞官加盟民营零售业"都得利"集团。他和郑子云一样具有忧患意识、担当意识、责任意识,王传志说他"身在江湖,心系庙堂",也是对他的一种切实评价。"国家利

① 柳建伟:《英雄时代》,作家出版社2009年版,第62页。

益”是史天雄一切行为的准则，无论是初始的想挽救红太阳集团，加盟“都得利”，还是最终听从党的安排去领导合并后的红太阳和天宇，他从未考虑丝毫个人的得失。在听到王传志因炒作陆川实业股票而出现问题时，他认为自己有责任去提醒王传志，“邻居家着火了，也得放下饭碗去救。天宇是国家的天宇，就是它没擦屁股，该亲还得亲”。[①] 对待他人，即使并不相关，史天雄也表现出一种仁爱，如对于梅氏母女的关怀。同时，史天雄所领导的“都得利”集团，作为他探索中国特色社会主义市场经济发展的一个样板，也是充满了仁爱精神的团体。由金月兰所初创的“都得利”本身即是专门招收下岗工人，为他们提供一个再就业机会的集团。在这个集团里，不仅有全体人员真心地为抗洪救灾捐款，而且作为一个个的个人，还有王小丽得知未婚夫在抗洪中英勇牺牲后将准备结婚的钱悉数捐献了出来；杨世光和江榕对待杨的患白血病的前妻所表现的大“义”；毛小妹在“都得利”处于危机之时，为了给“都得利”减轻负担，离开之时放弃了自己在“都得利”便民公司所持的股份；金月兰对待李姐的情义……在他们身上都体现出一种集体的精神，为他人的精神，互相关爱，如“都得利”的经营理念所说“与全市人民共渡难关”。如果说，这就是史天雄所探寻的、具有信仰的（入党时唱《国际歌》，升国旗）、有中国特色的社会主义经济所应具有的现代精神品质，那么这种现代精神品质不就可以说是儒家文化传统在当代的表现吗？在现代化的过程中，我们需要这种国家、集体的观念，人与人之间关爱和谐的观念，也需要这种危难之时相互扶持，自强不息的精神。这些精神品质，是我们祖先遗留下来的优秀文化遗产，毋宁说具有一种普世性。

作者对儒家文化传统优秀精神品质的肯定还表现在对红太阳集团领导陆承业的复杂态度上。作者尽管对其顽固、刚愎自负的态度、家企同构观念进行批判，对其以自杀来殉企的做法并不赞同，但也借群众对他以身殉企的表现、借梅丰之口对他的以国有资产为重，不推卸责任的勇气表达了敬意，认为他的死“确实又让我们感到了一种更为普遍、更为牢固、更为强大的力量的存在。这是一种可以引导我们走向希望和胜利的力量”。[②] 那么这种力量，即是带着儒家文化传统色彩的国家意识、奉献意识。

另一方面，作者对传统的“家企同构”（红太阳集团的工人们以要生存为理由阻止企业破产的行为也是一种家企同构的表现）、“国企同构”进行批判的同时，更以传统文化的优秀部分——以国家集体的利益为重、奉献的

① 柳建伟：《英雄时代》，作家出版社 2009 年版，第 463 页。
② 柳建伟：《英雄时代》，作家出版社 2009 年版，第 483 页。

精神、仁爱的精神,作为中国现代化过程中精神价值的基础来与陆承伟所代表的现代化进行了对比,观照出那种现代化的各种缺陷与不足。

作为史天雄主要的对立人物和对手,陆承伟可说是西方资本主义现代化的代表。陆承伟曾去美国留学,在美国哈佛工商学院读 MBA,受到西方的教育,回国后投身商海,"在美国学到了务实精神",也接受了美国的价值观念、道德伦理观念。他是一个纯粹的个人利益至上主义者,为了达到目的可以不择手段,利用一切可以利用的关系,甚至为了自己的利益可以让昔日的情妇去向日本人卖身。他利用其所学钻国家政策的空子,将国有资产轻易地装进自己的腰包。他收购陆川的十个小企业,并非为了促进企业的现实发展,只是将之包装上市,他对"《证券法》出台之后,拥有陆川实业这样一只有先天缺陷的股票,等于怀抱一枚炸弹"[①]心知肚明,利用各种关系甚至人的崇洋媚外的心理使它的股市呈现虚高,假手卖给天宇集团,从中赚取了"一个亿",这种弄虚作假的股市必然如泡沫,最后只能造成国有企业资产的大量流失,由国家为这种损失买单。正如其父陆震天所说,他对中国的现实研究得很深入,可是"并没有想办法弥补体制等方面存在的缺陷,而是在利用这些缺陷"。[②] 他奉行金钱至上原则。在他看来"既然中国选定走市场经济的道路,就必然遵循市场经济的基本游戏规则,金钱必将成为中国社会的主角"。[③] 他以钱来看待与顾双凤之间的关系,也正是利用金钱的力量使古狼不由自主地趋于堕落,以金钱的诱惑使王传志接手了陆川实业这一"烫手的土豆",造成国有资产流失。

文中展示了陆承伟的这种不择手段的个人利益至上、金钱至上对社会所造成的危害,而这种危害在社会的大转型期,以纯粹的经济利益为主导为衡量为指标的时期,因其短期的辉煌更易造成一种虚假的现象给人以蒙蔽。在与其他政府官员接触中,充分显示了雄厚的资本给他带来的那种强势。这种强势的背后所倚重的一个方面就是,单纯追求经济发展的西方现代化的观念曾是社会信奉的现代化准则。史天雄认为陆承伟"把陆川县的小企业,变成一位不愁嫁的皇家女,已经充分证明了他的眼光和胆量,甚至还有不能小觑的才华。这样一只鸟不是外星的飞禽,不是来自西方的入侵者,而是中国本土鸟类的一个变种"。[④] 那么这个变种,便是西方的现代化观念在中国的社会现实中所产生的。陆承伟以金钱与政治的双重资本在社会上如

① 柳建伟:《英雄时代》,作家出版社 2009 年版,第 286 页。
② 柳建伟:《英雄时代》,作家出版社 2009 年版,第 469 页。
③ 柳建伟:《英雄时代》,作家出版社 2009 年版,第 28 页。
④ 柳建伟:《英雄时代》,作家出版社 2009 年版,第 398 页。

鱼得水，他所代表的现代化附带着一系列的社会问题，如道德堕落沦丧、自私自利、无国家意识，为私利挖社会主义墙角。这种现代化与史天雄所领导的“都得利”集团的价值信仰形成了鲜明的对比，它所显示的强大力量也使史天雄“意识到了肩上更加沉重的责任”。这种沉重的责任，正是建设中国特色社会主义现代化过程中，在面对西方强势的现代化诱惑之时必须把稳舵的责任。而建设有中国特色的社会主义现代化就必然要汲取传统文化中优秀的精神价值品质，以之对抗西方现代化中的个人主义、唯利主义。

《英雄时代》与此前的《都市风流》《骚动之秋》《抉择》等反映改革的长篇小说之不同即在于此一点。《都市风流》《骚动之秋》等作品具有相似的叙述模式。高伯年具有官僚主义作风，阎鸿唤则雷厉风行；岳鹏程作为改革者，迷失于封建专制，是自己领域中的“王”，羸官反抗“父权”与专制，最终建立了属于自己的乌托邦王国。这些反映的都可说是正与反（进取/保守、改革/反改革、腐败/反腐败）的矛盾，都可归之于传统文化对于现代化的阻滞力，并没有超出《沉重的翅膀》所表现的主题。而《英雄时代》中的主要矛盾并非传统与现代、正与反的矛盾对立，而是哪种现代化的问题，属于一种未完成的结构式。而且即使对于陆承伟所代表的西方的现代化，作者也通过史天雄的困惑以及驳斥无力表现了并非完全否定的态度，因为陆承伟恰如另一面镜子，他的才华与实干，超强的融资能力，敏锐的投资把握能力……映照出现有社会现代化的不完善。无疑，我们的有中国特色的社会主义现代化发展除了继承传统文化中的精华作为现代化的精神基石，也必然要借鉴西方现代化的有益经验。这就是《英雄时代》的文本价值之所在。

稍后于《英雄时代》的第七届获奖作品《湖光山色》，所表达的主题与《英雄时代》具有某种一致性。如果史天雄是承载了国家镜像的具有忧患意识、勇于探索的党的高级干部形象，《湖光山色》中的暖暖则是更具民间色彩的集传统美德与现代思想于一身的体现者，她不仅以传统道德的力量对抗着现代化过程中的人性沦落，而且也对抗着传统顽固专制思想在现代化过程中的复燃。她开辟的楚王庄新面貌也与史天雄的社会理想一样，是传统文化精华与现代文化结合的宁馨儿。史天雄和暖暖都以自己的人格魅力和对未来的设想诠释着传统文化优秀因素是中国现代化不可或缺的根基。

从《沉重的翅膀》到《英雄时代》，从现代化建设伊始到寻求有中国特色的社会主义现代化道路，勾画出改革者筚路蓝缕、不断探索地改革实践，也是作家们面对中国现代化的社会现实对民族文化传统再反思、再认识的不断深化的过程，在它背后，则是从 20 世纪 80 年代到新世纪的几十年时代思想文化的发展和衍变。正如陆承伟最后的道德自省，显示出对史天雄价值观念的某种皈依，也让我们看到了改革小说由“历史的‘判断性’向历史的‘体验性’、历史的‘事件性’向历史的‘过程性’以及历史的‘抽象性’向历史的‘丰富性’”①的发展演进。

第二节 乡村小说中儒家文化传统的困惑与流连

——《白鹿原》和《秦腔》的文化选择

总起来看，在改革小说中，现代化具有不容置疑的合法性。它们都是以现代化作为总体价值指归，以之观照儒家文化传统，取我所需，而一切阻碍现代化发展的都被毫不留情地批判和抛弃。他们的主人公精神灵魂的力量足够强大，信仰足够坚定，在现代化生活所展现的五光十色之中才不会自我迷失。郑子云和史天雄及其他改革领导人物从来没有过犹疑、徘徊，没有过灵魂的上下求索，他们所做的只是站在现代化的基点上，认准了方向，向前、向前、再向前。但显而易见的是，呼唤改革和现代化的作家，对改革和现代化的“后果”——对中国传统文化形态和价值观念的深刻影响、社会结构的变迁缺乏必要的心理准备，对现代化的负面效应认识不足，改革英雄的完美无法掩去现实变革中的矛盾和曲折。对于更多的普通人，现代化在带给人丰富充裕的物质生活的同时，更使人感受到目迷五色的炫惑，传统的维系精神家园的价值体系在现代化的冲击下四分五裂，终极意义丧失，连同我们的民族认同的迷惑，再也难以追寻生命的意义。于是，我们开始对现代化理念进行审视和反省，又到历史中去追寻、去挖掘，在现实中仔细辨认那些构筑我们精神心灵的根根系系，在现代化裹挟一切的巨大冲力面前，所寻到的却早已失去了原本充沛丰盈的力量，只如同充满怀旧气息的昏黄的挽歌。这种挽歌也只可能在乡村的原野上吟唱。

乡村，作为中国传统文化的诞生地，在现代化的过程中也最大程度地积淀维护了中国的传统文化。五四以来众多的文学书写中，乡土文化通常是作为与城市、现代化、现代文明的对照物呈现的。在新时期之初的文化环境中，很多表现乡土改革的小说同城市、工业改革小说一样，无不是歌颂着改革，传统文化被放置于现代化的对立面受到严格的审视，但同时，新时期之初的很多乡土小说，又正是通过对传统家庭伦理、传统道德的肯定性描写，来达到对新时期政治经济改革的肯定和歌颂。

---

① 吴义勤：《难度·长度·速度·限度——关于长篇小说文体问题的思考》，《当代作家评论》2002年第4期。

《许茂和他的女儿们》叙写了传统家庭伦理关系由破坏到恢复的过程，由此展现了时代的变革，民心的所向，以正常伦理道德的消亡突出激进年代的非合理性，对人的异化，以及由此造成的创伤。包括《芙蓉镇》，胡玉音和秦书田正常人生活的磨难和最终美好生活的获得，芙蓉镇民间秩序的失范和重建，这些带有浓郁传统文化色彩的伦理关系依然成为对抗非正常时代的精神力量。

最初在创作中对现代化表现出反省意识的也很自然的来自乡土小说家。在20世纪80年代初改革小说一路高歌猛进，改革者冲破一切阻碍，充满现代力量的形象被称颂之际，山东作家王润滋已经在其创作中流露出另一种不同的声音。《鲁班的子孙》《海祭》《三个渔人》充满了传统美好道德、情感与现代化进程之间矛盾冲突所引起的惶惑和迷惘，在现代化的必然性中，传统美德、人伦情感同样被作者珍视。路遥发表于1982年的中篇小说《人生》，不同于改革小说对时代进取精神的一味高扬，以对农村姑娘巧珍善良心地的描摹，以高加林心怀愧疚地归来，扑倒在德顺爷爷面前，显示了传统道德的感召和人民胸怀的博大。创作于20世纪80年代中期的《平凡的世界》，在叙事手法上，有意拒绝了当时流行的现代艺术技巧，执着于传统现实主义创作，力图反映生活的“真实”和“本质”。对现代艺术技巧的拒绝，也是作家文化立场的表现。在精神取向上，少安、少平一家的兄友弟恭、父慈子孝，包括润叶等人对爱情的选择、世俗人情的描绘都表现出作家对传统儒家伦理道德秩序的由衷赞许。它虽然极少触及甚至有意回避了现代化发展过程中人性堕落、价值失范等诸多现实问题，但对传统美好伦理道德的书写，却放置了一面镜子，不能不映照出当下的道德混乱、价值失衡、唯利益化等现代社会状态，如同路遥对“准自传体”小说《在困难的日子里》的说辞：“在困难的时候，人们心灵是那样高尚美好，反过来又折射到今天的现实生活，因为今天的现实生活正好缺乏这些，我尽管写的是历史，但反过来给今天现实生活以折光……”①在少平、少安追随现代化的脚步，用文化、用拼搏改变命运的奋斗中，传统文化都呈现着温馨的暖意，“宽容的同情多于无情批判”②。

在茅奖获奖作品中，20世纪90年代的《白鹿原》和新世纪的《秦腔》承续着《平凡的世界》在20世纪80年代对传统文化与现代化的体认，又携带

① 路遥：《答中央广播电视大学问》，见《路遥文集》第5卷，人民文学出版社2005年版，第393页。

② 李建军：《文学写作的诸问题——为纪念路遥逝世十周年而作》，《南方文坛》2002年第6期。

着自身的时代文化密码，呈现出与改革小说不同的书写倾向。

一 《白鹿原》和《秦腔》的文化选择

有关《白鹿原》和《秦腔》的评论不胜枚举，很多是从文化的角度切入的。对文本中作家的文化立场和态度，有肯定赞扬之声也难免否定之语。这种文化的书写是作家陈忠实和贾平凹的一种有意识的行为。陈忠实认为："说到底，文学创作是一种文化的表现，而且是文化最直接最显露的表现方式"，当代陕西文学群体之所以能两度创造辉煌，根本就在于其能够将"清醒的文化意识最终化作理性化作感情化作一种独特的创作"。①

如果叙事视角部分地决定了作者对于事件的态度和认识，讲故事的方式也暗含了对故事的阐释，如英国著名的小说评论家珀西·卢伯克（Percy Lubbock）在他的《小说技巧》一书中所说："小说技巧中整个错综复杂的方法问题，我认为都要受角度问题——叙述者所站位置对故事的关系问题——调节。"②那么，我们近乎可以说，改革小说是以现代化的视角来书写的社会进程，因此更多地看到了传统文化对于现代化的阻滞，它的主人公都是作家所肯定颂扬的改革浪潮中的英雄。作为乡土小说，《白鹿原》以白鹿两家的矛盾贯穿着整个白鹿原近现代历史，为我们突出的是传统文化人格代表的白嘉轩以及白鹿原上以《乡约》为表征的深厚的传统儒家文化，《秦腔》的叙述者引生不仅从未走出过清风街，他对夏天义和夏天智的精神皈依和文化认同，也正是对传统文化的认同。两部作品的叙事重点都在于传统文化在现代化挤压下的衰落、困惑以及不无顽强的生命力，由此也见出《白鹿原》和《秦腔》与改革小说叙事视角上的差异。这种叙事视角恰与陈忠实和贾平凹"乡下人"的文化立场相对应。叙事角度和文化立场的不同，使《白鹿原》与《秦腔》所看取的传统文化与现代化都呈现出与改革小说中不同的另一番情景。"对农业文明中的传统伦理感情，对家庭和社会的责任感、道德感以及人际关系中脉脉含情的一面"，③表现出更多的温情和热情，对于现代化，虽然理性上意识到它的必然趋势，却更多地倾向于它所带来的弊端的书写。

（一）《白鹿原》：现代化进程中儒家文化传统的坚韧与尴尬

《白鹿原》中贯穿始终并集聚了作家最多情感的人物是白鹿两族的族

① 陈忠实：《关于陕西长篇小说创作的回顾与展望》，《小说评论》1995年第3期。
② 韩鲁华、许娟莉：《生活叙事与现实还原》，《当代作家评论》2005年第5期。
③ 李星：《论"农裔城籍"作家的心理世界——陕西作家论之一》，《当代作家评论》1989年第2期。

长白嘉轩，应该说他是儒家文化传统在民间民众中的体现者。他不同于朱先生是“白鹿原最好的一个先生”，具有“圣人”“神人”样的不食人间烟火气息，让人“高山仰止”；也不同于鹿三“白鹿原上最好一个长工”，尽管白嘉轩将之待如自家人，并让女儿白灵认其为干爹，教育自己的子辈不能以另眼相看，但多次地强调事实上已经显示了地位的“尊卑”有别，“最好一个长工”的“好”，在鹿三身上的体现恐怕就是忠诚、无怨、不要奸猾、替主家分忧却无个人的自主思想。白嘉轩是一个自由的普通人，如果有一点特殊，就是他的族长身份，这使他必须调和各方面的关系和矛盾，树立威信和威望，以担负起为家族谋利益的责任，将家族人员凝聚在一起，抵抗外在力量的威胁、入侵和破坏。他对于朱先生以及鹿三的评价已经标明了他的思想人格倾向。他是儒家文化人格的化身，被认为是“作品最成功、最深沉丰富的形象”，“是历史长河坎坷中幸存的民族之魂、民族精神”，①“白的一身，仿佛浓缩了的民族精神进化史的象征，他的顽健表明，封建社会维系几千年之秘密，就在于有像他这样的栋梁和柱石的支撑”。②

考察白嘉轩一生所为，修祠堂、办学堂、为防白狼筑堡墙、刻《乡约》、策动“交农”、率众求雨、“刺刷”小娥和孝文、修镇妖塔以及勇于承担责任、多次以德报怨营救“仇人”（黑娃、鹿子霖及闹农协时曾伤害过他的那些人等），都体现了他重义轻利、仁爱谦恭、注重修身治家等传统道德人格。尽管现在看来有些行为具有两重性，有其残忍的一方面，但不代表白嘉轩们不是真诚地信仰并真诚地严格恪守儒家准则的行为规范，正如朱先生制定的《乡约》上的“德业相劝”“过失相规”“礼俗相交”，它不仅仅是白嘉轩所信奉的“三纲五常”，精神支柱，而且是维系家族集团的核心力量，对于在法理缺失的社会里组织家族世俗生活、规范行为、凝聚人心、解决争端起到不可化约的作用。即使他允许三儿媳与兔娃的行为，看似与儒家的伦理准则相违，但“不孝有三，无后为大”，“仁义道德”都必须以人类的生存繁衍为其基础，这正反映了儒家传统道德在民间的现实存在形式。

作者对白嘉轩无疑倾注了深厚的爱敬的感情。以他的画像作为书的封面使人想起罗立中的油画《父亲》。他见证了中华民族几十年的沧桑巨变，何止几十年，几千年的封建历史不也融化在他的命运之中？小说以白嘉轩为中心联结起众多的人物。有如圣人的朱先生和长工鹿三可说是白嘉轩人

---

① 朱寨语。见李星整理：《一部可以称之为史诗的大作品——北京〈白鹿原〉讨论会纪要》，收《〈白鹿原〉评论集》，人民文学出版社 2000 年版，第 430 页。

② 雷达：《一九九三年的“长篇现象”》，《当代作家评论》1994 年第 1 期。

格精神的补充,而鹿子霖则是儒家文化传统内部的一种异化力量,带有恶魔性的因素,是个活跃却无精神信仰的现实主义者,其身不修,更谈不上任何伦理道德,从反面映衬出白嘉轩所代表的传统儒家文化人格的精神魅力。

然而,无论白嘉轩所代表的传统儒家文化具有怎样使人敬慕或赞扬的品质,具有怎样的凝聚力和生命活力,它却始终处于历史现代化进程的边缘状态,没有成为历史发展的动力。无论是闹农协、国共合作、中日战争,还是中国内战,所有这些历史的大事记对于白嘉轩并没有产生什么影响,他所采取的都是一种“返身而诚求于己”的内敛、冷眼旁观的姿态,如朱先生一样,不参与任何党派之争。国共合作期间朱先生所训示的:“你种你的庄稼你务你的牛犊儿骡驹儿就对了。你把那些名目那些关系捋抹清了有啥用场?我都不大抹码得清,你伤那个脑筋做啥?国民党和共产党都开宗明义要给民人办好事,‘扶助工农’。你只管放心过你的日子就是了。”①一直是他遵行的准则。甚至他也从未产生朱先生那样的抗日情绪。在这里面,对于深受儒家思想影响的白嘉轩而言,在中国漫长的传统历史中形成的“一治一乱”循环史观影响着他的作为。他惩罚异己的方式更多的是将他们驱逐出去,如黑娃和小娥、孝文和白灵,却不能够审时度势,使自身更具包容性。那么它的凝聚力和生命活力又体现在哪些方面呢?在历史进程中又具有怎样的作用呢?如果它并不能推动历史的发展,那就必然被历史和人民所淘汰。南帆也曾经提出,在《白鹿原》里,共产主义、三民主义与儒家的关系是什么?作者对此毫不清楚。孙绍振认为《白鹿原》在人物关系上并没有刻画出不同文化的冲突,所以最终读者也无法理解共产主义意识形态、三民主义意识形态到底是怎样的一种意识形态,也就更无法理解在20世纪的新型意识形态强行介入的历史语境中,中国传统文化悲剧性命运究竟意味着什么。②

在此,作者似乎有着如朱先生对于“天下为公”和“天下为共”的含混,无论是孝文拉拢黑娃入保安团还是鹿兆鹏要黑娃加入共产党,他们都不曾明确自己的行为宗旨,这固然一部分表现了历史的“混沌性”“偶然性”,却也写出了儒家文化传统在新的历史境遇下“妾身未明”的尴尬。让人想起20世纪80年代对儒家文化传统的诸多再反思、再认识。这种混沌性未尝不是一种历史的真实。“小说对儒家精神的现代价值所作的重新诠释,体

① 陈忠实:《白鹿原》,人民文学出版社1993年版,第198页。

② 见孙绍振:《什么是艺术的文化价值——关于〈白鹿原〉的个案考察》,《福建论坛》(文史哲版)1999年第3期。

现了作者精神思考的独创性,使小说除了以它丰厚的文化底蕴吸引人外,还唤起人们一种精神思考的欲望。"①然而却也如雷达所说:"陈忠实《白鹿原》中的文化立场和价值观念是充满矛盾的:他既在批判,又在赞赏;既在鞭挞,又在挽悼;他既看到传统文化是现代文明的路障,又对传统文化人格的魅力依恋不舍。"②

当白嘉轩充满信心地宣称:"无论是谁,只要生在原上,他就得返回原上来。"他又怎么可能意识到孝文的返回更是一种反叛者的挑战呢。当孝文成了社会的主角,运用计谋将早已皈依儒家传统,立志"学为好人"的黑娃押上历史的审判台并枪决,白嘉轩所代表的儒家文化传统与文化人格不也被现代化宣判了死刑?而代表儒家传统道德理想人格的朱先生与逃离封建家庭进行革命的白灵同样都是白鹿精灵的启示,是否又表现了作家认为只有将传统儒家的优秀品质与现代化的优秀品质相结合才会产生真正的代表幸福、祥和的白鹿精魂呢?

（二）《秦腔》:乡土文化没落的挽歌

"在对历史的叙述上,陈忠实的《白鹿原》对社会变革关系的处理,因远离了整体性而使这部作品具有了某种'疏异性'"③。但《白鹿原》依然充满了历史的宏大事件,而且这些历史的大变革直接与人的活动联系在一起,除了白嘉轩等人的以不变应万变的处世姿态,还有兆鹏、白灵、兆海、黑娃的革命(或土匪)活动,鹿子霖在国民党基层组织中的积极行为,它们构成那个时代波诡云谲的历史画面。《秦腔》书写的则完全是絮絮叨叨的琐碎的日常生活,"一堆鸡零狗碎的泼烦日子"。④"清风街的故事该告一个段落了吧。还说什么呢?清风街的事,要说是大事,都是大事,牵涉到生离死别,牵涉到喜怒哀乐。可要说这算什么呀,真的不算什么。太阳有升有落,人有生的当然有死的,剩下来的也就是油盐酱醋茶,吃喝拉撒睡,日子像水一样不紧不慢地流着。"⑤《秦腔》也是"法自然"⑥地"密实的流年式"⑦叙写的"中国之心"。⑧

① 陈美兰:《行走的斜线——论九十年代长篇小说精神探索与艺术探索的不平衡现象》,《当代作家评论》2002 年第 2 期。

② 雷达:《废墟上的精魂》,《文学评论》1993 年第 6 期。

③ 孟繁华:《当代文学:农村与乡土的两次历史演变》,《文艺报》2009 年 8 月 6 日。

④ 贾平凹:《秦腔·后记》,人民文学出版社 2007 年版,第 565 页。

⑤ 贾平凹:《秦腔》,人民文学出版社 2007 年版,第 549 页。

⑥ 陈思和:《试论〈秦腔〉的现实主义艺术》,《中国现代文学论丛》2006 年 6 月创刊号。

⑦ 贾平凹:《秦腔·后记》,人民文学出版社 2007 年版,第 565 页。

⑧ 吴义勤:《乡土中国与中国之心——〈秦腔〉论》,《当代作家评价》2006 年第 4 期。

《秦腔》只适宜于耐心地“慢慢去读”。这种“慢”的诗学潜在地应和着古老的传统文化，而与表征现代化特点的快节奏对立起来。我们已经习惯了快节奏。火车在不断提速，城市建设在加快步伐日新月异，道路上多的是行色匆匆的人们，时刻担心跟不上时代的步伐，甚至爱情也已经成为对时间的浪费，于是闪婚。“快餐”是现代文化的一种特色，也是现代理性作用的结果。这在现代化的改革小说中有着明显地表现，大多数主人公都充满了一种内心的躁动，很少有对身边日常生活琐事的精雕细刻与品味。这种躁动是一种时代的情绪，驱使他们去把握机遇，拼搏进取，最大限度实现生命的价值，推动社会历史的发展进步。20 世纪 30 年代，穆时英已经在其作品中给我们展现了上海这一“造在地狱上面的天堂”现代化大都市的快速的节奏。新中国成立以来的文学中，同样也是以快速度表达着现代化的想象。我们古老的传统文化、乡土文化，由于顺应自然日出而作、日落而息，人的多种欲望被“仁义礼智信”“修身齐家治国平天下”压抑着转移着，对于日常生活更有着精细地体验与把握。《秦腔》中几乎没有能够构成故事的情节，有的只是一个个充满了日常生活细节的生活场景描摹，生命的真谛与历史的真谛也许就掩藏在这些日常生活场景之中。

《秦腔》在叙事风格上回应着传统文化的审美精神，这已经使它的叙述呈现了一定的情感倾向，且这种回应，又有着基于当下历史现实的思考，不同于纯然地审美观照。在现代文学史上，并不缺乏对日常生活进行审美审视的作家，如周作人与梁实秋等京派作家，但贾平凹对清风街日常生活的审美态度，与周作人、梁实秋等人显然有别。周作人等人自信自身拥有的现代理性之光，以一种欣赏的眼光观看生活琐碎中表现的生之诗意，这种诗意有着一种超然的感觉，有着对自己态度的欣赏的滋味在其中，是生活中的绅士在品嚼优雅的情味。同样自称“乡下人”的沈从文，对于乡村与都市（亦即传统与现代）有着泾渭分明的赞扬或贬抑的态度。贾平凹立于新世纪的时代文化之上，对于现代化、现代理性和传统文化都已经有了反思，对日常生活便多了情感的往复，犹如现代与传统的拉锯战。这种立足点，使《秦腔》充满了“矛盾和痛苦”“迷惘和辛酸”。

这种“矛盾和痛苦”来自于他对传统人伦情理及人格的流连，却看到了它们在现代化的进程中不可避免地成为记忆中的陈迹，而现代化在满足着人们的物质需求，带给乡村新的生活方式和价值观念的同时，也在丢弃传统文化中美好的东西，却似乎与传统文化中的“恶”有着更多的关联。叙述者引生尽管是“疯子”，但他也有鲜明的爱憎。他对白雪的痴爱必然导致对夏风的态度偏颇。他对夏天义、夏天智的崇敬及精神联系，也必然导致对传统与现代做出不同的叙述。"'观'这一动作，是带有强烈主体生命信息的，通过主体的全神贯注的观看，将生命信息投射到对方，从而使被观的客体发生某种改变。"①在引生所述说的清风街的生离死别、喜怒哀乐、吃喝拉撒睡中，几乎没有使人快慰的事，被人看作"十全十美"的婚姻中，有的只是不和谐、隔膜、争吵，最后分手；唯一的新生，带来的却并非欢欣而是痛苦；能够记起一年中发生的五大"恶"的案件，却没有述说一件喜乐之事。这种对事件的选择本身就已表明了一种价值立场、观点和态度，投射了引生的主体信息。

夏天义和夏天智是引生最为尊敬的两个人，他们身上有着白嘉轩和朱先生的影子。他们都是执着于传统耕读文化的人，只是夏天义与夏天智更多了现代社会的因素。如夏天义把党、集体、国家的利益看得高于一切，而且在特殊的年代里特定的形式下也曾以权力和强力与地主婆发生关系。夏天智也已不可能是私塾先生或者如朱先生置周围的纷争于身外，而是一个小学校长。他们曾经是一个时代政治和文化的代表者。但这种现代因素只是外在的，在内在的思想情感道德伦理方面，他们依然是耕读文化的传承者。他们注重自身德性的完善：如夏天义的清廉自守，热心村务，尽管已经不在村主任的位置上，但为了集体的利益，也会反对现任村主任的侄子将七里沟换鱼塘；为了解决旱情去找水库放水，儿子庆玉盖房墙基靠外也要推倒重来，一分都不能多占，教育子孙辈干公家事要把事当个事干；甚至他对于荒唐事的懊悔之心及对俊奇母子的暗中照顾与俊奇娘对他的那种心理、动作的描摹，都让人感到普通人之间虽淡然，却自然、温暖而淳朴的情意。夏天智以其德望热心解决邻里家庭纠纷，乐善好施，资助贫困的学生上学，对病中的秦安给予关心与安慰，与夏天义一样，他们对于村人都表现出一种"仁义"之心。同时，他们还极为注重家庭伦理关系。夏天义与夏天智几个兄弟妯娌之间一直其乐融融、相互帮扶，呈现着传统家族的凝聚力与向心力。这些都是传统耕读文化所孕育的道德伦理。这种道德伦理在现代乡村无序的底色上显得尤为可亲与珍贵。

如果说耕读文化是传统乡村的精神和灵魂，那么，它在现代化冲击下的转变与流逝则必然意味着传统乡村文化的衰颓命运。在小说中也是通过夏天义与夏天智的命运表现出来的。夏天义最突出地表现了传统耕读文化中人与土地的关系。他执着于土地，视土地为人的生命之本，认为"人是土

---

① 陈思和：《试论〈秦腔〉的现实主义艺术》，《当代文学与文化批评书系：陈思和卷》，北京师范大学出版社 2010 年版，第 119 页。

命，土地是不亏人的，只要你下了功夫肯定会回报的”，“土农民，土农民，没土算什么农民”？[①] 他不能眼看去城里打工的俊德家土地闲置荒芜于是自己租种，因为市场会占用土地而不同意兴建市场，为了更充分合理地利用土地而独自查明土地情况并打报告建议重新分地，他以暮年之躯执着地带领哑巴和疯子引生以及一条狗去七里沟淤地的行为让人感到一种深沉悲壮的色彩，也是对当下乡村状态甚至子孙对土地淡漠的一种无声的抗议。后辈们正在一步步地远离土地，逃离土地，甚至已经开始为他当年未曾答应在此兴建炼焦厂而抱怨，他不能理解也无力阻拦。

夏天智是传统乡村文化的代表。热爱乡村传统文化——秦腔，每天播放秦腔，热衷画秦腔脸谱，并在儿子的提议下出版了脸谱书，他的土地观念就表现于他的“叶落归根”思想之中。但他已无法以此来规约自己的儿子——省城的记者、现代的知识分子——对此表示认同。他对待两个儿子夏风与夏雨的不同态度以及他认为要夏风将自己的脸谱书送给乡政府干部，“它是一本书，又是你拿给他们的，爱不爱都会放在显眼地方哩！”[②]从一个侧面表明了他内心里对于现代知识权力的认同与尊崇。而他与儿子夏风之间不可调和的观念对立：对待秦腔，他的热爱与夏风的“烦”；对待“故乡”的不同态度，以及最为根本的对待白雪的态度，显示了传统耕读文化与现代文化的对立。

正如马克思所说，资本主义的诞生就已经同时孕育了它的掘墓人，在《白鹿原》中我们看到了以鹿子霖为代表的来自传统儒家文化内部的破坏力量。在鹿子霖与后辈来自不同方面的共同作用下，白嘉轩所代表的传统儒家文化显得那么卓然独立，如朱自清笔下父亲的背影，沉重而孤独。同样，《秦腔》中也写出了传统耕读文化内部的解体因素：夏天礼。“夏天义一代，按照儒家仁义礼智信的道德标准来命名，自然有一种文化传承的暗示，这个家庭仍然是传承了传统家庭道德的文化规范。……但即使在这一代，伦理传统也已经显出金玉其外败絮其中的迹象了”。[③] 作为传统文化核心的“仁”多年前已经死去，“信”的缺席，作为整合社会秩序的“礼”已经被金钱统治最终也死于钱，这些暗示了现代社会“礼崩乐坏”的味道。然而，夏天礼被金钱所控的行为尽管表征了传统文化内部的腐朽及其必然的没落，但在精神上却与后辈有了相通之处。金钱象征了欲望和物质，夏天义的儿

---

① 贾平凹：《秦腔》，人民文学出版社 2007 年版，第 94 页。

② 贾平凹：《秦腔》，人民文学出版社 2007 年版，第 405 页。

③ 陈思和：《再论〈秦腔〉：文化传统的衰落与重返民间》，《扬子江评论》2006 年创刊号。

子们之间的争斗不息、因为盖猪圈的小事邻里之间就发生的血案、三踅的行为、建立市场引发的纷争以及万宝酒楼连同它所附带的性交易对人们观念的冲击,无论乡土文化的瓦解还是民间伦理的巨变,不都源于金钱的利益吗? 如果代表现代性的白孝文对鹿子霖的认同表现出了精神上的联系,那么,夏天礼则犹如正在转变中的清风街的精神之父,一种在传统耕读文化中被视为"恶"的因素在现代化进程中得到释放。

小说中描述了诸多现代化的侵入对乡村文化的毁灭性冲击,作者总是力图悬置对人物对事件进行历史与道德的评判。秦腔的衰落与白雪夏风的婚姻破灭是传统乡土文化在现代化进程中命运的一种象征。作为现代化代表的夏风的面目在小说中是模糊的,他始终处在乡村的外缘,我们可以通过他代表的文化在乡村所受到的礼遇——乡长也要请他吃饭,邻里以他为荣为楷模,什么事都想找他帮忙认为他的名片就是通行证,通过人们对他代表的城市的由衷向往以及趋之若鹜——乡人纷纷离开乡村去城里打工,即使生活并不贫穷的翠翠,也宁愿放弃陈星的爱情而奔向城市的诱惑,从中看出那种文化对人们强大的吸引力,虽然它附带着堕落、带着人伦情理的淡薄、带着可能的伤残甚至死亡,也无法改变人们对它的向往。事实上,乡村也正在被它所改变。作者无法如改革文学那样对此做出明确的肯定或否定的判断。

然而这并不代表作者没有表现出自身的情感倾向。"矛盾和痛苦""迷惘和辛酸"的情感态度也必然导致他对人对事描述的选择取向,正如揭示也是一种遮蔽。乔纳林·卡勒曾经提醒人们在探究文本的含义时,应注意的"不是文本记住了什么,而是它忘记了什么;不是它说了什么,而是将什么视为想当然"。① 在对乡村日常生活的选择中,看不见生的欢欣与爱恋,也难见子辈对于父辈的亲情,昭示了作者对现代化入侵后乡村状况的某种并非乐观的态度。小说中夏风是丑的,白雪却是美丽的,这种传统"郎才女貌"的描写未尝不具有另一种情感意义上的隐喻。然而,结果却是现代化的丑的夏风将传统文化的美丽的白雪无情抛弃。赵宏声曾对夏风说,如果夏风与白雪离婚:"你别以为你给村人办了不少好事,人见人敬的,可你这样一做,你就是个陈世美了!"②那么完全抛弃传统不也是"不孝子孙"? 夏风与白雪所生的女孩具有先天的残疾,必须经过大的手术才能够成为一个

① [美]卡勒:《为"过度诠释"一辩》,见[意]艾柯等著,柯里尼编:《诠释与过度诠释》,王宇根译,生活·读书·新知三联书店 1997 年版,第 142 页。

② 贾平凹:《秦腔》,人民文学出版社 2007 年版,第 502 页。

正常人,也让人想到传统文化的美好因素能够被现代化吸收、融合从而产生一个现代的“宁馨儿”也还需要一个艰难的过程。夏天义与夏天智死去了,传统乡土文化似乎已随着它的代表人物的死去而土崩瓦解,但毁灭也意味着新生,引生等待夏风回来,这又使人生出了一种期望。当夏风再次归来概括自己父辈一生的是非功过,无疑就是一种对传统乡土文化再思考再认识的过程,也许在这个过程中,他能够对传统的父辈产生更多一些“温情的敬意”,更多地体认到父辈身上闪光的品格,体认到自己与脚下这块土地传承下来的传统文化永远无法割断的精神联系。

二　一个悖论:传统文化与现代化的纠缠

《白鹿原》和《秦腔》各自所背负的时代文化在这两部小说中留下了深深的印记。如前所述,《白鹿原》问世于 1993 年,政治、经济体制改革逐渐深化,我们所期望的现代化抛却一切束缚迈开步伐,随现代化裹挟而来的各种弊端虽早已被人们看到,但还远未那么深入而全面,整个社会反而更多地陷在商品经济带来的物欲狂欢之中。在文化思潮方面,此时正值“寻根”思潮未艾而“儒学热”方兴之时,我们当然无法忘怀此时文化界对于传统文化的各种再认识、再思考的成果。在文学界,一部分知识分子也开始表达对人文精神失落的忧思,但作家陈忠实通过《白鹿原》的书写对传统文化的巨大魅力还依然有着足够的乐观态度。“与‘寻根’文学一样,它也体现了发掘传统资源以探求民族精神、重续文化命脉的努力:而与‘寻根’文学否定‘中原规范’的倾向不同,它要寻求的恰恰是以儒家文化为代表的‘中原规范’中隐藏的生命活力。”①也因为它书写的是一种历史,追溯着解放前中国社会进行革命现代化历程中乡村的文化维系,可以说,那是前现代的乡村,革命还未动摇它的经济基础,传统文化生命活力的根系自然更为发达,以至黑娃最后皈依和作家为之迷恋。这种历史的追溯如同对秦皇汉武盛世的时空追寻,在缅怀中过滤了历史的残酷。《秦腔》创作于新世纪之初,所描写的正是当下农村的现实景况,此时,现代化的侵入已经使中国农村发生了巨大的变化,古老乡村的经济基础已经破坏殆尽,年轻的一代不再如父辈一样迷恋土地,而向往着向都市逃离,曾经魂牵梦绕的淳朴的故乡的人与事、风土人情,在现代化风卷残叶般的进程中都已难觅其踪,“在社会巨变时期,城市如果出现不好的东西,我还能回到家乡去,那里好像是一块净土,但现在我不能回去了,回去后发现农村里发生的事情还不如城市。我的心情非常

① 张林杰:《〈白鹿原〉:历史与道德的悖论》,《人文杂志》2000 年第 1 期。

矛盾”，“这种现状，就让人想回家，却回不去了”。① 贾平凹只能感怀流逝。“文学关注的是这个文化空间如何决定人们的命运、性格以及体验生命的特征。”②《秦腔》正是通过对传统乡土文化衰落过程中的各种现象的艺术把握展开了对当下农村社会状况的揭示。《秦腔》让人想到20世纪80年代初王润滋的《鲁班的子孙》，它同样演绎着父与子的冲突，当子一代的现代化成为文化主导，对父辈珍视的美好伦理道德不屑一顾，传统的支离破碎与其悲剧成为必然。现实让贾平凹清醒地看到了这一点，《秦腔》在传统文化的衰落命运中，更多了一种苍凉的色调。

《白鹿原》和《秦腔》都表现出对传统文化或乡土文化的敬意与流连，在其中，却存在着一个悖论。这个悖论，不知作家在写作之初是有意还是无意，都显示着在社会发展中传统文化与现代化的复杂纠缠。

《白鹿原》以白嘉轩的发家史为其叙事的起点。白嘉轩经过了六娶七丧（包括父亲），家境已大不如前，但他偶然之间发现了鹿子霖家的一块具有白鹿精灵的风水宝地，于是运用计谋将之据为己有，因此有了此后几十年的风风雨雨，最终使鹿子霖认识到“鹿家还是弄不过白家”。在小说结束时，鹿子霖已经疯傻，白嘉轩也对鹿子霖有了一种忏悔之情，认为以前的换地是“一件见不得人的事”。如果这块所谓风水宝地与此后的彼此际遇并没有内在的联系，那么作者为了塑造白嘉轩这一“历史长河坎坷中幸存的民族之魂、民族精神”③形象，似乎不应该首先提及这一不能不说是有些卑劣的行为。在换地之后，又是白嘉轩首先在白鹿原上种植鸦片，从而积聚了大量的财富。如果鸦片是现代化入侵的表征，那么白嘉轩正是以这种现代化积聚财富，使他能够在收买土地中表现豁达，而这种豁达又被当作慈心善举受到村民赞颂，然后修祠堂设学堂逐步树立起族长的威信和威望。此后，白嘉轩更是以朱先生为精神楷模，注重修身，不计私情，以德报怨，成为一个富有魅力、为很多论者所称赏的“宗法文化之正统人格的代表”。④ 小说描述的这样的发家史预示了什么？

《秦腔》中夏天智是个退休的小学校长，夏天义是个任职多年的村干部，在德性方面，他们同样乐于助人，如对于秦安同样表现出来的“义”，而且夏天义是一个对党、对国家、对集体忠诚清廉的村干部，然而在清风街，无

① 贾平凹等：《关于〈秦腔〉和乡土文化的对话》，郜元宝等编：《贾平凹研究资料》，天津人民出版社2005年版，第2—3页。

② 南帆：《启蒙与大地崇拜：文学的乡村》，《文学评论》2005年第1期。

③ 朱寨语。见《〈白鹿原〉评论集》，人民文学出版社2000年版，第430页。

④ 雷达：《一九九三年的“长篇现象”》，《当代作家评论》1994年第1期。

论对于家庭邻里间的纠纷争端还是乡领导，夏天智比夏天义都具有更高的威望，连新乡长上任都来拜望。这种威望依据的是什么呢？通过作品可以看到，除了以财富为支撑的乐善好施之德，还有就是拥有的文化资本，这种文化资本来自于自身与儿子夏风。因为有了财富，他才能够资助贫困儿童上学，使自己更有声望；儿子夏风作为一个现代化的代表，逃离传统乡村的代表，却无形中增长了代表传统乡村文化的父亲的道德人格力量，而夏天智也正是有这样的儿子作后盾，才受到了人们的推崇。人们提起他，往往会提到他的儿子夏风。他所拥有的财富和文化都是现代化的结果，是他的德高望重的保障。管仲说："仓廪实则知礼节，衣食足则知荣辱。"①孟子言："无恒产而有恒心者，惟士为能。若民，则无恒产，因无恒心。苟无恒心，放辟邪侈，无不为已。"②在《秦腔》中，当庆金只能卖血集钱给父亲输液，瞎瞎因无钱上交税款被抓走时，夏天义的几个儿子之间为了赡养老人而不断发生的矛盾争吵，锱铢必较，也许并非完全是道德的滑坡，更是缘于经济的贫困。极度的贫困使人心胸狭隘，情感变异。

在此，我们看到了悖论的凸显。计谋、种植鸦片（恶与现代化）从而得到财富成为德性、行仁义的前提，现代化与财富也是传统道德的保障力量。然而，另一方面，现代化却又往往以道德的堕落以恶来显示，并带来更多的恶，使传统文化伦理遭受重创。《白鹿原》中因白嘉轩种植鸦片，很快，这里成为罂粟的王国，以至于在饥荒的年月，因缺少粮食而饿死几百万人无疑是一种极为恶劣的后果，"天地不仁，以万物为刍狗"，这种不仁，很多原因是人类盲目追求财富导致的。《秦腔》中传统的人伦情感在物质的贫乏面前固然无法实现，而随着现代化的进行，物质的丰富却并没有带来期盼的人情物理的美好，带来更多的却是欲望的无限膨胀、妓女、偷盗、离婚……最后的那层温情的面纱都要怀疑自身的虚伪。

如果德望、仁义有赖于物质的满足，那么它需要现代化，然而现代化却往往又是以对仁义的践踏来进行的，也许这是传统文化或现代化都无法独立解决的一个终极悖论。白嘉轩的发家史已经充分说明了这一点。只是白嘉轩的高明之处就在于，他对自己的发家史有着充分的警觉和反思，没有顺着计谋与罂粟的方向没落，而是返身自省，成为儒家传统文化的维护者与代表者，却只能一直处于历史发展变革的边缘。当他经历过各种历史的变革与人生的无常，想到儿子孝文也许正是那块用计谋取得的风水宝地荫育的

---

① 房玄龄、刘绩注：《管子·牧民》，上海古籍出版社 1989 年版，第 9 页。

② 《孟子·梁惠王章句上》。

结果，而对鹿子霖表示忏悔，这种忏悔不也是对现代化的一种责问吗？而夏天义这个执着于农民与土地关系的地之子，却需要和等待着远离土地的夏风为其作一生的定论。

有论者也曾指出，在中国从产品经济向商品经济过渡、转折的过程中，旧中国所有有思想、有良知的人几乎都被置于历史主义还是道德主义的价值选择的痛苦之中。而陕西作家群、山东作家群这样的与农民精神联系较多的作家，所创作的作品“大多采取了物质西方的现代的——道德精神东方的中国传统的二元论的态度”，①也许正是这种二元论的态度导致了文本中不可避免的悖论。

三 乡村的承载

（一）“农民”或“乡下人”

跟路遥一样，陈忠实和贾平凹都隶属陕西，来自贫困的农村。“每个作家对正在经历着的生活（现实）和已经过去了的生活（即历史）的生命体验和对艺术不断扩展着的体验，便构成了他的创作历程。”②而生命的体验——现实和历史，都离不开作家的生活经历和文化浸染。陈忠实的家乡地处陕西关中渭北平原，地处偏塞，相对封闭，即使在20世纪80年代，陈忠实的祖居也无法收到电视信号，一旦下雨下雪几乎无法出门，文化的变迁相对也极为缓慢，其祖父和父亲都秉承着“耕读传家”的传统。在此地，关中文化源远流长，虽也有儒、道、佛文化的交汇，但儒家文化一直是关中文化的主流，张载的“关学”思想，以及后来的“关中三李”（李二曲、李柏、李因笃），更由于“关中书院”的传承使关中文化发扬光大。这样的家庭环境、生活方式和地域文化一再地影响和加强着陈忠实的文化观念，很多论者都曾论述过关中文化对陈忠实的深刻影响。他对文化心理结构的认同，可以说正是他自身的真实写照和体会。“我过去遵从塑造性格说，我后来很信服心理结构说。我以为解析透一个人物的文化心理结构而且抓住不放，便会较为准确真实地抓住一个人物的生命轨迹。这与性格说不仅不对立也不矛盾，反而比性格说更深刻了一层，这就是我所理解的心理真实。”③并以之解读人物和我们的民族灵魂。《白鹿原》中的《乡约》既脱胎于真实存在于蓝田县县志中的《吕氏乡约》，又概括了作家对关中文化、对传统儒家文化的

---

① 李星：《论“农裔城籍”作家的心理世界——陕西作家论之一》，《当代作家评论》1989年第2期。

② 陈忠实：《关于〈白鹿原〉的答问》，《小说评论》1993年第2期。

③ 陈忠实：《关于〈白鹿原〉的答问》，《小说评论》1993年第2期。

深入理解,对它的践行者朱先生和白嘉轩的人格赞誉,充分显示的是作家陈忠实对他们为人处世以及所代表文化的肯定与倾心,是作家面对现代文化和后现代文化的冲击,对关中文化、儒家传统文化、中国人的文化根基无比眷恋和不无纠结的寻觅。

贾平凹在商州农村长大,19岁之前没有走出过棣花街。商州是中原文化与楚文化交汇过渡地,楚文化给予这一地域神奇想象的滋养,中原文化则奠定了"耕读传家"的典雅之风。这使贾平凹的身上既有荆楚文化的浪漫气质,又受儒家文化的濡染。

然而,作为中国作家,哪一位不受到中国传统文化尤其是儒家文化的熏陶呢?即使是改革小说,不也表现出对传统文化的不断思索,对传统文化优秀品质的肯定?何以陈忠实和贾平凹(包括路遥)在《白鹿原》和《秦腔》等作品中所采用的文学视角与热衷于改革小说的作家截然不同?这除了与作家对生活的体验和观察视角有关之外,与作家的自我身份定位以及"乡村"在文学和文化中承载的乌托邦想象也有着内在的联系。

尽管陈忠实和贾平凹所受文化教养不同,农民或乡下人却是他们共同的自我身份定位。陈忠实多年生活在乡村,直到不惑之年才来到城市,现实中身份的改变并不能改变心理上自我的身份认同以及多年的乡土文明在他身上镌刻下的印记,"我想找一个能使人静下来的地方,跟文坛能够相对保持若即若离的关系。要接受文坛的新的信息,而不要受到一些是是非非的影响"。① 他说自己在创作《白鹿原》的过程中"抽雪茄,喝酽茶,下象棋,听秦腔,我像个秦腔老艺人"。② 充满一种生命的感悟。1999年贾平凹发表了长篇散文《我是农民》,标题可以视作毫无禁忌的身份宣言,它直接指向贾平凹对自我的文化身份认同。这种身份认同必然使他对乡土文明具有精神上的亲近与依恋,甚至也可看作他对现代化处境的另一种语言与思想的抗议,影响着作家文学题材的选择和价值取向。他的创作也大多以商州的乡下和西安的城镇为背景,形成传统文化与现代文化的对照和对立。他认为:"我的出身和我的生存的环境决定了我的平民地位和写作的民间视角。"③"我的本性依旧是农民,如乌鸡一样,那是乌在了骨头里的。"《秦腔》是"为故乡树起一块碑子",④为了心底那沉重的故乡记忆。

陈忠实和贾平凹对"农民"文化身份的认同,自然使人想到现代文学时

① 陈忠实:《陈忠实创作申诉》,花城出版社1996年版,第234页。
② 李星、陈忠实:《关于〈白鹿原〉与李星的对话》,《小说评论》1993年第3期。
③ 贾平凹:《〈高老庄〉后记》,长江文艺出版社1999年版,第357页。
④ 贾平凹:《秦腔·后记》,人民文学出版社2007年版,第560—563页。

期的另一作家:沈从文。沈从文也一直坚称自己是“乡下人”,也有着从偏远闭塞的乡村到现代都市的经历,而当他以“乡下人”的眼光来审视乡下和城市这两个空间,在他的笔下便流露出对乡村乡民淳朴、粗野而富生命力的“人性之光”的赞美和对都市现代文明虚伪的嘲弄和揭露。而且陈忠实和贾平凹也如同沈从文一样,在对乡村的写作,在乡下人的身份认同中流露出自卑与自负相生的情结。自卑来自于生活底层的刻骨经历,与之相连的则是功成名就后对自身才华肯定性的自负。贾平凹曾记叙过对他影响颇大的一件小事:一次,他去割草,刚过了河上了岸,穿那双破得没了脚跟儿的草鞋时,抬头见到邻村的一个同学,这个同学已经是工人了,据说还与另一个村的姑娘订了婚,推着自行车从水渠堰上走过,自行车上挂着大包小包是要去拜未来的丈人的。贾平凹立即低下头,隐身于草背篓后,不愿意让他看到自己。刘家的一个媳妇在堤边采白蒿,对贾平凹说:“嘿,你瞧瞧人家,哪像你这模样?!”“这话使我感到极大的羞辱,我永远记着这个刻毒的女人,她伤害了我,使我从那时起开始真正产生了自卑。当我成为作家后,许多人问我:怎样才能成为作家? 我说,得有生活,得从小受到歧视,我举的例子就有这个女人的那句话和说那句话时的眼神。”①这足见这件事对之影响之深刻。贾平凹写过一篇散文《丑石》,在《我是农民》中又写到一棵极丑的榆树,“丑而长存”。丑石、榆树都是贾平凹的一种自喻,在这种自喻背后,是“李白说:‘天生我材必有用。’我可能就不是活到世上要做农民的,虽然生活在社会最基层的农民之中,却每一步都经过了精密的计算,走到了该是我去的地方”,②是对命运的一再慨叹的自负。当孙少平处身于县城高中,因贫穷而自卑,又因贫困而过分地自尊,使他在此后的苦难历程中表现出尤为强烈的坚忍和受虐意识时,我们则看到了与之有过相似贫困经历的路遥的自卑与自傲。这种与自身相连的自卑与自负的复杂心理也使他们对于“乡下人”的认同中易呈现道德的优势。

(二) 乡村的承载

杨义先生认为以高品位文人而自居为“乡下人”,“这种文化角色的自居,涉及他们对人类生命价值的体认、他们的伦理价值标准,以及他们的写作态度”,③他们的“道德价值标准是属于‘乡土中国’的”。④ 这种文化态度和立场在很多作家身上都有自觉或不自觉地体现,如张炜和“乡下人进城”

---

① 贾平凹:《我是农民》,上海三联书店 2012 年版,第 52 页。

② 贾平凹:《我是农民》,上海三联书店 2012 年版,第 52 页。

③ 杨义:《文学地理学会通》,中国社会科学出版社 2013 年版,第 519 页。

④ 杨义:《文学地理学会通》,中国社会科学出版社 2013 年版,第 520 页。

文学写作的众多作家（如尤凤伟、孙惠芬、鬼子）以及诗人海子等等，在他们的作品中，乡村乡民往往具有道德上的优越性和心灵的明净。正如同《秦腔》中原本单纯的翠翠一旦进入城市就被金钱奴役，城市现代文化的冲击导致乡村中美好道德人伦的消逝一样。中国作家所秉持的这种写作立场和文化态度，正如有论者曾指出的，“中国知识分子的审美理想很难完全超越‘乡土中国’这一现实，何况还有强大的极富诱惑力的文化传统，但无论如何，取得与自然之美和谐，至今仍然是合于中国人普遍的审美要求的。”①鲁迅先生想象中那个在月亮下带着银项圈的少年闰土也正是他对精神家园的期望。

在实行改革开放进行现代化建设之前，中国一直是一个农业大国。“乡土中国”的概念随着费孝通先生《乡土中国 生育制度》一书的出版，成为对中国传统社会文化性质的一种经典概括。乡土不仅指向几千年来中国绝大多数人口赖以生存的环境，也是中国传统文化中农业本位思想和家族意识的外化的精神坐标。在这片广袤的乡土上，诞生了中国古老而灿烂辉煌的人类文明。天人合一、农业本位、家族意识、仁义礼智信……它的核心观念对于整合社会秩序、人与自然、人与社会、人与人、人与自我的关系起到了至为重要的作用，使得中华文明一直绵延下来。它曾经是我们的骄傲，曾几何时，又被看作现代化的羁縻负累。而乡土，作为诞生古老文明的母亲，对于中国人尤其是中国知识分子却始终具有“原乡”的性质，是割不断的根，摆不脱的梦魅。正如白嘉轩所说：“无论是谁，只要生在原上，他就得返回原上来。”尽管白孝文认为：“谁走不出这原谁一辈子都没出息。”也尽管他说：“回来是另外一码事”，回来即意味着“原”在心底的存在，它使他更深地认识自我的过去、现在与未来。曹文轩先生认为“原上”也就是民间，民间是漂泊灵魂的最后“锚地”②。民间在另一种意义上，也可说是乡土、乡村。

乡土、乡村对于作家陈忠实与贾平凹来说，就是漂泊灵魂的最后“锚地”。他们都是“农裔城籍”③作家，是城市里的乡下人，乡村是他们的童年甚至青年的记忆，是其文学写作取之不尽的源泉。

乡土、乡村在更普遍的意义上是人类漂泊灵魂的最后“锚地”，是乌托邦的寄居地。陶渊明的《桃花源记》书写了这种乌托邦，也许我们不会真的期望回到与世隔绝、不知魏晋的农耕时代，但它所表现的安居乐业，没有战

① 赵学勇：《“乡下人”的文化意识和审美追求——沈从文与贾平凹创作心理比较》，《小说评论》1994 年第 4 期。

② 曹文轩：《二十世纪末中国文学现象研究》，作家出版社 2003 年版，第 283 页。

③ 李星：《论“农裔城籍”作家的心理世界——陕西作家论之一》，《当代作家评论》1989 年第 2 期。

争、鸡鸣狗吠而充满友爱其乐融融的境界却永远是人类的诱惑——有如“大同”与“爱”，尤其是承受过被现代化追赶的疲惫、麻木、灾害、疏离……之后。这种乌托邦也只能依附于乡村，它是人类的童年记忆。

“必须承认，乡村很大程度上变成了记忆所制造的——而不是现实本身……乡村是一个思念或者思索的美学对象，一种故事，一种抒情，甚至一种神话。然而，恰恰因为不是现实，乡村在作家的思念或者思索之中极大地丰富起来，生动起来，以至于承担了现实所匮乏的含义。如同一种顽强地潜伏的无意识，农业文明并未在文学史之中退席。”①作为“农裔城籍”的作家，他们背靠现代城市的现代生活，在城市的喧嚣、丰富、灯红酒绿的映照下看到了传统乡村温暖人心的价值，去书写自己乡村的记忆。他们在心理情感上对乡村所代表的乡土文明、传统文明的追慕、批判或哀悼都无法离开他们所身处的现代性现实处境。然而毕竟今非昔比时过境迁，在潜在的“现代性”坐标中，是否还能够真切地体会到农民在不可阻挡的现代化进程中的愿望、奋斗、挣扎、痛苦与欣悦？乡村、民间、白鹿原、清风街，也许更是陈忠实与贾平凹立足于“建设现代化进程中必须对本民族特性的重新反思以及对其积极精神的发扬”②心灵回望所创造的想象中的故乡影像，承担着“旧邦”如何更好地“维新”的思考。诚如王德威所说，“小说不建构中国，小说虚构中国。而如何虚构，却与中国现实的如何实践，息息相关。”③从《许茂和他的女儿们》《芙蓉镇》《平凡的世界》到《白鹿原》和《秦腔》，我们确实看到了作家们如何接受了中国传统文化的浸染，立足于所处的中国现实，对中国社会、对传统文化、现代文化、对乡村、对精神家园的书写、追寻和建构。

第三节　传统文化如何讲述自己

——《额尔古纳河右岸》的文化意识

一

“每个人都是一个深渊，当人们往下看的时候，会觉得头晕目眩”④，同

① 南帆：《后革命的转移》，北京大学出版社 2005 年版，第 181 页。

② 陈思和：《文学创作中的文化寻根意识》，《当代文学与文化批评书系：陈思和卷》，北京师范大学出版社 2010 年版，第 5 页。

③ 王德威：《想像中国的方法：历史 · 小说 · 叙事》，生活 · 读书 · 新知三联书店 2003 年版，第 2 页。

④ 刘小枫：《沉重的肉身》，华夏出版社 2007 年版，第 5 页。

样,每一种民族文化都是一个丰沛充盈而极具包容的人类智慧的海洋,当我们作为一个另类深入它的内部比照审视,无论这个另类如何强大,我们都会发现每一种人类的文明文化都有独特的魅力,让人惊叹。迟子建的《额尔古纳河右岸》是一种"汉写民"①创作,是处于中心的汉文化的作家迟子建与鄂温克族人的"坦诚对话",虽然我们难以确定在这种"坦诚"之下作为"他者"的迟子建能够对另一种文化孕育的鄂温克族人真正的心路历程表现几分,但作者的写作目的是"想借助那片广袤的山林和游猎在山林中的这支以饲养驯鹿为生的部落,写出人类文明进程中所遇到的尴尬、悲哀和无奈。这其实是一个非常严酷的现实问题。"②通过对"瑕瑜互见的原璞世界"③的书写,她借以表达的是"对尊重生命、敬畏自然、坚持信仰、爱憎分明等等被现代性所遮蔽的人类理想精神的彰扬"④,这是一个具有世界性普遍意义的严肃的主题。从另一方面看,少数民族文化在现代性面前的命运处境也是儒家传统文化在现代性进程中命运的一面镜子,在现代性这个具有绝对权威性与话语权的中心面前,它们都处在他者、弱者的地位,经历了被改造、被转换、不断流散的过程。对鄂温克族民族文化的重构以及民族认同的忧虑背后,我们也听到了传统文化的深长叹息、未知、迷茫以及坚守与认同的焦虑。

《额尔古纳河右岸》是以一位年届九旬,这一弱小民族最后一位酋长的女人的口吻来进行讲述的。她见证了这一民族在中国现代化的历程中,经历过中日战争、国内战争、"文革"混乱到新时期的建设,如何从与世隔绝、原始淳朴到一点点被迫地改变以至被现代文明收编的历史过程。当乌力楞其他的人都放下猎枪远离狩猎的生活开始在市镇上定居,随季节而迁徙的驯鹿也不再追逐自然的流转成为圈养的动物,老人却在乌力楞留了下来,成为这一民族传统生活方式的最后一位坚守者。陪伴她的除了自然中的风、雨、火等万物生灵还有愚痴的孙子安草儿。这样的一幅构图使我们不由自主的想起《秦腔》中夏天义带领哑巴、引生和一条狗在七里沟淤地的情景,有一种悲壮也有一种悲凉。在这个下着雨的清晨,"我特别想跟谁说说

① 李长中在《"汉写民"现象论——以迟子建的〈额尔古纳河右岸〉为例》中称,汉族作家以少数民族文化、民族精神和民族意识为书写题材的文学作品为"汉写民"文学(《中国图书评论》2010年第7期)。

② 迟子建、胡殷红:《人类文明进程的尴尬、悲哀与无奈——与迟子建谈长篇新作〈额尔古纳河右岸〉》,《艺术广角》2006年第2期。

③ 安殿荣:《鄂温克族书面文学中的民族记忆》,《中国民族》2006年第4期。

④ 第七届茅盾文学奖授奖辞。

话”,因为对于这个没有自己文字的民族,历史本来就是通过口述代代相传的,没有了讲述民族的历史就会成为空白。“为什么人类永远摆脱不了‘回溯’的诱惑,为什么回溯性叙事是人类讲故事的永远的方式,因为回溯正是人的生存方式本身,回溯在追寻到了过去的时间的同时,也就确证了自我的此在。”①这种追忆是对历史的建构,也让我们确认了“我是谁”,这种确认也必然是以现代性作为一种潜在的参照。老人回顾自己的一生故事,在历史与现实的回环往复之中串联起民族数百年的历史。我们探究的是,在面对现代性文化的强势而必然溃败的命运面前,民族文化是如何讲述(构建)自身的历史的?这样的讲述包含了怎样的文化密码?

(一)死让我们认识到爱与生

《论语·先进》中,季路问事鬼神。“子曰:‘未能事人,焉能事鬼?’‘敢问死?’曰:‘未知生,焉知死?’”朱熹对此是这样注解的:“问事鬼神,盖求所以奉祭祀之意。而死者,人之所必有,不可不知,皆切问也。然非诚敬足以事人,则必不能事神;非原始而知所以生,则必不能反终而知所以死。盖幽明始终,初无二理,但学之有序,不可躐等。故夫子告之如此。程子曰:昼夜者,死生之道也。知生之道,则知死之道。尽事人之道,则尽事鬼之道,死生人鬼,一而二,二而一者也。或言夫子不告子路,不知此乃所以深告之也。”②由此可见,在儒家看来,生死人鬼,并不是相互排斥的关系,而是一回事,是相互涵摄彼此包容,“一而二,二而一者”。只是儒家文化的日常性与实践理性使它不会脱离人事而去空谈鬼神,这种观念在鄂温克族人的生活中以另一种更为鲜活而不无悲痛的方式在萨满教中表现出来。“我”最初的人生记忆就是从“死亡”开始的。尼都萨满以一头驯鹿的生命挽回了列娜的生命,也给“我”带来了记忆。“我在星光下看见了先前还是活蹦乱跳的小驯鹿已经一动不动地倒在地上了。我攥紧母亲的手,打了个深深的寒战。我所能记住的最早的事情,就是这个寒战”,在这里,有大自然雄伟而神秘的力量,有一只驯鹿的死与一个人的生,它们就这样奇妙地组合在一起,生命灵魂气息相通。那个深深的寒战就是最初产生的对于自然与生命的敬畏。此后的历史中,我们看到了很多这样的生死,尼皓每次对别人的救助都不得不以自己一个孩子的生命作为代价,甚至当自己命在旦夕之际也是孩子以死挽救了她。列娜的生命来自于一只小驯鹿,而她的死与驯鹿的母亲息息相关;达西杀死了一只母狼,多年后小狼为母报仇与达西同归于

① 吴晓东:《记忆的神话》,新世界出版社2001年版,第8页。

② [宋]朱熹集注:《四书集注》,岳麓书社1985年版,第155页。

尽……在这种生死转换中，我们深深体会到的是生的弥足珍贵，是人与自然、人与人之间如发肤一样的联系，是人间如死之坚强的挚爱，是一种残酷也是一种博大。

为什么记忆是从死开始？我想，这也许一方面表明了生存环境的艰难与恶劣，死亡时刻威胁着氏族人群的生命，严寒、瘟疫与猛兽使死亡成为一种常态记忆，与日常生活息息相关。在对民族文化充满哀婉的讲述中，这个民族的历史是充满了悲壮色彩的历史。除了人与人之间浓烈的爱恨情仇，更多地演绎的是人类在与大自然共处中的和谐与磨难。就像“我”叙述的众多的死一样。“我已经说了太多太多死亡的故事，这是没办法的事情。因为每个人都会死亡。人们出生是大同小异的，死亡却是各有各的走法。”而检阅这些死亡的故事，我们却可看到，他们就如被猎杀的动物一样大都死于非命，表现出大自然中生存的艰难与顽强，暗喻着此刻老人潜意识中认为民族文化、民族传统生活现代转换的必然性与合理性。另一方面是缘于现实的处境。老人明确地意识到自己与民族文化正处在“死亡”的边缘，民族的生活方式、价值观念甚至语言都已趋于消失，如果死紧紧联系着生，通过这种众多死亡的讲述，也寄寓着民族文化能够涅槃再生、“反思与重建”的潜在愿望。换句话说是寄寓着作家迟子建对传统文化“反思与重建”的潜在愿望。

萨满教是这一民族的信仰，也集中体现着这一民族的精神。萨满身上体现的那种“神奇的法力”就是人与天接的一种神谕，犹如儒家文化传统中天人关系的“遥契”。在小说中，刻画了两个充满悲剧色彩的萨满形象，尼都萨满与妮浩。他们有普通人的情与爱，但在危难之时，就会突显出他们身上的神奇力量与高尚的人格。尼都萨满故意失手将所爱交付弟弟，未尝不是为了避免可能如妮浩一样的悲剧，因不能以神力避免瘟疫而深深地自责，但在日本侵略者面前的最后舞蹈为这个民族张扬了不可小觑的精神力量；妮浩即使是对于偷驯鹿的人，对于不遵守民族规矩的人如马粪包，也义不容辞地给予救助。他们的死都是那么悲壮。“他们在面临着瘟疫、疾病、死亡中所体现的那种镇定、从容和义无反顾，是这支以放养驯鹿为生的鄂温克人身上最典型的特征。”①在他们身上所体现的，可说是在漫长的恶劣生存环境下所培养起来的民族的生命意志，也是集体的意志对于自然命运顽强抗争的集中显现。

① 迟子建、胡殷红：《人类文明进程的尴尬、悲哀与无奈——与迟子建谈长篇新作〈额尔古纳河右岸〉》，《艺术广角》2006年第2期。

（二）“我”为什么拒绝拯救

所谓拯救，在基督教概念中，是强调完善者对缺乏完善者的拯救。现代性最初就是以新的拯救者的姿态出现在人类历史中的，它把人从神权的压迫下解放出来，要人运用自己的理性，不仅成为自身的主宰而且成为世界的主宰，为人类的世俗欲望打开了合理性的大门，“它从西方蔓延开来，将自己作为一个同质化的统一体强加于全世界”。① 当所有人都投了去布苏定居的赞成票，只有“我”选择留下来时，激流乡书记特意上山来做“我”的工作。“他说我们和驯鹿下山，也是对森林的一种保护。驯鹿游走时会破坏植被，使生态失去平衡，再说现在对于动物要实施保护，不能再打猎了。他说一个放下了猎枪的民族，才是一个文明的民族，一个有前途和出路的民族。”在此，我们可以看到现代性的话语霸权以及自我装扮的拯救者的姿态。“保护”“平衡”“文明”“前途和出路”都是现代性设定的具有完善色彩的概念，鄂温克族人的历史在这种讲述中便成了一个“非”（非保护、非平衡、非文明与非前途）的不完善的历史，由此确定了自身话语权力的正当性而对鄂温克民族文化进行了否定。“‘我’注视他者，而他者形象同时也传递了‘我’这个注视者、言说者、书写者的某种形象。在个人（一个作家）、集体（一个社会、国家、民族）、半集体（一种思想流派、意见、文学）的层面上，他者形象都无可避免地表现为对他者的否定，对‘我’及其空间的补充和延长。这个‘我’想说他者（最常见到的是出于诸多迫切、复杂的原因），但在言说他者的同时，这个‘我’却趋向于否定他者，从而言说了自我。”②在现代性的肯定/否定式诉说中，把自己放置在拯救者的位置上，使民族文化的形象既不具有反思性，也不具有确实性。

而对于老人而言，民族文化的历史就是她的存在本身，我们不能否认这种存在，老人对自己一生的回顾，对民族历史的追溯就是证明存在的方式。现代性作为“他者”入侵者在她的眼中又是怎样的一种形象呢？正是这种形象使得她拒绝现代性作为拯救者的身份以及意识到它所意欲的拯救的虚妄而甘愿守护着这种“不完善”。

在《额尔古纳河右岸》中，“我”并没有下过几次山，可以说一直生活在民族传统之中，现代性几乎处于缺席的状态，对现代性的形象刻画是来自于对周围人与人、人与环境、人与自我关系的变化的深刻体会。

---

① ［美］斯蒂文·贝斯特等：《后现代理论》，张志斌译，中央编译出版社 2006 年版，第 145 页。

② ［法］达尼埃尔-亨利巴柔：《形象》，孟华译，见孟华主编：《比较文学形象学》，北京大学出版社 2001 年版，第 157 页。

在人与环境的关系中，“伐木”的意象作为现代性欲望的一种象征给鄂温克族人的生活方式、价值观念带来了根本的变化。在鄂温克族人原始本然的顺应自然的生活方式与对自然的感恩和敬畏之中，我们看到的是传统儒家文化“赞天地之化育”的博大胸怀，“物我与也”的诗意情怀。万物和人一样，同是自然的子民，生命亦息息相关。而在伐木的行为中，自然的神性在逐渐消退，人不再视自然为神圣的崇拜对象，而只成为人类实践改造的无生命的客体，伐木实现的是人类自我高居在上对自然的支配和控制。伴随伐木的是鄂温克族人生存空间的不断被挤压缩小，是猎物在不断减少，迫使他们更加频繁地迁徙，原初的生活方式越来越难以为继。这也是现代文化对民族文化空间上的不断蚕食。正如“我”在心里对激流乡书记所做的反驳：“我们和我们的驯鹿，从来都是亲吻着森林的。我们与数以万计的伐木人比起来，就是轻轻掠过水面的几只蜻蜓。如果森林之河遭受了污染，怎么可能是因为几只蜻蜓掠过的缘故呢?”韩少功在其《马桥词典》中曾考证马桥人在口语中的“肯”字，他们用“肯”这一主动词来表达万物皆有生命与情感和意志的观念，哪怕是一棵树，一把刀。比如，“这块田肯长禾”，“这条船肯走些”。对此，韩少功说：“听到这些话，我不能不体会出一种感觉：一切都是有意志的，是有生命的。田，柴，船，天，锄头等等，所有这些都和人一样，甚至应该有它们各自的姓名和故事。事实上，马桥的人特别习惯对它们讲话，哄劝或者咒骂，夸奖或者许诺，比如把犁头狠狠地骂一骂，它在地里就走得快多了。比如把柴刀放在酒坛口上用酒气熏一熏，它砍柴时烈劲就足多了。也许，如果不是屈从于一种外来的强加，不是科学的宣传，马桥的人不会承认这些东西是没有情感和思维的死物。”“只有在这个前提下，一棵树死了，我们才有理由感到悲戚，甚至长久地怀念。在那些林木一片片倒下而没有悲戚的地方，树从来没有活过，从来都不过是冷冰冰的成本和资源。那里的人，不会这样来运用‘肯’字。”①“伐木”的人绝不会这样来运用“肯”字，而鄂温克族人是习惯用“肯”的民族，虽然在他们的语言里没有“肯”。

“生态危机实际上是人性危机的反映，生态失衡本质上是人性失衡的表现。”②“伐木”只是刺激转变的一种外在的形式，更为重要的是，我们看到，马粪包正是死在所谓的现代“文明”之下，沙合力成为欲望的囚徒，索玛在堕落，平等、互助、善良、自爱等优秀品质在不断流失……依莲娜徘徊往返于城市与山林之间，游走于现代与民族文化之间的痛苦与迷茫最终导致自

① 韩少功：《马桥词典》，作家出版社2009年版，第61页。
② 王诺：《欧美生态文学》，北京大学出版社2003年版，第56页。

杀的悲剧更显示了现代性带给人与自我灵魂的挣扎与搏斗。这就是现代性的一副面孔。

如果说“一个社会在审视和想象着‘他者’的同时,也进行着自我审视和反思”。① 在现代文化与民族文化的相互镜像之中,“我”拒绝现代性的拯救,并不意味着“我”没有看到民族传统文化中的弊病。传统的生活方式使我们一直在严寒、瘟疫、猛兽的侵害下举步维艰,众多的族人包括“我”的至亲至爱在它们的肆虐之下失去生命带来的痛苦,尼都萨满与达玛拉的爱情悲剧让人反思“氏族那陈旧的规矩”对人们生命之火的践踏与残忍,婚姻不自主对依芙琳和坤德人性的扭曲让人震惊之余也让人同情悲悯,妮皓每次对别人的救助都以自己的一个孩子为代价所承受的巨大痛苦,这些使“我”深切地感受到传统生活的“悲凉”与“苍凉”……“在达玛拉身上,我们可以很清晰地看到,迟子建对大自然的处理也并不是纵情地讴歌和赞美,相反,她往往把它处理成了一种挽歌,她认为,大自然带给人们的伤感,同它带给人的力量一样多。”②同样,也不意味着“我”没有看到现代性给人类的生活带来的新的希望,这种希望就存在于大多数鄂温克族人愿意下山的行为之中。我们都不想再看到新的萨满的诞生将玛克辛姆与“神秘而苍凉”的气息隔绝,已经表达了对于现代生活的接受以及期望民族文化转型的心理,当依芙琳拿着药对妮皓说,“以后你就不用给人跳神看病了,你看,有治病的东西了!”“你的孩子从此就平安了!”流下了泪水的也许不仅仅是妮皓。

问题就在于,那些鲜活的生命感受(死亡、囚徒、堕落)并不因物质环境的改善而不再重要,它们已经对现代性的拯救者姿态,对它所谓的文明、前途和出路进行了一定程度的质疑与解构。现代性拯救了欲望和普遍的人类,但更重要的是如何拯救每个个体自己。而对于一个年近九旬的老人,当“我”于外在已无所求,在传统的生活中感受到自身与自然、人与天的相接,感受到自身与民族历史的契合,就是心灵安宁的最好的归宿。

（三）何处安放我们的灵魂

面对乡土的回归与逃离,丁帆有一段话对此做出很好的注解:“当西方后工业时代将人‘物化’以后,‘城市人’试图逃离精神的压迫而寻求乡村为‘避难所’时,我敢预言,他(她)决不肯在‘刀耕火种’的原始生存状态下长期驻足,这种‘回归意识’只不过是一时的兴致而已,尽管他在高度物质文

① [法]达尼埃尔-亨利巴柔:《形象》,孟华主编:《比较文学形象学》,北京大学出版社 2001 年版,第 156 页。

② 甘成英:《化为灵魂的精神记忆——迟子建〈额尔古纳河右岸〉及其他》,《文艺评论》2006 年第 3 期。

明中产生了精神逆反心理,厌恶城市文明的狰狞,但倘若又使他(她)长期地去受物质匮乏、缺少文化氛围的生存煎熬,恐怕他(她)同样会陷入另一种逃离之中。"①这简直就是依莲娜不断徘徊往返于城市与山林之间的心路说明。依莲娜作为从传统狩猎文化走入现在都市的鄂温克女儿,虽然从小接受的即是现代化的教育,与鄂温克民族文化却有着血脉的联系,她的画作离不开民族生活的题材时刻都在显示着她的民族身份,与现代城市相比,她深刻感受到山里生活的自然灵性单纯却难以忍受其寂寞,在其背后,就是城市的喧嚣灰暗却缤纷热闹。她始终处在背叛逃离之中,这其中不乏文化的差异所导致的与环境与他人关系的问题,但最为根本的还是与自我的关系,一方面无法拒绝现代性的魅力与诱惑;另一方面也需要民族文化的强大依托使我们能够确认"我是谁"。这种背叛与逃离深刻地显示了灵魂的无所皈依、自我的无法确认状态。事实上,由于儒家文化传统在现代性面前的命运与鄂温克民族文化并无大的不同,这种无所皈依的心灵状态、个体灵魂分裂的状态在现代社会是一种普遍的状况,当依莲娜归依山林,贾平凹们归依的是乡土。相比于人与环境、人与人,这种人与自我的斗争不是更为酷烈吗,以至于她以"自杀"这种极端的方式来寻求灵魂的安息。依莲娜精神上的进退失据无疑也是下山定居的鄂温克族人都将面临的一种精神危机。

我们的灵魂应该归于何处,如何在现代与传统的冲突之中拯救个体自己,给灵魂以家园?也许更是《额尔古纳河右岸》内在的主题。

民族文化曾经给予我们灵魂的家园。梁漱溟先生曾经认为,中国孔子儒学为本的"路向",是解决人生意义上的苦恼和"精神无着落"的生路。②他通过中西文化的比较得出的结论是:西方人尽管物质富丽,却造成精神上的贫乏;中国人尽管车船不如人,却避免了精神沦丧的苦闷。这种结论固然无法令人苟同,为人所诟病,却也使人看到民族传统文化对人心灵精神的重要性。《额尔古纳河右岸》以一位老人的讲述表达出来的文化立场同样给人以强大的美学力量和思考价值。在"我"讲述的民族历史中,有浓厚的死亡的气息,也有众多情感的炼狱。在自然的灾难面前,他们表现的坚韧、顽强与淡定有着参透了人与自然奥秘的那种古老的智慧。在心灵上,他们的大爱大恨使我们看到,人类并不会因为身处传统而情感简单或者粗糙,每一个人都是一个"深渊",让你往下看时就会头晕目眩。他们尽管情感上痛苦、凄凉或者冲突,却不存在精神上的困惑,对于民族文化的认同使人们将

① 丁帆:《乡土——寻找与逃离》,见丁帆:《文学的玄览》,北京出版社1998年版,第492页。
② 梁漱溟:《东西文化及其哲学》,商务印书馆1935年版,第152页。

心灵交给信仰与意义，部分地弥补了那种痛苦。

当老人唱起流传在氏族中的葬熊的神歌，这是鄂温克民族文化的精髓，是对生命、自然、神灵的敬畏之心，是对信仰的守望，它让我们在悠长而神秘的气息中再次感受到了灵魂的那种安宁。"原始"古朴，难道不是人类（文明）的祖母？它的血液将一直在后代的躯体内流淌，不管你是否愿意。放下了猎枪，只是改变了生活的形式，却不能改变它的血液。而忘掉了这盏树间的神灯，灵魂必定就会迷路。

二

《额尔古纳河右岸》也很自然地会使人想到鄂温克族作家乌热尔图的一系列创作。迟子建在《额尔古纳河右岸》的后记中提到，在她准备去看敖鲁古雅的鄂温克人下山定居的现状的时候，她拜访了乌热尔图。"我的第一站是海拉尔，事先通过韩少功的联系，在那里得以看到了多年不见的鄂温克族著名小说家乌热尔图。他淡出文坛，在偏远一隅，做着文化史学的研究，孤寂而祥和。我同他谈了一些我的想法，他鼓励我下去多看一看。"①在对鄂温克民族的生存状态和民族命运的书写中，乌热尔图是迟子建绕不过去的，在表现自然与人的关系，表现现代化进程中作为民族个体的生命感觉等方面，它们有诸多相似之处。在《额尔古纳河右岸》中存在很多与乌热尔图的小说相近的情节，如维克特和安道尔兄弟俩一同去打猎，安道尔伪装成野鹿，吹叫鹿筒足可以假乱真，致使维克特失手将他打死。在乌热尔图的《越过克波河》《你让我顺水漂流》《老人与孩子》等小说中，也书写了诸多如此的情节，一方面这是以狩猎为生的鄂温克族生活中不可避免的沉痛的悲剧，一方面也可说是乌热尔图对鄂温克族的书写对迟子建的一种影响。而且，也正是在这两个前后相继的作家笔下，鄂温克族的形象在文学中得到了延续和发展。更重要的是，如果从文化的角度去看，这两个不同时代的作家都以对民族文化的热爱和书写自觉不自觉地展现出对"他者"文化的某种反思。

乌热尔图在其初期的作品尤其《老人与鹿》《七岔犄角的公鹿》以及 20 世纪 80 年代中期到 90 年代的作品如《我是一匹马，从森林里来》《灰色驯鹿皮的夜晚》《在哪儿签上我的名》《你让我顺水漂流》等小说中，并没有直接表现民族文化与现代文化的对立和冲突，而是以一种切身的民族体验切入时代，表现了剧烈变革中，民族文化的必然消散以及消散过程"前所未有

---

①　迟子建：《额尔古纳河右岸·跋》，北京十月文艺出版社 2008 年版，第 255 页。

的痛苦”,在这种视角之下,呈现出与改革文学大力呼喊的新/旧对立不一样的品质。如果鹿是一种美好的化身,尤其是对以驯鹿和狩猎为生的鄂温克人,是他们民族精神和灵魂的标志,对鹿的扼杀则必然显示了一种残忍,对于美的破坏,显示了民族文化的某种命运。《老人与鹿》中的鄂温克老人每年在一个固定的日子都要到山上来等一头公鹿,当老人得知那头公鹿已经被人用铁丝套死之后,老人也伤心死去。对鹿的扼杀从一个侧面开启了人类将要面临的现代发展对传统美好事物的破坏。《你让我顺水漂流》中萨满神袍竟被人偷走廉价卖给城里的博物馆,《萨满,我们的萨满》中神圣的信仰竟成为招徕游客满足其猎奇心的表演,在这样的处境之下,他宁愿被熊吃掉,以这样的结局回到与熊共舞的荒蛮时代。而“荒蛮”自是现代人对它的命名,却自有它的自由、忠诚、信仰和敬畏。

这些在迟子建的《额尔古纳河右岸》中得到了更为有力、明朗化的刻画。伐木者对自然森林的破坏也是现代欲望对传统的一种掠夺,民族文化、萨满信仰从一个角度被定义为愚昧、落后和迷信,现代文化不再需要萨满为了救助一个生命而付出另一个生命的沉重代价,然而却不一定带来心灵的平静和充盈,依莲娜的自杀即是一个极端的例证,沙合力被关进监狱、索玛的放纵也是现代文明的“恶之花”。自然的生态并没有因驯鹿的圈养而得到平衡,相反,我们不得不面对的却是生态在人们无尽欲望——数以万计的伐木人即是它的隐喻——之下的日益恶化。《额尔古纳河右岸》继续着乌热尔图的思索,对文化、生命、拯救等为现代文化所遮蔽、所阐释的进行重新的审视。迟子建“深深理解他们内心深处的哀愁和孤独”①。

同时获得 2008 年第七届茅盾文学奖的四部作品中,除了麦家的《暗算》、贾平凹的《秦腔》、周大新的《湖光山色》和迟子建的《额尔古纳河右岸》都不约而同的涉及了传统文化(或民族文化)在现代文化冲击下的溃败以及重建问题。我们可以看到贾平凹和迟子建选择了相似的叙事视角,《秦腔》和《额尔古纳河右岸》都是一首挽歌,讲述了文化传统(或民族文化)在民间的衰落,叙述者在涉及现代文化的时候,也更多地从伦理道德的角度展现了现代文化带来的人性堕落,以此表现了忧思和沉重。周大新的《湖光山色》在表现农村变革时也书写了现代化的弊端,但其中人性的嬗变、恶的膨胀除了与物欲化的现代化入侵有关,更通过詹石磴和楚王赀的现代演绎,警示了民族文化中遗留下来的封建思想的顽固性。同时,女主人公暖暖则体现了对民族高贵精神的坚守,“在广博深厚的民族文化背景上,通

---

① 迟子建:《额尔古纳河右岸·跋》,北京十月文艺出版社 2008 年版,第 255 页。

过作品主人公的命运沉浮，来探求我们民族的精神底蕴”①。作品最后楚王庄的楚国一条街正式剪彩开业，似乎开启了新的发展道路，这种带着乌托邦色彩的结果也体现了作家美好的愿望——传统文化的优质因素正是现代化健康发展的动力，是和谐家园的保障。

同一时期，作家们不约而同地创作了相似主题的小说，必然有其时代的因素。从20世纪80年代之初的经济发展、社会发展的立场大力呼唤改革开放以来的30多年的时间里，我们的国民经济已然取得了极大的成绩，却也伴随着信仰的流失，私欲的过度膨胀，以及对自然的掠夺性破坏，这些与现代化持续发展之间的矛盾已然成为一个不能回避的问题。作为有社会担当的作家，反思现代发展过程中的伤痛、追寻人性与自然的和谐是一种必然。事实上，正如前面曾说过的，对现代过程的质疑和思索，对传统文化精神的挖掘，在30多年的新时期文学中从来就没有过断绝。从20世纪80年代王润滋、乌热尔图、张炜到80年代中期阿城《棋王》以反省的眼光力图从传统文化中找到民族的立足点，90年代陈忠实、贾平凹的创作，以及迟子建、周大新、莫言等的小说，随着现代化的一步步展开，作家们对传统文化的认识和反思也在不断深入，传统文化给予作家思索现代化进程中各种现象的另一种视角，力图“在更高的层次上寻求历史原则和道德原则、社会进步与人性完善之间的新的协调和平衡”。②

① 第七届茅盾文学奖获奖作品评语。

② 金汉：《中国当代小说艺术演变史》，浙江大学出版社2000年版，第84页。

第三章　弘扬民族魂

——儒家文化精髓的“返本开新”

对儒家文化精神的追寻以及对之作富于理性之光的当代观照，最为直接地就体现在人物形象的塑造上。茅盾文学奖获奖作品中，塑造了很多具有儒家精神品格的人物形象。这些人物并不等同于传统人物，甚至有些是作为传统文化的对立面出现的，在此，我们所指是他们身上表现出来的精神品格，能够在儒家文化传统中找到渊源。以其所表现的主要精神向度，可以将之概括为这样几种主要类型：体现了强烈爱国精神的革命英雄、具有最朴素仁义思想的普通民众、新时期经济发展中一心为民的改革者以及知识分子。这种划分当然是粗疏不确当的，儒家文化精神如爱国主义、人道主义等等在这些人物身上都会存在，只是表现的方式不尽相同，我们只是为便于讨论，依作品中人物精神表现的最主要方面进行的一种分类。在本章中，我们除了对这几类人物身上所体现出的文化精神作一种整体性的体认，更将对获奖作品中“士”和知识分子这一人物形象系列进行详细的分析。因为士和知识分子作为知识、价值的传播者、维护者和创造者，应该说最能充分地体现时代文化的精神品格，通过它们见出作家对儒家文化精髓的书写以及对之的当代观照。

第一节　儒家文化精髓在人物身上的体现

（一）舍生取义的革命英雄

如果说爱国精神是我们民族的精神传统，对这种精神传统追根溯源可以看到传统儒家文化中的“杀身成仁”“舍生取义”“忠君”等思想的深远影响。陈独秀曾批评古代国人“释爱国也，与忠君同义”，①孙中山强调中国人民反抗列强，但“我们所反对的，不是外国，是外国的帝国主义”②，爱国主义因与民族国家观念、民主人权观念以及对外开放等现代性观念的结合使它

---

① 陈独秀：《爱国心与自觉心》，见《陈独秀文章选编》上册，生活·读书·新知三联书店 1984 年版，第 66 页。

② 陈旭麓编：《孙中山集外集》，上海人民出版社 1990 年版，第 530 页。

实现了从古典到近代的形态转换，但爱国主义精神传统却是一脉相承的。它在获奖作品中主要通过革命英雄人物的塑造得到凸现并发扬光大，当国家和人民的生存、利害受到威胁时，每个人都义无反顾地情愿献出自己的生命去护卫。《东方》是描写抗美援朝战争的小说，在朝鲜战争和国内阶级斗争双线并进的广阔背景上，刻画了从志愿军高级将领、指战员到普通人民的英雄群像，如司令员彭德怀、团长孔军、政委周朴、通讯员花正芳、老兵王大发、女战士杨雪和徐芳、后方人民杨大妈等等，其中郭祥无疑是作家用力最多的一个，也是最为生动的一个志愿军英雄。通过青坪里怒斗敌机、缚龙里阻扼逃敌、孤胆大破定时炸弹、引导车队突破"死亡地带"等一系列的情节，生动突出地刻画了他的勇猛机智以及对党和人民无限忠诚的品质，爱与恨都以国家和人民的爱恨为是。作为英雄人物反面映衬的陆希荣，则自私自利、贪图物质享受、贪生怕死，这些品质都是作为"个人主义"而被贬抑的，这种鲜明的对比只是为了更加映衬英雄的立场坚定、意志刚强、视死如归、大公无私的精神心灵状态。作家对此的态度也是褒贬分明，这种以"国家""人民"对"个人"进行绝对的统摄，不是与儒家文化传统有着直接的联系吗？

《将军吟》中的将军彭其对祖国赤胆忠心，从一个以烧炭为生的穷苦孩子，经过战火中的千锤百炼终于成长为一个空军兵团的司令员。当他听到我空军基地遭到敌人的偷袭，气得火冒三丈，冲着政委陈镜泉大声说："我要赎罪，要对得起人民对得起党，不能当混世魔王，不能把人民的江山当钢盔，只图保住自己的脑壳不挨打，要有点心肝！"即使此时林彪集团正在追问他的检讨情况，而这关系到他的历史命运，他也对此未置一顾，"我不怕，怕丢官，还怕不怕丢江山？"第二天，他即乘专机到基地认真检查工作，显示了英雄的浩然正气。我们可以看到，一切以人民的利益，以党和国家的利益为重是他们共同的行为准则，丝毫不计较个人得失荣辱。"君民者岂以陵民？社稷（国家）是主！臣君者（为臣于君的）岂为其口实（俸禄）？社稷是养！故君为社稷死，则死之；为社稷亡，则亡之。"①这还包括了《第二个太阳》中的兵团副司令秦震、师长陈文洪、政委梁曙光等英雄人物，既表现出对同道者"爱人如己"的儒家德性，又充满"嫉恶如仇"的力战精神。②

---

① 《左传》襄公二十五年齐崔杼弑其君庄公，齐晏子到现场去吊唁，在与人问答中表明的他对为臣者应不应为君而死的态度时所说的话。

② 抗战时期，战国策派人物林同济曾提倡一种"战士式人格"，这种人格不是儒家德性的那种"爱人如己"，而是充满力战精神的"嫉恶如仇"。这种提倡当然并不是对儒家德性的完全否定，而是对深受儒家柔性人格影响的中国人人格的一种修正（见许纪霖：《中国知识分子十论》，复旦大学出版社2003年版，第143页）。

《历史的天空》开拓和创新了革命历史小说对"中国民族革命战争和军人形象方面"的描绘。站在中华民族立场这个制高点,不仅塑造了分属共产党的英雄梁必达、杨庭辉、张普景等人性格和命运的复杂与曲折,不回避英雄身上的缺陷和行为中的个人化倾向,也不回避党内的纷争与黑暗,对国民党将领刘汉英、石云彪、陈墨涵、莫干山等也进行了正面笔法的表现。石云彪的死是那么浓墨重彩、惊天动地、荡气回肠。梁必达对于人的体会:"好人就是好人,放到哪里他都是好人,坏人就是坏人,放到哪里他都是坏人。……参加什么组织可以选择,选择的过程中也有偶然性,但是要当好人和坏人就不是偶然的了。"①无疑是对历史中的人和人的历史的更高度的真实还原。梁必达与陈墨涵对于国共选择的偶然性与阴差阳错而殊途同归,恰如《白鹿原》中的白灵与鹿兆海同为"白鹿精魂"。国民党军官莫干山和高秋江的爱情故事同共产党英雄梁必达与东方闻音的生死爱情一样,凄美又不乏壮丽,有着普通男人和普通女人的灵肉本色。革命,从阶级和政治的书写成为对人性的展示和较量,体现了当代更为理性的历史意识。刘醒龙曾说自己的《圣天门口》虽然描写了各种各样的争斗,却没有使用描写那段历史一贯使用的一个词:敌人。他认为"一个民族间的内战,不管是正义或者非正义,都不应再由后人来继续互相称呼为敌人。这种时候,写作者的立场,应该是儿女们面对父母间纠纷时的立场"。② 这种立场就是理性的历史意识。《历史的天空》贯穿了这种历史意识。他们,这些英雄形象,虽立场、信仰有不同,但最为根本的,都有着"我以我血荐轩辕"的凛然气概,在最根本的民族情结、爱国精神上有着一致性,并敢于牺牲,勇于奉献。借用孟繁华的话说,这些英雄人物的英雄人格塑造"与儒家文化的'兼善天下''修齐治平'有直接关系,当然也与古代社会频繁的战争并在战争中捍卫国家利益的英雄想象有关。"③由此,也让我们看到,从《东方》《第二个太阳》到《历史的天空》,它们对战争的理解、对战争中人的表现的逐渐深入,从鲜明的阶级立场到整个民族的大义,显现着时代的发展旋律。从正义与邪恶、高尚与卑下、共产党与国民党、民主与专制甚至贫农与地主的绝对的二元对立,到"力图从新的角度诠释战争、权力、政治与人格的关系,把人性、欲望、命运同战争生活的交融放在表现的焦点上,让战争背景成为人格的舞台和人

---

① 徐贵祥:《历史的天空》,解放军文艺出版社 2007 年版,第 510—511 页。

② 《恢复"现代主义"的尊严——汪政、刘醒龙对话〈圣天门口〉》,《南京师范大学文学院学报》2008 年第 2 期。

③ 孟繁华:《"英雄文化"的现代焦虑》,《光明日报》2003 年 6 月 6 日。

心的炼狱,让战争的天幕上,始终放射人格的光彩"。① 这是在全球语境与后现代语境下文学发展的一种必然,显示了现实生活价值取向的重大转折。

（二）具有最朴素仁义思想的普通民众

作为社会根基的最为广大的普通民众,在他们身上,最为突出地表现了文化传统中"不变"的那一方面。他们不是社会革新者,不是思想的激进者,放在"五四"的历史境遇中,他们毫无疑问是属于被启蒙的一类人,有着最多的传统的重负。张爱玲主张写小人物,认为"他们不是英雄,他们可是这时代的广大的负荷者……正是这些凡人比英雄更能代表这时代的总量"。② 如果说革命和改革表现的主要是"人生飞扬的一面",无论革命英雄还是改革先锋都多少有点超人的气质,普通民众的思想精神、人生命运则可说体现出的是"人生安稳的一面",在这一面里,既让我们看到传统文化的滞重,也看到传统文化的生命活力。亦如作家李凖在为《黄河东流去》所写的《开头的话》中所说:"是什么精神支持着我们这个伟大民族的延续和发展?……这些故事告诉我,我们这个社会的细胞——最基层的广大劳动人民,他们身上的道德、品质、伦理、爱情、智慧和创造力,是如此光辉灿烂。这是五千年文化的结晶,这是我们古老祖国的生命活力,这是我们民族赖以生存和发展的精神支柱。"③《黄河东流去》《钟鼓楼》《平凡的世界》《白鹿原》《秦腔》等获奖作品中塑造了一大批普通的民众形象。

《黄河东流去》正是在典型的中原传统农耕文化的环境下塑造了大批普通的中华儿女,描绘了他们在黄河泛滥家园被毁、饥饿、蝗灾、旱灾以及战争的危难中艰难而不屈的自救与互救的感人历程。中原传统农耕文化是儒家文化诞生的社会根基。当看到海老清在自己心爱的牛累得脖项都磨肿了时心疼得像割破了手指头,将自己的那碗面拌在青草里;听李麦念诵她最熟悉的"大年历":"天河吊角,南瓜夹角""天河南北,西瓜凉水""天河东西,收拾棉衣";看海长松倾其所有甚至不惜挨饿负债买地时的犹豫与买后的期望、被淹没后的痛苦绝望并在离开家园时将镰刀埋进自己的土地里;观春义与凤英在家园被毁即将逃难之时简单而庄重有礼的婚礼,都使我们深深地感受到土地以及土地上诞生的农业文明是他们的安身立命之所。在他们身上最为充分地体现了儒家文化的民间形态,儒家思想作为它的主导思想,孝悌节义,仁义礼智信等传统伦理观念是他们恪守的行为准则。虽然也有

① 雷达:《2004 年的长篇小说》,《小说评论》2005 年第 1 期。

② 张爱玲:《自己的文章》,见张爱玲:《自己的文章》,傅光明主编,京华出版社 2005 年版,第 143—144 页。

③ 李凖:《黄河东流去・开头的话》,人民文学出版社 2005 年版,第 2 页。

艰难中无谓的叹息，但更多的是忍辱负重、于绝境中求生存的行动。因为他们从来不是孤独的一个人，而是家国——不仅夫妻父子兄弟姐妹相濡以沫，还有人与人之间的乡情甚至最朴素与真诚的人情，如李麦说的，“咱们一块逃荒出来，就是和一家人一样”，“死跟大家死到一块，活跟大家活到一块”。

我们看到一幕幕患难与共、不离不弃的感人情景。长松因买地致使全家挨饿时，李麦为其送来了大麦面；当天亮从大水中救出申奶奶，而申奶奶不愿一起逃难拖累别人时，李麦说：“走不动路，我们背着你；要不动饭，我们给你要！”梁晴、徐秋斋、小嫦娥本不是一家人却胜似一家人的相互照顾与扶持；长松开始不相信儿子们“推坡”挣钱，怕他们“在城市学流荡了，将来怎么回去种地”，显示出了纯朴的农民即使在困境中也坚守的道德志气。种地，既是他们世代相传的生存方式，也连结着这种生存方式形成的儒家思想观念。当他悄悄去查看，看到儿子们真在“推坡”时，他伸出去帮忙的两只大手，无言中流露着父子之间的信任与深情；四圈倾其所有为小响赎身……不仅仅这些同为一个家庭和乡村共同体的人们之间，即使那些素不相识的无名的人：无名的老人主动帮助老清婶她们赊煤卖茶使她们有了立身之法；将席棚卖与梁晴的老头指给梁晴到车站去捡煤；卖菜的河南逃荒人将自己的桌子借与徐秋斋使用；看守雪梅尸体的打更老头都讲究行事的“良心”，对雪梅身上的首饰不取分毫亦不让恶人所取……虽然这些都是微不足道的小事，但这种似乎出于一种本能的、真诚的、无所求的与人方便也足见那种最朴素的“仁义”已经融化在他们的日常生活、情感、精神之中，尤其在漂泊战乱的情境之下。这些无名的小人物与李麦、长松、爱爱、梁晴等人共同印证着中国农民的伦理道德和精神，印证着“勤劳勇敢、吃苦耐劳和团结友爱精神的分量”与“人类生存的信心”。①

徐秋斋是穷苦农村的旧式知识分子，他有可能成长为《白鹿原》中朱先生和《秦腔》中夏天智那样的人物，而时世维艰，现实的生活环境使他更贴近生活的底层，也更能表现出儒家文化在下层的表现形态。他是“人穷情义不穷”，有着“路见不平，拔刀相助”的任侠之气，比朱先生、夏天智显示出更多不乏狡黠的智慧。义正词严地帮助素不相识的梁晴向盐行追讨盐钱，以申冤、告状相胁迫使国民党交通部潼关段缉私处长孙楚庭支付雪梅的装殓费用，以鸡血抹树创造槐树显灵的神话迫使迷信的海骡子放弃砍伐村头大槐树的恶念，为无助的李麦出谋逼老地主海福元履诺为她死去的爹出了

① 李準：《黄河东流去·我想告诉读者一点什么？（代后记）》，人民文学出版社 2005 年版，第 705 页。

棺材,用蟋蟀设计为王跑向汉奸团讨回了驴钱,以似乎无意的激将法对抢粮行为推波助澜……用他自己的话说:“情理不顺,气死旁人”。他对于“良心”的谆谆诉说更是常被评论者引用,是安放在所有民众心中的道德天平。

作家当然也写出了传统农耕文化对人的束缚,它导致了人的固执与偏狭以及评价标准的偏颇。如春义对凤英开店的抵触最终导致两人各奔东西,徐秋斋偶尔流露的对“脸面”的重视让人想起鲁迅先生笔下的孔乙己,以及所有有钱上层人物的金牙与虚伪的片面化。但由作家所着力于表现的主题决定,必然还是挖掘民族传统文化的优质根系。它“最突出的成就,就是以独特的艺术风格,对我国劳动人民的精神面貌和崇高品质作了生动的描绘”。① 因为“这是五千年文化的结晶,这是我们古老祖国的生命活力,这是我们民族赖以生存和发展的精神支柱”。②

此后,《平凡的世界》《白鹿原》和《秦腔》等作品都通过中国传统农耕文化所孕育的人的日常生活和精神状态,挖掘了传统文化的优质根系。

刘心武的《钟鼓楼》以薛纪跃的婚礼为线索,同时描写了北京市钟鼓楼附近一个典型的四合院中九户人家的喜怒哀乐、命运遭际、文化态度以及他们之间的各种矛盾纠葛。作家也不自禁地在文中现身说道:“我们走进了钟鼓楼附近的这个四合院,我们实际上就是面对着二十世纪八十年代初北京市民社会的特定文化景观。”《钟鼓楼》“剖析了市民社会生态群落,展示了传统的文化积淀与现代化事业发展的矛盾冲突”。③ 在其中,我们看到了传统文化在老一代市民身上的根深蒂固,但却通过荀氏父子又看到了传统文化与新文化的那种融合。农村文化所培育的荀兴旺的正直、善良、淳朴、重义的品质给予儿子荀磊极大的影响,为荀磊树立了为人的榜样。如荀磊所说:“他用他的这种人格力量,启示了我,使我的灵魂善良、纯净。”④作家并透过现代知识女性冯婉姝的眼睛看到了他身上所具有的自尊与阳刚之气以及这种阳刚之气在荀磊身上的遗传,正是这种气质使她为之倾心。这种身体的修辞也从一方面说明了传统的人格在现代依然有着不可替代的魅力。荀磊也正是从父辈那里继承了民族文化的精粹,又汲取当代外国的优秀文化,才更具理解、尊重和包容,对父辈厚实淳朴尊严的人格有着内在的认同。

还有一心为民的改革者。《沉重的翅膀》里的郑子云、《都市风流》中的

---

① 吴光化:《简谈〈黄河东流去〉的思想和艺术特色》,《人民日报》1980年4月9日。

② 李凖:《黄河东流去·开头的话》,人民文学出版社2005年版,第2页。

③ 张学军:《中国当代文学的艺术探索》,人民文学出版社2009年版,第42页。

④ 刘心武:《钟鼓楼》,人民文学出版社1985年版,第79页。

阎鸿唤、《英雄时代》中的史天雄等人。他们处于和平的年代,与战争年代保家卫国的英雄体现出不同的时代特色,更加注重人民精神、物质生活水平的提高,传统文化精神在他们身上主要体现为"泛爱众""仁民爱物""博施济众"的人道主义精神气概以及深沉的忧患意识。有关这一点,在其他章节中已经有过很多论述。

第二节 士与知识分子

1905年,延续千年的科举制度的废止使得广大读书的士阶层通过科举进身的奋斗链条断裂,从对政权的完全依附不情愿且无奈地走向独立,向着现代知识分子逐渐转变。但这种身份的转变并不代表精神上的断裂。事实上,传统儒家文化的千年浸淫所塑造的士的精神精髓也一直深深地影响并贯注在中国现代知识分子的自我身份认同与人生道路的选择之中,它是中国知识分子地方特性的文化渊源和精神谱系。

中国传统文化从各个方面对作为社会精英的读书人"士"进行了规定。"士志于道"①是孔子对士最初的精神价值导向,"君子谋道""君子忧道"②,无不是要求士人"以道自任",是价值系统的维护者、传承者、创新者。"无求生以害仁,有杀身以成仁",③"士不可以不弘毅,任重而道远。仁以为己任,不亦重乎?死而后已,不亦远乎?"④"无恒产而有恒心者,唯士为能"⑤"修身齐家治国平天下""明道救世",一种"乐以天下,忧以天下"的天下情怀……这些都从内外两方面形塑着士这一阶层成为具有"超武士道精神"⑥,具有强烈的使命感和政治关怀,并使之有可能超越社会、阶层、个人的利害得失而为"社会的良心",这一传统远较西方的知识分子诉求对中国现代知识分子的影响更为深远而内在。诚如海外华人学者余时英先生所说:"'士'的传统虽然在现代结构中消失了,'士'的幽灵却仍然以种种方

① 《论语·里仁》。
② 《论语·卫灵公》。
③ 《论语·卫灵公》。
④ 《论语·泰伯》。
⑤ 《孟子·梁惠王章句上》。
⑥ 徐复观认为若把武士道的精神加以扩大,则中国在社会活动的层面,始终有强烈的超武士道精神;在常与政治关联在一起的知识分子的层面,情况更为复杂,超武士道精神有时有,有时没有。武士道是为了报藩主的私恩私德而不惜一死,是以"私慝"自居之道。而中国有品德的知识分子,只能当国家人民的工具,不当权势者的"私慝"。见徐复观著,陈克艰编:《中国知识分子精神》,华东师范大学出版社2003年版,第170—172页。

式,或深或浅地缠绕在现代中国知识人的身上。‘五四’时代知识人追求‘民主’与‘科学’,若从行为模式上作深入的观察,仍不脱‘士以天下为己任’的流风余韵。”①

知识分子是一个外来的概念,是西方现代性发展过程中的特有产物。它的内涵随着立场的不同,着眼点也各有侧重。不论卡尔·曼海姆认为真正的知识分子可以超越狭隘的特定阶级或阶层的局部利益和意识形态,从而达到普遍的、公正的判断和真理的“非依附性”“自由漂浮”的知识分子的理想,葛兰西的“传统的‘知识分子’”和“有机的‘知识分子’”之分,②还是萨义德对知识分子“特定公共角色”的强调,认为知识分子是具有能力“向”公众以及“为”公众来代表、具现、表明讯息、观点、态度、哲学或意见的个人,他对抗而不是制造正统和教条,不轻易被政府或集团收编,独立性与批判性,是知识分子的必要条件。③ “知识分子既不是调解者,也不是建立共识者,而是这样一个人:他或她全身投注于批评意识,不愿接受简单的处方、现成的陈腔滥调,或迎合讨好、与人方便地肯定权势者或传统者的说法或做法。不只是被动地不愿意,而是主动地愿意在公众场合这么说。”④萨义德对知识分子独立性与批判性的强调使人想起鲁迅先生对于知识分子的言说观点。鲁迅先生在其早年就曾提出:“故今之所贵所望,在有不和众嚣,独具我见之士,洞瞩幽隐,评骘文明,弗与妄惑者同其是非,惟向所信是诣,举世誉之而不加劝,举世毁之而不加沮”⑤,更有专论知识分子的文章,认为“真的知识阶级是不顾利害的,如想到各种利害,就是假的,冒充的知识阶级;……不过他们对于社会永不会满意的,所感受的永远是痛苦的,所看到的永远是缺点,他们预备着将来的牺牲,社会也因为有了他们而热闹,不过

---

① 余时英:《士与中国文化·新版序》,上海人民出版社 2003 年版,第 6 页。

② 葛兰西所谓的传统知识分子指教师、教士、科学家、手工业者等以知识的创造和传承为目的和职业的一类人;有机知识分子包括企业管理者、媒体工作者、宣传者、政治经济专家、工业技术人员等为阶级、集团或国家利益服务,在潜移默化中把意识形态霸权传播到社会的每个角落的一类人。转引自曹成竹:《知识分子:一个从批判到实践的社会群体——兼论托尼·本尼特的知识分子观》,《社会科学评论》2009 年第 2 期。

③ [美]爱德华·W.萨义德:《知识分子论》,单德兴译,生活·读书·新知三联书店 2002 年版,第 2—17 页。

④ [美]爱德华·W.萨义德:《知识分子论》,单德兴译,生活·读书·新知三联书店 2002 年版,第 25 页。

⑤ 鲁迅:《集外集拾遗补编·破恶声论》,《鲁迅全集》第 8 卷,人民文学出版社 2005 年版,第 27 页。

他的本身——心身方面总是苦痛的”;[①]独立的思想、坚定的立场是鲁迅所期待的知识分子的人格素养。鲁迅是新文化运动的先驱,是中国现代知识分子的典型,一个社会斗士的形象,但即使在他的身上,我们也看到了中国传统文化的沉重身影。

中国的知识分子具有自己的特点。一方面,他们与传统文人有着精神上的脐带联系,有着根深蒂固的政治情怀、天下情怀;另一方面,他们毕竟不同于传统士人与政权的那种完全依附的关系,不仅这种身份上的独立必然带来思想观念的转变,同时又由于汲取了西方现代的各种先进思想成果,使其人格上更加具有现代理性的色彩。程文超认为,中国现代知识分子具有两种人格资源。其一是古代文人的“良知人格”。他们继承了传统文人“以天下为己任”的优良美德。当然此处的“天下”已经是指“民族”“国家”。其二是西方启蒙知识分子的“启蒙人格”。他们是大众的启蒙者,是“铁肩担道义”的人,[②]突显了传统士人与现代知识分子的联系与区别。虽然,中国现代知识分子在百来年的发展中,一直只是扮演着西方同行创造或发现的知识与真理的“传播者”的角色,将西方的知识话语和价值系统传入中国,以完成自己的“启蒙”使命,却不具有“立法者”的气魄与心态。[③]

英国当代西方马克思主义文艺理论批评家托尼·本尼特在继承并发展前辈理论家的基础之上,应对新的历史境遇,积极探索了一种“实践型”知识分子观。他在《新关键词:重新修订的关于文化与社会的词汇表》中对知识分子的定义是:“一小部分精英分子,他们凭借在哲学、艺术、社会科学、自然科学等领域的卓越知识,扮演着公众代言人的角色,最大程度地关注公众生活和他们的自身职能。在这层意义上说,知识分子担负着启蒙大众和推进社会现代化的任务。”这种“实践型”知识分子,一方面积极参与文化和公众生活,具有影响政府文化政策的意识和能力;另一方面又要保持独立的人格与批判精神。[④] 在此,我们又看到了中国传统意义上以“士”为中坚力量的儒家知识分子的身影。这种“实践型”知识分子无疑更切合中国知识分子的实际。

这种人物系列包括了《冬天里的春天》里的郑老夫子郑勉之,工程师廖

① 鲁迅:《集外集拾遗补编·关于知识阶级》,《鲁迅全集》第8卷,人民文学出版社2005年版,第226—227页。

② 程文超:《1903前夜的涌动》,山东教育出版社1998年版,第282页。

③ 张汝伦:《知识分子与现代性的共谋关系》,《文汇报》2002年12月14日。

④ 曹成竹:《知识分子:一个从批判到实践的社会群体——兼论托尼·本尼特的知识分子观》,《社会科学评论》2009年第2期。

思源以及更为年轻的知识分子陈剀，《战争和人》中的童霜威，《茶人三部曲》中的杭天醉、赵寄客、杭嘉和和杭嘉平，《白鹿原》中的朱先生、白灵等人，刘斯奋在《白门柳》中所塑造的一系列士人形象，熊召正《张居正》中的张居正、宗璞《东藏记》以及《天行者》《你在高原》中大批的精英知识分子等等。郑勉之、廖思源、陈剀虽然并非《冬天里的春天》主要刻画的人物，却可说是写出了士与现代知识分子的精神血脉联系，表现出了中国从古到今知识分子对家国认同的精神和操守。郑勉之，有功名的前清秀才，编过县志的耆宿，四州八县都闻名的郑板桥先生的后裔，可说是儒家"士"的典型。他有着自己对于战争的理解，坚守自己的"道"，不为利诱。他谢绝国民党的聘请，认为"道不同，乘桴飘于海"，"要跟这些赤脚大仙在石湖待下去"，在生活困难时期，依然体念时艰，将抗日民主政府分给他的救济粮送回去，"粮食还是先尽那些嗷嗷待哺的老百姓吧！"把自己漆了不知多少遍、保安团司令的老爹想要收买都未给的棺材安放了英雄赵亮，他为了保护共产党人于而龙落入保安团司令王经宇手中而最终被害。从他给保安团司令的老爹与赵亮的不同祭文，显示了他的不畏强暴、直言、正直的人格品性。在他的身上，让人看到陈忠实在其《白鹿原》中所刻画的儒家文化精神典范朱先生的影子，虽然"生平无奇节可纪，但在政治或社会危机的时刻，良知呈露，每发为不平之鸣"，①并勇于任事。廖思源是现代知识分子的代表，解放初期从国外回来参加祖国的社会主义建设的总工程师，在国际国内都有点名气的动力专家，是于而龙心目中又一个可敬的"老夫子"。虽然在"文革"的迫害中，也曾有过灰颓甚至自杀的念头，兢兢业业，谨小慎微，甚至"文革"后因精神心灵上的创伤想要出国远涉他乡，但他终究还是难以割舍对于祖国的热烈情爱。"廖总，到底还是回来了，虽然有些出乎意料之外，但细想还是合乎情理之中。因为不管是小米干饭喂养出来的，不管是吃面包牛奶成功的，只要是中国土地上生长的知识分子，这块土地总是要更适宜一些，他的心总是离不开这块母亲似的土地。"②陈剀作为廖思源的外甥，不仅有着血缘上的联系，精神上亦一脉相承。在于而龙眼里（当然，也是作家眼里），陈剀是个很深沉、有内涵、懂事明理的年轻人。从他的"高大颀伟，有副学者派头"的身体修辞、与于莲相知专一的爱情以及专研学问、以待致用的不懈精神，让我们看到的是中国知识分子的坚忍、不屈与执着。这种执着既是对未来的信心，也是对信仰、对"士志于道"的精神承传的坚守，

① 余时英：《士与中国文化·引言》，上海人民出版社 2003 年版，第 8 页。
② 李国文：《冬天里的春天》（下），人民文学出版社 2009 年版，第 665 页。

是有着“天行健,君子以自强不息”的努力向前,不屈服于邪恶的人生哲学在内的。

《天行者》也是通过对底层知识分子的书写来对民族精神力量满怀敬意的咏唱。刘醒龙说:“文学的第一要旨是表现我们的民族精神与灵魂。我始终相信,一个泱泱大国,一个有着五千年文明的古国,它的生生不息、绵延不绝,一定是靠着强大的精神力量延续下来的。但在我们的现当代文学中,这种表现非常不够。我们对自己的发现和了解是远远不够的。”①这是一曲对默默无闻的民间英雄的赞歌,这些民间英雄,秉持着传统知识分子传道、授业、解惑的师道精神,在极端艰苦的条件下,为乡村的孩子们传递着思想启蒙的火炬。

《天行者》书写了民办教师物质上的贫乏以及在这种贫乏下他们作为普通人的计较和纠葛但更有对职责的同心同德。环境恶劣、教室破旧、工资低微、村里拖欠工资、还要忍受村长作为“村阀”的欺压。作为个体的人,他们当然会有人性的缺点,身份的尴尬使他们在村长和村会计面前不免卑微和谨慎,对于转正的那种热望竟致使邓有米甘冒风险偷砍红杉树,要去卖钱托关系。在无数次地希望与绝望中,我们看到了他们的眼睛像天空的月亮一次次明亮升起又暗淡落下。但正如余校长说的,当民办教师的,“什么本钱都没有,就是不缺良心和感情”②。因为贫困买不起课本,余校长就给学生们油印,而且为离家远的学生提供食宿的方便,自己的工资远不及市里小学的门卫,还用自己的钱为学校买横梁,钱都付了,还在后悔,怎么就想不出拒绝的办法。个人利益在与对教育事业、对孩子们的爱和责任面前总要让步后退。孙四海送学生回家的路上顺便带学生采草药以卖钱买新课本,明知学校还不起也把自己种的茯苓提前挖出来,卖掉做冬季学校维修校舍的资金。这种精神力量的感召力是如此之大,使在其中浸润过的人们精神上都不免为之“中毒”。张英才、夏雪、骆雨甚至以极不光明正大的手段让自己转正的蓝飞等都中了他们的毒。张英才依靠自己的一篇报道得到了一个转正名额,离开界岭小学去进修,毕业后进入县城工作,却主动放弃了原本很有前途的工作来到界岭教书,夏雪在界岭小学仅仅呆了几个月,死后让自己的父母捐款为界岭小学兴建教学楼作为自己对界岭的回报,而蓝飞以自己的活动能力进了县团委,也在时刻关注着界岭,在村长选举中充分发挥了

---

① 《刘醒龙曾被人嘲笑“坐家”:我不是写作天赋高的人》,2011 年 11 月 29 日,http://www.chinawriter.com.cn/news/2011/2011-11-29/107896.html。

② 刘醒龙:《天行者》,人民文学出版社 2009 年版,第 12 页。

自己的作用。他们都是中了界岭小学的毒，中了以余校长、孙四海、邓有米为代表的民办教师默默无闻、无私奉献、勇担道义与良心的精神的毒，这种中毒，正是我们民族精神的世代承传，永不衰落。

《战争和人》洋溢着浓厚的传统文化气息，不仅因为它的主人公童霜威时时以古典诗词来表达自己的心境，使情与景相融合形成一个传统文学常见的意境，更由于他是现代社会的新型阶层——民主人士的典型代表，“一个现代型‘士子’”，①表现出中国传统知识分子多面的文化性格。他除了具有最基本的儒家知识分子的民族气节和爱国情操，怀有“天下”的情怀，期望能被当局所用，并设法钻营；另一方面，又常有传统士人“怀才不遇”的感慨通病，受到排挤不被重用，便常诞生“隐居”之想；自视清流却不能拒绝江怀南的贿赂；他对妻子方丽清的态度又有着一些“女人祸水”的味道，却不能自省其中自身的责任；在“仕”与“隐”的摇摆之中显示了“一个传统型‘士子’面对现代巨变的无所适从，传统人格精神在现代人生中的尴尬和存在的荒谬”。②

这种传统“士人”在社会巨变中无所适从的处境，我们在《茶人三部曲》中的杭天醉身上也有深深的体会。既接受了传统的教育，也接受了现代启蒙的激进思想，充满改革现状的激情却缺乏现实行动的勇气，这就不能不使杭天醉常常陷入进退失据的尴尬和痛苦之中，这是晚清至“五四”中国社会转型之际一代知识分子的心理特征和命运悲剧。而时代发展终于使下一代杭嘉和和杭嘉平能够破茧而出，一个追求轰轰烈烈的人生理想，献身革命，“以天下为己任”；一个执着于人生的平淡冲和、隐忍克制、贵生务实，固守家园，表现的是在新的社会历史境遇下，中国现代知识分子两种典型的人生道路。浓郁的茶文化正是中国传统文化博大深邃的精髓象征。

第三节　历史、文化、道德中的“士”

——论《张居正》中的张居正兼及《白门柳》中的士人形象

长篇历史小说《张居正》自面世以来，获得了学术界的高度评价，在第六届茅盾文学奖评选中获得全部票数，“被评论界看作是近二十多年来不可多得的一部‘以心灵吟唱历史，以史笔重构文化’，具有史诗规模和史诗

① 徐其超等：《聚焦茅盾文学奖》，作家出版社 2005 年版，第 366 页。

② 徐其超等：《聚焦茅盾文学奖》，作家出版社 2005 年版，第 367 页。

价值的优秀的历史小说佳构",①"中国文化的真史诗"②,"匠心独运"③。它以恢弘的笔墨和气势在洋洋洒洒一百二十万言中,塑造了张居正这一封建时代"铁面宰相"兼"柔情丈夫"的政治改革家形象。张居正是一代政治家,也是典型的"士"的代表,通过仕途经济、运用智慧和手段达到了权力的巅峰,开创了"万历新政"这一可称辉煌的政治局面,他的性格悲剧和命运悲剧所呈现的象征意义是无数心怀天下、以身殉道的封建时代官僚知识分子的历史处境。

如果说张居正是属于"正统"的官僚"士大夫",他所处的时代还可称得上社会平稳发展的和平时期,那么《白门柳》则是明清易代、天崩地解的社会剧变之际,更为广大的普通"士"阶层的心灵动荡,通过钱谦益、冒襄、黄宗羲、陈贞慧、吴应箕等一干游离于政治权力之外的复社名士以及柳如是、董小宛等名妓的生活道路,"从文化的视角刻画传统知识分子的生存方式、命运变迁及人生选择中的复杂心态",④诚如作家所自述:"《白门柳》从某种意义上说,便是知识分子在大动荡时代自我挣扎心路历程的形象写照。事实上,我始终是把真实地写出明末清初那一代的知识分子的历史命运,作为总体任务。"⑤《张居正》和《白门柳》是封建社会"士"的心灵史、精神史,正是在从庙堂到民间的广大"士"人身上,既极力彰显张扬了传统文化精髓,也流露出传统文化自身的矛盾。作为古代的知识分子,他们在社会现实、政治、文化中的慷慨悲歌也必令当下的知识分子掩卷深思。

一

对《张居正》的研究,很多论者从社会政治层面,集中分析了作品对主人公张居正作为封建改革家形象的成功刻画。在他的身上,最为突出地表现了"士"的忧患意识以及立足现实的实践精神。

作为铁面宰相,张居正恰逢其时。在他新任伊始,整个明王朝一片颓败的气象,国库空虚,财政枯竭,贪官污吏肆意横行,官场上贪、散、懈已成风气。此时,新继位的万历皇帝还小,作为顾命大臣的首辅及皇帝师,张居正

① 何镇邦:《〈张居正〉与历史小说创作》,《南方文坛》2003 年第 6 期。

② 董子竹:《中国文化的真史诗——评长篇历史小说〈张居正〉》,《小说评论》2001 年第 4 期。

③ 江晓天:《一部匠心独运的历史小说》,见湖北省作家协会、华中师范大学文学批评学研究中心编:《〈张居正〉评论集》,长江文艺出版社 2003 年版,第 42—44 页。

④ 胡平:《我所经历的第四届茅盾文学奖评奖》,《小说评论》1998 年第 1 期。

⑤ 刘斯奋:《〈白门柳〉的追述及其他》,《文学评论》1994 年第 6 期。

在李太后的信任与支持下实际上行使着摄政的权力，这为他的改革顺利进行提供了极为有力的保障。他不惧来自豪强和士林各方面的反对和抵制，以“毁家殉国”的决心和毅力厉行改革，裁汰冗官、整饬吏治、使用循吏、排斥清流、子粒田征税、清丈田亩、抑制贵戚豪强、禁止私学、查封书院等一系列雷厉风行的政治举措终于使衰败的大明王朝出现了国富民强的中兴气象，张居正也得到了前所未有的荣耀。这些非凡的素质和权威使他具有卡里斯玛化典型的特征。作为柔情丈夫，则主要表现在他与玉娘的情爱关系之中。他对玉娘的宠爱、他在给玉娘名分一事上与当他见玉娘难忘邵大侠时的微妙心理刻画以及玉娘离去后的悲痛，使他具有了普通“人”的一方面。

第一卷《木兰歌》是张居正与高拱对首辅之位的明争暗夺，高拱在新皇登基后心机、行为上不断失利，最后被贬，张居正荣膺首辅之位。作品将张居正和高拱放在对立对比的位置上，刻画了他们不同的性格特征及高拱失败的必然性。高拱性情急躁、粗暴、遇事好斗，与冯保之间有着不可消除的激烈矛盾。张居正则城府甚深，喜怒不形于色。在任人方面，用殷正茂还是李延任两广总督平定广西庆远叛乱以及对张佳胤处理安庆兵变一事的态度上，张居正的用人唯能、秉公执正与高拱的任人唯亲、私心偏袒；对王九思以童男童女媚惑隆庆皇帝，张居正的正言直谏与高拱出于政治需要不惜违心以保全自己，这些都显出了二人高下分明的政治品性。隆庆帝驾崩后，在王九思事件、拨银事件、与冯公公的生死矛盾中，张居正对高拱计谋计高一筹的化解显示了更加炉火纯青的政治智慧。如果这些是高拱失败的必然性因素，那么，高拱的最终被贬黜却又带有偶然性，这种偶然性更清楚地使人看到皇权的不可测，以及与皇权维持良好关系的重要性。此后的张居正也正是通过巧妙地处理、调和这几个方面的关系来进行他彪炳史册的新政改革的。

在与皇权方面，张居正清醒地认识到真正掌握实权的是万历皇帝的生母李太后，冯保作为太后信赖的掌印太监、皇帝的“大伴”，在其中上传下达的作用也使他占据着极为重要的政治地位，于是张居正以自己的忠谨勤勉、处处从社稷出发的人臣大义与李太后、冯保结成了政治权力的“铁三角”，为他国富民强的远大抱负、改革政策的有效施行找到了最为有力的保障。张居正的改革，诸如清丈田亩、子粒田征税等都触动了豪强巨室的利益，所以能够顺利地进行无疑都得益于这个权力“铁三角”的支持。尽管胡椒苏木折俸的做法因皇亲国戚的反对导致了《绕内阁宫中传圣谕》，让张居正感到了天威不测的沉重压力，同样也使他看到“只要不触动王侯勋戚的根本利益而给皇上添麻烦,余下的事情还是听凭内阁处置”。这也使张居正有了摄政的信心和权力。作为士人,与宦官相通是一种为人所不齿的行为,但在宦官干政极为普遍的时局下,张居正与冯保既对立又统一、既妥协又牵制的关系更体现了一种“良知”。张居正正是在冯保的鼎力襄助下夺得了首辅之位,他也深深懂得,如果冯保从中作梗,自己所要进行的改革是根本不可能成功的。他在整饬吏治之时却任用冯保举荐的大贪官胡自皋,虽会引起舆论哗然,但“为了国家大计,宫府之间,必要时也得作点交易”,“只要仆的大政方针能够贯彻推行,背点黑锅又算什么”?因为他很清楚,皇上与首辅若发生矛盾,失败的只能是首辅。如果要有所作为,首先便是要审时度势,摸清皇上的脾性,用自己的观点影响皇上。张居正面对的是李太后,那么他就必须要摸清李太后的脾性,在其中,冯保起了极为重要的作用。

在用人方面,张居正“少用清流,多用循吏”的用人政策显示了他不务虚名,注重实践的一面。在他看来,“做官与做人不同,做人讲操守气节,做官首先是如何报效朝廷,造福于民。野有饿殍,你纵然餐餐喝菜汤,也算不得一个好官。如果你顿顿珍馐满席,民间丰衣足食,笙歌不绝于耳,你依然是一个万民拥戴的青天大老爷”。于是他不用为士林所称颂的海瑞,而重用了明知其贪的殷正茂。王国光、金学曾等一批干将能臣形成张居正的正面映衬。他们都具有一心为国不计得失的精神气概。尤其是金学曾,作为张居正提拔倚重的循吏,其鲜明独特的个性为作品增添了不少活泼之气。作为一个小小的九品观政,金学曾对于国家财政空虚深怀忧虑,不惜冒险去秋魁府斗蟋蟀赢得一万两银子,将之捐献国家以解燃眉之急,虽手段不合法,目的却是一腔忠诚。他对礼部财政问题的洞幽烛微,实出于他对国家的忧患之情。他是张居正改革的先锋兵,在子粒田征税、荆州税关整顿税收、禁止私学、关闭书院等改革中都见到了他的身影,而在整部书的结束,也是他在凭吊张居正之墓时遇到玉娘,听玉娘为张居正唱《火凤凰》。如果玉娘以美丽的容颜,出污泥而不染、秉性高洁的品性,“在张居正身后相业尽废、至亲零落、士林噤口、门生故旧星散的孤寂境况下,她以自己贞洁的生命殉情而死,浓墨重彩地给张居正的历史地位做了悲剧性的评价”。① 那么,作为张居正生前最为得力的干臣金学曾此时的凭吊则是张居正精神品格的另一种写照。

辅政十年,张居正宵衣旰食,所作所为都贯彻着他“宁做干臣勿作清

① 何西来:《评熊召政笔下的张居正形象》,见湖北省作家协会、华中师范大学文学批评学研究中心编:《〈张居正〉评论集》,长江文艺出版社 2003 年版,第 13 页。

流”“为天下的长治久安，为富国强兵的实现，仆将以至诚至公之心励精图治推行改革，纵刀山火海，仆置之度外，虽万死而不辞”的诤诤誓言。即使在生命垂危之际，张居正对重要奏章依然事必躬亲，对如何处置叫花子闹事一案，不仅找来叫花子亲自询问详情，而且让人抬着去面见皇上将自己所了解到的实情告知，并建议皇上安抚灾民以免引起更大的民变，严惩为了政绩不顾百姓的地方官员。张居正在最后弥留时依然怀着深深地忧虑，他忧虑着自己人亡政息的可能性，所念所想也是受灾百姓的安置及惩治不作为的官员，这种为朝廷社稷、为天下苍生鞠躬尽瘁、死而后已的精神岂能不令人感叹。

二

在张居正厉行“万历新政”的改革过程中，有两次事件直接与士人发生了冲突。一次是“夺情”风波，一次是杀何心隐。这两次事件可说是士人精神的集中展现。张居正和他们同属于“士”这一阶层，都接受了传统儒家文化的教化，具有“以道自任”“铁肩担道义”的士人情怀，探求他们不同行为背后的文化因素，会让我们思考“士”人与知识分子在历史中的地位和作用。

“士志于道”是传统儒家士人的行为准则、最高典范。孔子的弟子曾参曾用一句很精辟的话来阐释“士志于道”的精神实质：“士不可以不弘毅，任重而道远。仁以为己任，不亦重乎？死而后已，不亦远乎？”[①]那么这个让士人弘扬、恪守的道在传统封建社会现实中是什么呢？它作为一套价值体系，其实“就是要求士人们承担起建构整个社会从最高限度的道德文化秩序到最低限度的政治法律秩序的责任”。[②] 道德文化秩序和政治秩序的建构都是士人的责任，而在现实中，道德文化秩序和政治秩序却往往并不一致，甚至相互冲突。道德文化秩序和社会秩序如何取舍，救心还是救世，对它们之间把握的“度”的不同是造成张居正“夺情”和士人们反对“夺情”的矛盾的根由。

万历五年，张居正的“万历新政”已经有了很大成效，不但吏治清明，而且国家财政也彻底摆脱了困境，然而张居正以其政治家的敏锐，很清醒地知道，近百年来积累下来的弊政，不可能在短时间内全部芟除。为了增加国家

---

① 《论语·泰伯》。

② 邱江宁：《风雨如晦，鸡鸣不已——从文化角度看晚明东林党人》，《浙江师大学报》1998年第1期。

税收,他又定下了在全国范围内清丈田亩的决策,恰在这个关键时候,父亲去世,依传统伦理规范,他应该回家丁忧三年。此时,从皇帝方面来说,皇帝才十五岁,还没有独立秉政的经验和能力,他要求张居正"夺情"。对张居正来说,固然也思孝道,但改革正在关键之时,清丈田亩、惩抑豪强,没有他的铁腕手段则很难施行。作为一个具有雄才大略、经天纬地之抱负的政治家,他更加注重"事功",注重现实政治秩序的建构,这从他的用人策略"舍清流,用循吏"上也可见出,虽然"夺情"有悖于传统伦理道德,但以国家大计计,他意欲"夺情"。

传统儒家文化倡导的是伦理政治,伦理与政治虽然很难以说哪个是第一性的,哪个是第二性的,但它显然强调伦理——执政者的个人道德修养、社会道德文化秩序对于政治的重要性。孔子说:"政者,正也","君子之德风,小人之德草,草上之风,必偃"。[①] "道之以政,齐之以刑,民免而无耻;道之以德,齐之以礼,有耻且格。"[②]传统儒家文化着重以德与礼的教化来求得社会的和谐与稳定,它强调治人者自身道德操守的完善,及其对人民的示范作用和感化作用。孔子生活的时代,即是礼崩乐坏、人欲横流、天下无道之时,他力图通过恢复周礼使天下转入正轨,于是倡"仁"倡"礼"。孝道是儒家最重要的伦理纲常之一,是"仁"的重要内容。《论语》记宰我欲短丧,"子曰:'予之不仁也!子生三年,然后免于父母之怀。夫三年之丧,天下之通丧也。予也有三年之爱于其父母乎?'"[③]守制是一种尽孝,也体现着个人的道德操守。因此在张瀚看来,"论纲常,皇朝以孝治天下,父母大孝若不丁忧守制,岂不是天伦沦丧?不守制就是不孝,对父母不孝,对皇上安能尽忠?不忠不孝之人,身膺宅揆之职,安能号令天下,让士林归心"?也就是穆艾等人所注重的:"社稷所重,莫过于纲常。……弃纲常而不顾,何社稷所能安?"救心才能救世,救心就是救世,张居正作为首辅,更应是天下世人道德的表率。因此,他的夺情,是对道德文化秩序的严重破坏,威胁着社稷政治的有序,这是"以道自任"的士人所不能接受的。当他们所以立身的伦理道德受到践踏时,他们就要挺身维护"道统"的尊严。无论是吏部尚书张瀚竟然抗旨拒绝皇帝让其上书劝张居正"夺情",还是吴中行、赵用贤、艾穆、邹元标等人的犯颜上书让张居正守制,应该说,他们对张居正的所为都并非出于个人的恩怨,而是自认有着维护纲常、"以身殉道"的慷慨正气,所以能够

---

① 《论语·颜渊》。
② 《论语·为政》。
③ 《论语·阳货》。

前仆后继，慨然赴刑，甘冒被致仕、廷杖、流放的危险。“天下有道，以道殉身；天下无道，以身殉道”，[①]精神上亦充满了一种悲壮。

张居正甘冒天下之大不韪的“夺情”和张瀚、邹元标等人的抗议反对，从文化的角度看，都是“士志于道”的精神理想使然，都有着“以身殉道”的大义与慷慨。

我们看到，因为注重道德文化和注重政治秩序的不同，使得他们对现实政治的看法也大相径庭。作为吏部尚书的张瀚认为，张居正不应“夺情”。除了纲常的原因，即使是从政局方面，当此之际也是吏治清明，国泰民安。这和张居正将清丈田亩视为涉及社稷安危的头等大事相差甚远。“居安思危”的忧患意识是中国士人与生俱来的天性，但当他们将传统道德文化秩序的建构高高置于现实政治秩序之上，而道德文化又不能够与时俱进，权宜变通之时，他们的行为便常常成为政治秩序建构的阻碍，使“士志于道”的崇高情怀带有了阉然媚世的一种意味。正如在“夺情”事件中，他们无法看清现实的政治情形（皇帝还小，万历新政也正处于紧要关头），固守迂腐人品操守。维护“道统”也是“立言立德立名”的途径。

何心隐是晚明泰州学派的代表人物。泰州学派是在阳明心学基础上发展起来的思想流派，反对三纲五常，追求思想解放，肯定人的欲望，认为人之欲望可引导而不可摧残，这些都有其历史的必然性和进步性，何心隐也得到众多士人的尊崇，成为名闻天下的大学者。

有意思的是，张居正和何心隐都被称为或自诩为“狂人”。在当时，这种狂人是指那些诋毁孔孟之道，也就是传统伦理道德之人。如果张居正的狂首先表现在他“自用其才，好申韩之学，法峻义薄”，何心隐的“狂人”形象在《何心隐颠狂送怪物》一节得到了充分地展示，桀骜不驯、自负甚至不乏张狂。到处讲学，所处的位置有些近似于现代自由知识分子。张居正的“万历新政”所采取的重大措施都是依照何心隐曾经对之提出的：进贤用能，消除朋党政治；多用循吏，少用清流；清巨室，利庶民。也可以说，他们对政治时局改革时势的观点初始时具有一致性。对张居正杀何心隐这一历史事件，熊召政并未表露自己的是非态度，他将评判权交给了历史和读者。从作家所选择的历史事件：《木兰歌》第十九回《解偈语秉烛山中夜》何心隐最初向张居正建言，《火凤凰》第八回《何心隐颠狂送怪物/金学曾缜密论沉疴》，第九回《粮道街密议签拘票/宝通寺深夜逮狂人》，第十回《救友显和尚菩萨道/危难见学台烈士心》，以及第十四回《金学曾智布黄蜂阵/陈督抚深

① 《孟子·尽心章句上》。

析宰揆心》等篇章来看，何心隐死于文化。但主要的并非死于他所秉持的学说乃异端学说，张居正说："如果只是切磋学问探求道术，倒也不是什么坏事"，更是死于烙在他身上的、传统儒家文化所培育的士人精神，那就是对政治的热情和参与。

即使作为一个名闻天下的大学者，何心隐也依然认为只有张居正这样才算是"铁血男儿的伟业"，而将自己的学说看作是"立足于用"的"帝王学"。隆庆皇帝驾崩之后，他特意去天寿山面见在此视察的张居正，向他展示并讲解无可所写的偈贴暗示张居正太平宰相的天命，并为之建言廓清政治开创新风所需的三事，就是立足于"用"的努力。到他的学子们尊邹元标为济世之雄、抨击新政等一系列的所作所为，在政见上，他此时已经站在了张居正新政改革的对立面，并以其学说的号召力为中介形成了与新政抗衡的一定的势力。这才是张居正所最不能容忍的。这也正是传统士人的特色。"传统的、很严正的中国知识分子，在人生上总是采取'忧以天下，乐以天下'的态度。齐家、治国、平天下，在中国知识分子的人生观中，认为这是修身所要达到的目的；亦即是认为家、国、天下与自己之一身，有不可分的关系，因而对之负有连带的责任感。这种情形，若暂时不从理想方面去看，而只从现实方面去看，即可了解中国的知识分子，特别与政治有胶固而不可解的关系。"①何心隐具有强烈的入世精神，将学问与政治紧紧地联系在一起，却又并非有益于政治秩序的建构，相反在历史进步方面，事实上起着反向的作用。其学说的历史进步性并不能掩盖政治行为上的不合时宜和滞后性。

《白门柳》是明末清初的士人浮世绘，它更加突出地展现了"以道自任"的士人如何将道德文化秩序的建构推至极端，以至弃危急政治的现实需要于不顾。明末清初的社会正是礼崩乐坏、风雨如晦的非常时期，在外有清军的大举入侵，在内有李自成等农民军的起义叛乱，国家局势危如累卵。当此生死存亡的重大关头，本应该"团结一切可以团结的力量"，共图发展。钱谦益为阮圆海开脱固然是出于私心，但其所说"门户之说一破，则可以同心戮力，匡扶社稷"却自有其道理。黄宗羲、冒襄、陈贞慧、吴应箕等一干复社士子自视为国家栋梁，对于国家社稷系之念之，并非没有意识到大明局势的险恶，随时都有覆没的可能，也无比真诚、热诚地期望能够为大明复兴贡献自己的一份才智和力量，但他们仍然期望以道德文化秩序的重建来达到政治秩序的重建，将道德文化秩序凌驾于政治秩序之上，一直斤斤于纲常名

① 徐复观：《在非常变局下中国知识分子的悲剧命运》，见徐复观著，陈克艰编：《中国知识分子精神》，华东师范大学出版社 2003 年版，第 3 页。

节，执着于君子、小人的道德分野，把持着壁垒森严的门户之见，不能与阮圆海、马士英等人化干戈为玉帛，并百般阻挠他们的起用和作为，连刘宗周这一被看作是道德和学问的崇高象征的明末大儒亦持此种观点和态度，将阮圆海的进退提高到南明兴亡的高度力谏弘光皇帝。这种水火不相容的态度相应地也导致了阮圆海在得势之后对他们进行报复，以致让本来风雨飘摇的晚明政局自身内部纷争迭起，终于迅速土崩瓦解。

在"天崩地解"的社会大动荡时期，对道德文化秩序的过分强调只显示了理想甚至不乏偏激的书生意气，而于现实并无裨益。当冒襄为父亲调职一事拜见南京兵部尚书熊明遇时，熊明遇曾问其救时良策，冒襄慷慨陈辞，认为其根本就是"正风俗，严纪纲"，而用人一事，则为一切之关键，"故朝廷倘欲求治图强，须得痛下决心，进君子，斥小人。知其为小人者，虽处庙堂之高，亦必斥而去之；知其为君子者，虽居江湖之远，亦必求而进之"。可以见出，在他的眼里（也是其他士人眼里），道德文化的建构是政治秩序建构的基础和根本。然而，当熊明遇问及目前饥民盈野，军饷不继，富室囤积居奇等现实迫切的问题之时，冒襄却无法拿出具体的良策，仍只能从空泛的风俗、纪纲、君子、小人加以演说，以致熊明遇失望地想："到底是个书生，徒有空论！"

《张居正》和《白门柳》还让我们看到，士人以宗教般的坚定信念所维护的"道"在"势"面前的无力。艾穆、邹元标等人的伦理纲常在权力面前只剩下午门廷杖血飞如雨的惨状，即使得到了"名"，但在事实上，"道"还是失败了。张居正接任首辅伊始，国库空虚，不得不以胡椒苏木折俸的方式来暂渡难关，然而"一个李伟站出来，就把什么都搅黄了"，《绕内阁宫中传圣谕》就是一种告诫："他什么都可以碰，唯一不能碰的是皇权；他什么都可以更改，唯一不能更改的是皇室的利益。这样一来，他的富国强兵的愿望就不得不大打折扣。"他所开创的"万历新政"这一吏治清明、国富民强的政治秩序在其死后不仅以匪夷所思的极快速度被皇帝尽废且累及家人，甚至几近被开棺鞭尸。东林的士人们自诩为"君子"，以"清议"的形式来褒贬时弊，以期对政治秩序产生影响，但我们看到的是他们的节节败退。当黄宗羲在北京时，出于对社稷安危家国存亡的责任意识，他去拜访友人时便常常指出朝政的各种弊端，并提出一系列的改革主张，但这种做法却使他面临被逮捕的危险。在立福还是立桂立潞上，马瑶草能够凭借武力强行迎立福王，也能够倚恃兵力迫使东林派将领史可法离开留都。无论复社中人如何抗议反对，阮圆海也依然能够被任用并对复社中人反戈一击，而复社士子却只能逃离或者身陷囹圄。冒襄在率领家眷逃亡的途中，受尽惊吓和屈辱，路遇骑兵只能眼睁睁地看着他们将自己的女仆掠走凌辱,所安身立命的伦理道德、君子之道在“势”“力”面前只呈现着苍白、软弱、汗颜、痛苦的面孔。

“以道自任”,它要求士人在精神上能够超越现实利害,而士人毕竟是生活中隶属于一定阶层的具有实际利害得失的普通人。“道”在“势”面前的无力与失败的命运必然导致士人性格、灵魂上的深刻矛盾。这从一方面反映的也是传统文化的矛盾。

三

牛玉秋在《〈白门柳〉与中国文化的内在矛盾》一文中认为:“《白门柳》的思想意义的深刻和独到之处就在于,它在‘天崩地解’的社会大动荡的历史背景下,通过中国文化的集中代表——知识分子的文化心态表现了中国传统文化的深刻的内在矛盾。”并从义与利、名与实、君子与小人等方面来详细论述。在义与利方面,“舍利取义”的传统道德规范与现实行为中“私利”的无处不在,造成人自身深刻的内在矛盾;在名与实方面,钱谦益的力图为阮圆海开脱、“立君以亲”与“立君以贤”的争论,见出“名”与“实”事实上的常常相悖;在君子与小人方面,传统文化培养君子、推崇君子,而受益和成功的往往是小人;更通过柳如是和董小宛这两个性格各异、命运悬殊的女子,看到了中国传统文化的又一个内在矛盾:尊重、遵循、实践这一文化原则的,结果是思想禁锢,感情压抑,生命萎缩;鄙视、玩弄、利用这一文化原则的,反倒是心想事成,处处风光。① 这也可说是理想与现实的矛盾。舍利取义、名副其实、仁义礼智信等等伦理道德规范是传统文化创立的一个使士人“心向往之”的理想境界,是“士”这一形象的理想典范,它是具有超越性的。而超越性就不会是绝对的、永恒的,“士”作为一个个具体的社会人,就会更多地表现出活生生的现实性、世俗性。

钱谦益作为著名的学者,复社的元老,具有很强的世俗利害之心。经济上,拥有众多的田产、涉足商业甚至海上贸易如果还可说是正当的话,那么接受“献产”却并不怎么正大光明。政治上,为了能够再次入仕可说是费尽心机,与周延儒做交易,答应其为阮圆海开脱,为了免于自身身败名裂,不仅以威逼利诱的方式迫使郑元勋为他当挡箭牌,而且还让其亲信在虎丘大会上散布谣言诬陷复社领袖吴应箕和陈贞慧,可谓是机关算尽,行为不免龌龊。在南明之时,为了保住苦苦等待、钻营了十五年才又重新得到的乌纱帽,更与“士”人的理想典范背道而驰。对于自身的利害,他总是反复权衡,

① 牛玉秋:《〈白门柳〉与中国文化的内在矛盾》,《小说评论》1999年第2期。

不惜在为士人不齿的阮圆海面前低声下气，极尽讨好奉承之能事，并让自己的侍妾柳如是亲自奉陪。他不愿出手援救被抓捕的周镳、雷寅祚，甚至对自己身列东林大呼倒霉，懊悔不已，“假如当初我不自居什么东林，压根儿不同那些光会瞎嚷嚷的书呆子绑在一块，而是像王觉斯那样，岂不安稳舒心”！这无疑是对自己过去的一种背叛，背叛的是历史也是连带的精神信仰。可以想见，作为曾经的士林领袖、文坛祭酒，钱谦益定曾以自己的道德文章为士林做出了表率，“何以到头来竟会置青史上的荣辱毁誉于不顾，做出这等厚颜无耻的事情来”？黄宗羲对之思考的结果是，“除非，他们对于自身所从事和维护的事业已经完全丧失了信心”！我们也深以为是。

在《白门柳》中我们看到了众多矛盾、复杂、痛苦纠缠着的灵魂。当初闻皇帝驾崩时，黄宗羲的迷茫、恐惧、怨恨和绝望，正代表了士人的普遍心理，这是动荡不安急剧变化时代的心灵特色，尤其是对于“士”这一自诩负有“天之大任”“社会的良心”的阶层。

就是钱谦益这样一个变得世俗势利之心极重的人物，每当遇到挫折便常常产生出世的念头，甚至在降清之后又深悔自己的失节，在柳如是的支持鼓动之下，转而投身于反清复明的振兴大业，不计个人利害，最终进入“士”的超越的境界。也许这就是传统文化所孕育的士的矛盾性、复杂性。诚如余时英先生所说：“如果‘士’或‘知识分子’完全不能超越他的社会属性，那么，不但中国史上不应出现那许多‘为民请命’的‘士大夫’，近代西方也不可能产生为无产阶级代言的马克思了。”①在陈贞慧策划的意欲拦街阻留史可法的行动中，吴应箕擅自准备兵器以防身显示了他的心虚怕事，而在反清活动中被俘后，却又有着大丈夫大义凛然、舍生取义的一腔浩气。还有余怀、黄宗羲等，作家以大量的篇幅描写了他们反清复明的行动，都有着知其不可为而为之的悲壮。

还有冒襄，始终徘徊在“忠”与“孝”的矛盾纠葛之中，重“名节”，连对小宛的态度也是出于“名”的考虑，而非个人的真实情感。陈贞慧又是传统士人人生道路的另一种代表。从积极地“入世”转向彻底绝望后的“出世”，走上了传统文化为士人安排的另一条道路：“穷则独善其身”。他与钱谦益恰成对比。在《白门柳》中，如果钱谦益的积极入世更多地缘于自身入仕为官的私利，陈贞慧却可说更是“以道自任”的士的责任意识。作为“复社四公子”之一，他精明强干，具有应变的能力和实际的才干，不拘泥于名利得失。以对时局的清醒的认识，他不仅自己参与政事，还倡议社友入幕参与政

① 余时英：《士与中国文化·引言》，上海人民出版社2003年版，第8页。

事取代清议以应时变,积极组织阻拦史可法的行动,在与阮圆海等人的斗争中,在对待太子事件上,表现得更为稳健持重和理性。政治的变幻莫测使他的一系列主张趋于流产,也相应地导致他在复社一帮社友中威信下降。当他因社友们的激进、冒进的行为被抓捕入狱后,也还希望自己承担全部责任以望社友得以开脱,显示了开阔的胸襟与气度。正是这样一个积极入世也曾慷慨激昂富有号召力的年青士子,在晚明覆灭之后,断然隐居深山不再过问世事。这些都使我们再次记起余时英先生对"士"很精辟的一段言说:"从中国历史上看,有些'士'少壮放荡不羁,而暮年大节凛然;有的是早期慷慨,而晚节颓唐;更多的则是生平无奇节可纪,但在政治或社会危机的时刻,良知呈露,每发为不平之鸣。至于终身'仁以为己任'而'造次必于是,颠沛必于是'的'士',在历史上原是难得一见的"。①

樊星也曾说张居正"不仅不是完人,甚至是一个充满了深刻矛盾的痛苦的灵魂。在这样的灵魂中,集中体现了中国传统文化的深刻矛盾",并列举了这些矛盾,诸如注重道德理想又讲究权宜变通、推崇事功又谨小慎微、知其不可而不能不为之等等。② 这些矛盾深刻在他的政治生命之中。安庆驻军哗变事件中,张佳胤的做法本无可厚非,只因所处置之人是当朝首辅高拱的门生,高拱有意护短,反将张佳胤治罪。张居正尽管为张佳胤鸣不平,但也不得不隐忍,避免与高拱发生正面的冲突,以蓄势待发。整饬吏治、惩治贪官,却又必须与收受贿赂的宦官冯保保持既联合又牵制的关系,建言小皇帝开经筵选择黄道吉日,既是要讨好李太后,也是设计使日期延后以便筹备经费。小皇帝下旨户部调银到供用库的做法虽有违国家纲纪,张居正却绝不能够断然拒绝,只能加以劝阻,最终虽然是将皇帝要银打了折扣,却也是国家纲纪的妥协;他虽然痛恨朋党,但又不得不承认,在如此体制之下,没有朋党必然一事无成,因此,也只能用心结纳同志,培养势力,以"用术存正气,结党不营私"来自勉和自慰……他试图在夹缝中实现政治抱负,实现富国强兵的理想,就不得不付出巨大的代价。其中就有儒家文化要求于"士"人的伦理道德。

"以道自任",而实现"道"的手段却并不一定符合"道"的规范。传统文化要求君子"群而不党"③"周而不比",④他却必须依赖同志同门,扫除异

① 余时英:《士与中国文化·引言》,上海人民出版社 2003 年版,第 8 页。

② 樊星:《读长篇历史小说〈张居正〉的随想》,见湖北省作家协会、华中师范大学文学批评学研究中心编:《〈张居正〉评论集》,长江文艺出版社 2003 年版,第 91—92 页。

③ 《论语·卫灵公》。

④ 《论语·为政》。

己。他所施行的严厉的政治措施、为了改革的成功不惜夺情、捕杀何心隐关闭私立书院，在伦理上都有违于儒家“仁”“孝”“以德治国”的训示，以致使他成为天下“士人”的公仇。而这些对于为政柄国来说，又可称之为政治智慧上的权宜变通、审时度势。也只有如此，张居正才能够振衰起隳，使日见衰败的大明王朝出现了中兴的局面。熊召政认为：“比之皇帝，宰相这一阶层的人格具有两重性。一方面，他们是‘学而优则仕’的代表，以‘士’的身份走上政治舞台，因此有着强烈的‘先天下之忧而忧，后天下之乐而乐’的忧患意识。另一方面，他们崇尚的道德与残酷的现实大相径庭。如果要建立事功，他们必须学会隐藏自己。”①樊星将张居正这种矛盾的性格特征概括为：“既干练有为又刚愎自用，既胸怀远大也工于权谋，既有不可一世的霸气又常常难免世事无常的烦扰，时而小心谨慎如履薄冰，时而又贪恋美色耽于安逸。在他的心中，对皇帝的忠诚与担忧、对政治的热衷与忧患、对异己的利用与戒备、对人生的无奈与豁达，均如海涛般此起彼伏，交织在一起。”②

文化是人创造的，文化也塑造了人。这些士人的心灵、行为和命运体现的都是人与社会、理想与现实之间的矛盾冲突，也是士人在追求、实践传统文化所创造的价值体系过程中必然要付出的代价。

四

现代作家和批评家将“悲剧”的观念引入了中国文学，胡适甚至把“悲剧”视为医治中国文学的灵丹妙药。他指出：“有这种悲剧的观念，故能发生各种思力深沉，意味深长，感人最烈，发人猛省的文学。这种观念乃是医治我们中国那种说谎作伪思想浅薄的文学的绝妙圣药。”③长篇历史小说《张居正》贯穿的是张居正的性格悲剧和命运悲剧，这种悲剧有其时代的必然性。从张居正辅佐幼主在实际上行使着摄政的职权登上权力之巅，为皇帝下《罪己诏》，子粒田征税和清丈田亩得罪于天下的巨室豪富，不得不与内宦冯保进行“宫府交易”维持着既矛盾又统一的关系，冯保本就贪污受贿，张居正能够裁决贪官整饬吏治却必须对冯保既牵制又妥协，多年的权力专断不仅使他不再能够修身齐家而且对阿谀贪鄙的官员放松了警惕，这从管家游七的变化以及张居正从最初的拆毁牌坊、自揭家丑的小心谨慎到回

① 熊召政：《让历史复活》，《领导文萃》2004年第4期。

② 樊星：《读长篇历史小说〈张居正〉的随想》，见湖北省作家协会、华中师范大学文学批评学研究中心编：《〈张居正〉评论集》，长江文艺出版社2003年版，第89页。

③ 胡适：《文学进化观念与戏剧改良》，《新青年》5卷4号，1918年10月。

家奔丧欣然领受的极尽荣耀可以窥见……这一切都已经潜在地决定了他人亡政息、死后惨遭清算的悲剧命运。这种悲剧意味在小说中是显在的。

不仅如此,作家对于神秘文化的表现,从另一个方面展现了世事难料、人生命运的无常。隆庆皇帝驾崩,年仅十岁的小皇帝即位,宫府政治格局即刻发生了变化。一如本是超脱于世俗之外的佛门法师,以佛家用语阐释冯保敬献于李太后的菩提达摩佛珠的真假问题,说道为:“造假佛珠的人是隔山打牛,献佛珠的人是骑牛找牛”,“隔山打牛者,虽有伤牛之心,毕竟无损牛的一根毫毛。骑牛找牛者,只是一时迷糊,不知牛就在身边”,本是作为佛家的“公案”,却被为政事纠缠的李太后看作解决现实问题的天机,无意中对位高权重的首辅高拱和秉笔太监冯保的去留命运起了一部分决定作用。乾清宫管事牌子邱公公削职只因他属狗、令首辅张居正头痛心焦的小皇帝开经筵的财政难题却经由测字先生李铁嘴轻易化解……在不可测的冥冥之中,个人的力量总是那么渺小,透露着命运的无助感、无常感甚至天命的不可改变,它与作品中彰显的张居正强大的精神力量、“万历新政”的煌煌业绩以及最终的悲剧命运结合在一起,令人禁不住感慨唏嘘。

熊召政说:“历史小说作家更具有文学的自觉。这自觉,便缘于他的忧患意识。他不会无缘无故地选取一段历史,一个人物,对现实生活的思考形成了他的历史观。”①张居正的命运便凝结了作家对现实生活的思考,凝聚了对现实中政治、文化和道德更为理性的考量。传统文化注重人物的道德操守,海瑞的“青天”形象即建立在自身清廉、维护传统风纪的道德基石之上,“夺情”事件中不惜以生命为代价力争让张居正守制的士子们更是从传统伦理纲常、礼义廉耻的德性出发。熊召政却是“不以道德论英雄,应为苍生谋福祉”,以一种更大的现实事功、历史的发展的视角来看待历史人物,为我们刻画了为国为民的改革者以身殉道的无畏精神,也看到改革的步履维艰,知识分子怀抱国富民强的美好愿望,又要如何在权力的现实中践行理想而能“九死其犹未悔”。

第四节 一腔浩气吁苍穹

——宗璞《东藏记》的知识分子立场与书写

宗璞是一位非常有代表性的中国现代知识分子作家。她生于 1928 年,其父乃著名哲学家冯友兰先生。抗战爆发时,曾随父赴昆明,就读西南联大

① 熊召政:《让历史复活》,《领导文萃》2004 年第 4 期。

附属中学。宗璞数十年呆在冯友兰先生身边，在其晚年，更身兼“秘书、管家兼门房，医生、护士带跑堂”几大职务，耳濡目染父亲的新儒学理念，并在其文章中多有阐述。独特的家学渊源与多年从事外国文学研究的实践，使宗璞的思想构成既吸收西方文化精粹，更有深厚的儒家传统文化精神作为底色，这些都影响着她的文学创作。新儒学“继往开来”“旧邦新命”的哲学命题贯穿了中国现代化的历史使命与源远流长的文化传统，同样成为其文学的内在精神。

我们可以清晰地看到其父的人格和思想对宗璞的深刻影响。在父亲的身上，她看到了“儒家的伟大精神，‘天行健，君子以自强不息’，自强不息到‘知其不可而为之’的地步”，也看到了“道家的豁达洒脱”，①宗璞认为“自强不息，厚德载物”是我们的民族精神，也是一种理想人格。她在为记述父亲冯友兰九十寿诞所写的小文《九十华诞会》中还曾说过：“这‘人’的条件的准备，从中国传统文化能取得什么，一直是大家关心的问题。从父亲身上我看到了一点，即内心的稳定和丰富。这也可能是长寿的原因之一。他在具体问题前可能踌躇摇摆，但他有一贯向前追求答案的精神，甚至不怕否定自己。历史的长河波涛汹涌，在时代证明他的看法和事实相谬时，他也能一次再一次重新起步。我常说中国人神经最健全，经得起折腾。这和儒家对人生的清醒、理智的态度和实践理性精神，是有关系的。而中国传统文明的另一重要精神，无论是曾点‘浴乎沂，风乎舞雩，咏而归’的愿望，或是庄子游于无何有之乡的想象，或是‘我来问道无余说，云在青天水在瓶’的禅宗境界，都表现了无所求于外界的内心的稳定和丰富。”“照父亲的了解，那‘孔颜乐处’，是把出世和入世的精神结合起来，从而达到彼岸性和此岸性的一致。所以能‘胸次悠然’。”②宗璞小说中肯定的知识分子几乎都具有这样的精神特质。

宗璞在小说中塑造了众多具有传统文化色彩的知识分子形象。他们在动荡的年代里，在困厄的处境下，既有着“知其不可而为之”“知其可而更为之”的进取精神，同样也有着对逆境淡然处之，超然于外的豁达。具有荒诞色彩的《泥沼中的头颅》即使身体四肢都已消逝，只要头颅还在，就不会放弃为人类追寻真理和希望的钥匙。《蜗居》运用超现实主义的手法描绘知识分子荒诞的社会处境和自我反思，在其中大多数人都背着一个圆形的壳，如蜗牛一样，遇险就只知逃避和缩进壳里，但在黑暗的地狱里，依然有抗争

① 宗璞：《三松堂断忆》，《读书》1991年第12期。

② 宗璞：《九十华诞会》，收《宗璞文集》第1卷，华艺出版社1996年版，第23—24页。

的青年,有魂魄充塞天地的中国东汉范滂、罗马的布鲁诺,勇敢的青年怀着用自己的头颅做灯火,只为了照亮别人的路的信念,相信“总有一天,真理无需用头颅来换取”!《三生石》中的梅菩提常常在被批斗的时候,用一种理性的清醒的、也是另一种旁观的眼光和心态,使批斗她的人成为被看被审视的对象,在她的审视之下,暴露出周围的可笑、荒诞和野蛮。她身处逆境又得了癌症,却能如“孔颜乐处”,画石画竹,石有它的沉默与坚强,竹更是“未曾出土便有节,纵使凌云仍虚心”。另一女性慧韵同样“一直跟着一位信奉孔孟之道的老保姆,接受了这些儒家思想”。她们用彼此的关爱对抗着外在的冷酷。还有医生方知。作为知识分子,他们并没有停留于自身的苦难,而一直在思索,思索祖国的前途和命运,思索当下的荒诞原因,也反省着自身。正如陈素琰先生所说:“通过宗璞作品所展现的生活环境和人物内心世界,我们处处可以寻到中国哲学、中国文化艺术深远的、潜在的溶解性的影响,从而赋予它以特有的优雅、淡泊、洒脱、内省的精神风貌。”①

传统文化对宗璞的影响,当然不仅表现于作品的形式、内容方面,还有根本的文学观念。可以说,她从骨子里继承的是中国知识分子“士志于道”的传统,“为天地立心,为生民立命,为往圣继绝学,为万世开太平”②是父辈的自我期许,也是宗璞向往的精神和境界,以之来创作文学,写自己想写的东西,“不写授命或勉强图解的作品”。③ 从20世纪50年代不合时宜地表现“爱情至上”的“小资产阶级情调”的《红豆》,后来的《蜗居》《三生石》《弦上的梦》等一系列作品,再到作家在垂暮之年忍受病痛、倾其文思写作的《野葫芦引》,其创作贯穿了宗璞以自己独立的文化品格来表达的自己的天下情怀,表达的对历史、社会、人生和文化的独特思考。

《野葫芦引》写出了中日战争这一救亡图存的伟大画卷中知识精英的精神坚持与心灵操守,可说是作家对自己亲历的那段战争历史和历史中父兄辈精神情怀的一种深情追怀,被曾镇南称之为“一部悲壮苍凉的民族的心史”。④ 其第二卷《东藏记》着力书写的是20世纪三四十年代明伦大学在战火中迁校昆明后,以孟弗之一家为代表的明伦大学师生的日常生活,在战争与贫困的艰险境遇之下,他们对生活和未来的乐观与达观、对工作和学术的认真与执着、对爱和美的信念与追求、对历史和现实的疑问与探索,既是处于历史转型时期知识分子对自己社会角色的清醒认识和定位并对自身命

① 陈素琰:《论宗璞》,《文学评论》1984年第3期。
② [宋]张载:《张载集》,中华书局1978年版,第320页。
③ 贺桂梅:《历史沧桑和作家本色——宗璞访谈》,《小说评论》2003年第5期。
④ 杨柳:《宗璞文学创作评论集》,人民文学出版社2003年版,第190页。

运的主动选择，更是对民族尊严和民族精神的一种张扬。

（一）知识分子的身份认同与思考

雷达曾说刘斯奋的《白门柳》是“以文人手眼来抒写文人怀抱”①，这句话用于宗璞的《东藏记》也很适宜。孟弗之、萧子蔚、汪昉等明伦大学的教授们可说是现代中国最为优秀的知识分子的代表，他们也是宗璞满怀崇敬的父辈。这一代知识分子，处在“五四”的历史中轴上，中西文化璧成，与宗璞有着更多精神上的契合点。这种思想的构成，使得传统“良知人格”与现代“启蒙人格”相辅相成的人格特点在他们身上也更为突出。《东藏记》中的知识分子们正是体现了这种时代的精神徽记。

小说开始即描绘了孟弗之居住的自然环境，虽然简陋和有着战争的痕迹，却是在一片梅林之中。此后，作家更是多次用细腻的笔锋描绘这片梅林。它几经轰炸，依然那么完好，那么郁郁葱葱、幽香沁人！梅林与孟弗之一家是那么和谐，而嵋所向往的一种美好情景即是，在“腊梅花下，爹爹拿着一本书，坐在那里”②，这是对和平美好生活的向往，也是天人合一思维模式的形象表达。梅林，无疑是孟弗之以及明伦大学的其他知识分子们精神气质、人格操守的一种表征，人梅合一，互为催发。梅为自然界君子之花，这种极其传统与古老的意象表征以形传神，并因其积淀的丰厚历史渊源使得现代知识分子与传统儒家的士人在精神人格上一脉相承。我们很容易将之与刘斯奋的《白门柳》联系在一起，《白门柳》正是以描写老树梅花的诗篇作为作品的“引子”。韦勒克在他的《文学理论》中曾把“意象和象征”作为文学的内部规律进行研究，认为它们在一定程度上表现了作家对于生活原形的涵括，特别是蕴藉了生活的深层寓意。③ 在刘斯奋看来，“梅花的形象是一个象征，它概括了一种人生，概括了一类知识分子在那种时代所走过的路，也象征着一种民族的苦难”。④《东藏记》中历经战火依然郁郁葱葱的梅林与《白门柳》中几经磨难、再生终于死去的老梅树以及冒襄和小宛在战乱中的神乐观所见大片枯死的梅林和仅有的三朵悲惨的梅花相比，正是形象地涵括了现代知识分子与传统士人既有联系又不相同的精神和命运以及民族的不同命运。

---

① 雷达：《思潮与文体：20 世纪末小说观察》，人民文学出版社 2002 年版，第 60 页。
② 宗璞：《东藏记》，人民文学出版社 2000 年版，第 3 页。
③ 参见［美］韦勒克等著：《文学理论》，刘象愚等译，生活·读书·新知三联书店 1984 年版，第 200—235 页。
④ 转引自傅修海：《物语精魂总关情——刘斯奋长篇小说〈白门柳〉的开篇赏析》，《名作欣赏》2011 年第 26 期。

无论情感模式、行为模式还是思想模式，以孟弗之为代表的现代知识分子都体现出儒家文化所濡染的传统士的影子。孟弗之学识渊博，温文尔雅，不急不火，即使在遭遇房屋被炸倒塌、因文而被绑架的恶性事件中，依然保有着谦谦君子之风。对于学生，他“神情蔼然，他坐在那里，整个室内便有一种肃穆气象”。这是由学识涵养自然形成的使人敬慕之气。他是家庭的顶梁柱，更多地以不言之言的行为潜移默化地影响着孩子们，形成父慈子孝的传统家庭风范，具有“人不堪其忧，回也不改其乐”的温馨和谐的“清贵”气象。他深研学问，在“逃不完急煎煎警报红灯，嚼不烂软塌塌苦菜蔓菁，咽不下弯曲曲米虫是荤腥”的条件下，以煤油箱为桌，完成了《中国史稿》，“无恒产而有恒心”。这些都极类于冯友兰先生的“孔颜乐处”，把出世与入世的精神结合起来，所以能“胸次悠然”。关心国事，抨击时弊，即使遭遇绑架胁持，亦不惧惮，这使人想起《张居正》中被暗杀的士人何心隐以及《白门柳》中陈贞慧、黄宗羲等复社中人的遭遇。在孟弗之看来，“我写那几篇文章，只不过希望有一个好政府，可没有推翻谁的意思”。既有着对自己不私不党的超然立场的确信，又确信自己探求知识的客观性，以期政府人员能够以史为鉴，凸显了为人民代言、“以天下为己任”的知识分子的良心。“托政治于学术，将恃以彻底救国”，①作为历史学家，这一点在其身上有着突出地表现。可以说，深居梅林的孟弗之身上，“修身齐家治国平天下”，显示了浓厚的“精神世界的自然和谐、个性气质的恬淡平易、人格建树的稳定完美”②的传统儒家君子人格。

还有中文系教授江昉，一身学者兼诗人的气质，会因自然的绿色而感动而兴奋，与战乱的时局、粗糙的环境形成强烈地对比，不觉间流露着精神上的贵族本质。物理系教授庄卣辰既能够舍身保护实验设备，又从只知微观世界而不知宏观世界中走出来进入每两周的时事座谈会，为学生们分析战局。而《东藏记》中的那些知识女性们，吕碧初、凌雪妍、郑惠枌等，作家更是突出了她们温柔娴淑、吃苦耐劳、隐忍奉献的传统美德。《东藏记》中的知识分子们所用以自勉的也正是宗璞从父亲身上体会到的、中国传统文化中“天行健君子以自强不息，地势坤君子以厚德载物”的不屈不挠的精神，

---

① 吴稚晖对蔡元培的评价。见吴稚晖：《通人与学人——高平叔著蔡孑民先生传略序》，《吴稚晖先生全集》第16卷，台湾文物供应社1969年版，第295页。

② 刘增人在其《叶圣陶传》前言中，说叶圣陶这一代知识分子所体现的人格更是一种传统儒家的君子人格，追求的是“精神世界的自然和谐、个性气质的恬淡平易、人格建树的稳定完美”。（江苏文艺出版社1995年版）

这是“古人的人格理想”，也是“中国人从古至今的祖训”①，是民族的秘密武器，“只管向前，永不停止，御外侮，克强敌，不断奋斗”。

在明伦大学教授们的言行之间，我们感到强烈的社会(政治)关怀。这既是时代的精神，战争的影响使每一个人都无法置身事外，也是“以天下为己任”的传统士的精神遗传。孟弗之讲宋朝冗员的一篇文章惹了事，让重庆那边不高兴，但他“还要写一篇关于贪污腐败的，那是宋亡的另一个原因”。他要以史为鉴，“只是希望国家能健康些”。② 校长秦巽衡对毕业学生的勉励与厚望，希望他们为抗日救国作出贡献以及对学生爱国游行行为表示理解和护持。而且这种社会(政治)关怀是来自他们作为自由知识分子的独立思考。在地理位置上，明伦大学所在的西南边陲昆明，远离政治经济中心，“不在国民政府直接统治之下，可以得到各方面的信息，自由思想的空气很浓”；在文化身份上，他们处在政治斗争的边缘，不从属于任何政党集团，也保持着一种独立性。对于社会的批判，也正如萨义德所谓“不愿接受简单的处方、现成的陈腔滥调，或迎合讨好、与人方便地肯定权势者或传统者的说法或做法”。③ 江昉的思想在明伦大学属于偏“左”的一方，他倾心于马克思主义，认为“知识固然重要，但对我们来说，和人民大众站在一起最重要”。但这些思想与倾向只是他作为个人的立场，并非为其他阶层或利益吹起的号角，对于他而言，“我要做到想说什么就说什么，这叫不自由毋宁死”，这与“有机”知识分子有着根本的区别。孟弗之也并不因受到两方面的夹击而放弃自己批评的立场，而认为“建国的道路是可以探讨的”④。

他们对文化也有自己独特的理解，这种理解融化在他们的岗位意识之中。在战争的颠沛流离中，无论条件多么艰难，他们兢兢于教师的职责，著书立说，传播知识文化。在孟弗之看来，“保卫疆土，当然重要，保存以至继续发扬中华民族的文化同样重要”，关于读书能否救国问题，他认为“如果我们的文化不断绝，我们就不会灭亡。从这个意义上讲，读书也是救国”。“近来我常想到中国的出路问题，战胜强敌，是眼前的使命。从长远来看，中国唯一的出路是现代化”⑤。现代化需要文化的根基，这种对于文化的信

① 宗璞：《东藏记》，人民文学出版社2000年版，第46页。

② 宗璞：《东藏记》，人民文学出版社2000年版，第158页。

③ [美]爱德华·W.萨义德：《知识分子论》，单德兴译，生活·读书·新知三联书店2002年版，第25页。

④ 宗璞：《东藏记》，人民文学出版社2000年版，第173页。

⑤ 宗璞：《东藏记》，人民文学出版社2000年版，第172—173页。

仰必然导致对于工作的敬重。庄卣辰的"与光栅共存亡",孟弗之从倒塌的房屋中扒出自己的书箱看到书稿,慨叹"这下子咱们全家都在一起了",钱明经对古文字学的热爱……这种个人独立的批评意识、探讨意识、文化意识已然不同于传统士人的"天下情怀",而他们确又是将这些与国家的独立富强联系在一起的。

"腊梅林是炸不倒的,我对腊梅林充满了敬意,也对我们自己满怀敬意。我们——中国人!我们是中国人!"①这种将自我和国家的自豪与敬意融合在一起的情感显然又将现代知识分子的梅林与传统士人笔下的梅分隔开来。在这里,不仅仅现代家国意识"中国"不同于传统士人的"天下",而且它还体现着鲜明的个人意识、自我意识,是个人与国家的结合。孟弗之在为毕业班做的演讲中谈道:"任何时候,我们要做的,最主要的就是尽伦尽职。尽伦就是作为国家民族的一分子所应该做到的,尽职就是你的职业要求你做到的。才有大小,运有好坏,而尽伦尽职是每个人都应该努力去做的。"②尽伦尽职,也是明伦大学的那些教授们以自己的思想和行为为学生们树立的一种典范。作为自由知识分子,尽伦尽职在他们身上的表现就是社会(政治)关怀和文化(价值)关怀。社会(政治)关怀如果更多的是作为国家民族的一分子的责任"尽伦",文化(价值)关怀则更多的是作为知识分子、高等学府的学者职业岗位上的"尽责"。这是以孟弗之为代表的现代知识分子的安身立命之所,是个人与国家的相辅相成,也是现代意识对传统意识的承续和再造。

无论是这些知识分子的人格精神,他们对国家的关怀,对自由知识分子身份的坚守,还是文化意识、岗位意识,在此之中,我们都能看到冯友兰先生人格精神和思想的影子。孟弗之对国家文化和现代化的认识也正是冯友兰"旧邦维新"的演绎。宗璞在《梦回蒙自》中曾记述:"在那时战火纷飞的年月,学生常有流动。有的人一腔热血,要上前线;有的人追求真理,奔赴延安。父亲对此的一贯态度还是三七年抗战前在清华时引用《左传》的那几句话,'不有居者,谁守社稷?不有行者,谁捍牧圉?'奔赴国难或在校读书都是神圣的职责,可无论做什么都要做好。"③这也正是《东藏记》中孟弗之在演讲会上对学生们的寄语。宗璞将父辈的影子投射在这些知识分子身上,表达了对一代知识分子的感佩和敬意。

---

① 宗璞:《东藏记》,人民文学出版社2000年版,第48—49页。

② 宗璞:《东藏记》,人民文学出版社2000年版,第172页。

③ 宗璞:《梦回蒙自》,《华人文化世界》1994年第3期。

有论者指出,“家国意识、批评意识和革命意识是宗璞《南渡记》和《东藏记》中知识分子形象的主要特征”,①革命意识在不同的知识分子身上有着不同的表现。在孟弗之等自由知识分子身上,简单地说,革命就是抗日。“只要抗日就好”,他们不从属于任何集团、阶层和派别,只听从内心的真诚和自己的良知,“我觉得去延安也是可以的,建国的道路是可以探讨的”,他们抨击时弊并“无意反对什么人,只是希望国家能健康些”,对于学生的期望是“无论走怎样的道路,我相信你们都会对得起自己的父母之邦”,他们身居象牙塔内,与具体的革命实践相隔一定的距离,现代民族国家的富强独立是最高的评判准则。然而他们也凸现了自由知识分子作为“第三种人”在革命的特殊年代中位置的尴尬,正如孟弗之的文章,虽自认客观,在重庆方面看来却是“左”倾,而也不能令延安方面满意,认为其右倾一样。卫葑作为更年轻一代的激进知识分子,他听从党的召唤和安排,从象牙塔走上十字街头,从“循思想自由原则,取兼容并包主义”的北京高等学府到马克思主义思想、共产主义理想大一统的大本营延安,曾任抗大文化教员,无线电台技术人员,又因工作需要从延安回到明伦大学。不同身份和环境之间的对比给卫葑带来强烈的精神困惑,在他身上体现了自由知识分子在向“有机”知识分子转变的路途中思想观念和行为模式上深刻的矛盾冲突。

在思想观念上,卫葑并不能完全舍弃知识分子的自由思想,对知识有着一种追求和本然的敬畏,而延安对知识分子工农兵再教育的现实体验、“教授俱乐部”老丁的被批判教育以及自己的被怀疑(因岳父投靠敌倭),已经使他认识到延安对知识分子并不怎么尊重和信任,卫葑对此无法认同。而且,给他的心灵带来更为强烈震撼的是,对党无限忠诚和坚强的好友兼同志李宇明在延安的跳崖自杀,也使他不能不对自己从事的理想和革命产生疑问:如果吕老太爷的自杀是在最不得已的情况下对敌人的反击,“可是李宇明是在延安,革命圣地延安,那青年寄托理想的地方啊”！他“不明白革命队伍内部何以这样残酷”。他与雪妍的感情生活在作家的笔下有着童话般的完美,贫寒却满怀爱的温馨。他始终无法摆脱这种温情的情调,在理想与“衣香”之间更喜欢“衣香”。但思想上的无法调和并没阻止他依然在行动上选择献身“并不时刻都是那么光亮”的理想,进行并不满意的革命,怀着苦恼和一种未知。

在卫葑从象牙塔走上十字街头的过程中,思想与行为上的困惑和矛盾

---

① 王永兵:《漂泊与坚守——论宗璞〈南渡记〉、〈东藏记〉中的知识分子形象》,《理论学刊》2003 年第 3 期。

是一代知识分子的典型精神状态。当知识分子从自由地漂浮状态到依附于革命的团体,革命的乌托邦想象在现实的血与火中痛苦地被撕裂,如果知识的启蒙是让人认识自己,运用自己的理性,历史和革命却恰恰显示出非理性的一方面,这种非理性的力量不仅强大而且惨烈。在其中,知识分子一方面反思着历史和革命,一方面却必须脱胎换骨重新寻找和定位自己在革命中的位置。这种对革命历史"非理性"的书写在20世纪90年代末和新世纪的文学写作中并非一种鲜见的现象,最突出的就是新历史小说。在茅盾文学奖获奖作品中,从《白鹿原》对这种非理性书写,到《东藏记》《历史的天空》,让我们看到知识分子的反思深度与社会自由度之间的关系。

宗璞在《东藏记》中"还是把知识分子看作'中华民族的脊梁',必须有这样的知识分子,这个民族才有希望"。① 写出了明伦大学的教授们在艰难环境下的尽伦尽责,自强不息,以及他们对于国家的拳拳之心,但并没有忽视他们自身人性中的缺陷。钱明经"别看我各样的能耐有一点,这古文字和诗的研究我是不会放弃的,这教授的板凳也一定要坐,哪怕冰冷铁硬"!② 对学问的执着并不能掩饰生活中的风流成性;白礼文学有专长却贪图享乐,不肯放弃所学却最终由享乐导致自己在明伦大学学术生涯无可挽回的终止;刻薄巷的尤甲仁虽然博学强记却缺乏个人见解,和妻子姚秋尔一样的生性刻薄,显示了人性的自私和丑恶。但瑕不掩瑜,更多的知识分子仍然为学生做出了学问和人格上的表率,承传发扬民族的文化,完善着自己作为社会公共知识分子的"良知人格"和"启蒙人格"。

(二)人伦日用中的生命本色

冯友兰先生曾指出中国哲学的一种主要传统,就是"求一种最高境界。这种境界是最高底,但又是不离乎人伦日用底。这种境界,就是即世间而出世间的"。③ 即使宋明理学,"在'人欲尽处,天理流行'之下,还有'乐其日用之常……直与天地万物,上下同流'等话"④。注重人伦日用,由"人道"而"天道",正是儒家文化也是中国传统文化的一大特色。《论语》中即有诸多关于孔子日常生活细节的记述,涉及吃饭、穿衣、睡觉等等,非常考究。"食不厌精,脍不厌细。食饐而餲,鱼馁而肉败,不食。色恶,不食。臭恶,不食。失饪,不食。不时,不食。割不正,不食。不得其酱,不食。肉虽多,

① 贺桂梅:《历史沧桑和作家本色——宗璞访谈》,《小说评论》2003年第5期。
② 宗璞:《东藏记》,人民文学出版社2000年版,第123页。
③ 冯友兰:《新原道》,见冯友兰:《三松堂全集》第5卷,河南人民出版社2001年第2版,第5页。
④ 《宗璞文集》第1卷,华艺出版社1996年版,第23页。

不使胜食气。唯酒无量，不及乱。沽酒市脯不食。不撤姜食，不多食。”①这些显然与礼制无关，而只是纯粹的个人习性。从文学的角度去看，古典的诗词歌赋大都来自于、抒写着人们的日常生活。

“对日常生活的肯定是对人性/生命的肯定，离开日常生活就没有人，离开日常生活谈人就是将人空洞化、将人撕裂，并最终导致人的毁灭。”②这是当下对人与日常生活关系的共识。在中国当代文学发展史上，对日常生活与人关系的这种共识的达成却因特殊的社会环境经历过比较漫长的过程。在新时期之前的文学中，政治的触角伸入到人们的日常生活内部，一体化的规约极力泯灭日常生活的独立意义，日常生活被社会化、历史化、政治化，只有作为显示历史“本质”的场所才具有合法性，即使是对爱情的描写，柳青对梁生宝情欲心理的淡化修改代表了一个时代的行为。这种情形在新时期之初的小说创作中也留下了深深的印痕。如魏巍表现抗美援朝战争的《东方》，日常生活具有过多政治的负载。当郭祥和母亲在分别十三年后第一次相见，两个人不是久别重逢后母子之间亲情的抚慰，不是倾诉彼此的思念挂念，展示日常的人伦亲情，而是控诉对第三者、另一阶级地主的仇恨，是对人民群众翻身斗争的历史回顾，并很快切入了当下生活中的阶级斗争，以此代替了应有的亲情表露。这显然超出了当下读者的阅读期待和对普遍人情的认知。包括另一重要的人物杨大妈，她就像是革命的眼睛，日常生活关注点也完全在于周围各阶层的阶级动向，从而被斗争的浓烈气息所包围着。《东方》中的农村生活同朝鲜战场一样，如大海的波涛并非是平静的，而一直充满了剑拔弩张，激烈紧张的斗争的氛围。陆希荣对平静日常生活的渴求则是他自私落后的一个证据。在改革小说中，宏大的政治话语也依然统领着人们的日常生活空间。《沉重的翅膀》中郑子云与妻子没有爱的家庭生活的混乱和不幸，更多的时候只是作为“沉重”的一个因素，用以说明先驱的改革者在现代化道路上的重重阻滞，《都市风流》中的阎鸿唤和高伯年的家庭状况正是两个人精神高下的表征。对阎鸿唤和妻子之间关系的书写，让我们感受到阎鸿唤作为改革的英雄，日常生活在他的日程中显然是没有意义的。只有到了20世纪80年代中后期以后，“当代作家注重社会政治问题的‘传统’出现了分裂；‘日常生活’的‘世俗’关注进入作家的视野。”③日常生活独立的审美价值开始在作家的笔下大量呈现出来。

---

① 《论语·乡党篇第十》。

② 蓝爱国：《日常生活诗学：当代文学的阅读与批评》，《中南工业大学学报》（社会科学版）2002年第3期。

③ 洪子诚：《中国当代文学史》，北京大学出版社2010年版，第253页。

《东藏记》正是将“花生米和国家大事”进行一路讨论的，将中国人民的精神操守融化在日常生活之中。在其中，没有什么特别核心的人物和情节，也没有富有戏剧性的矛盾冲突，中日战争这一最大的侵略与反侵略壮怀激烈的历史只是人物活动的背景，是展现知识分子精神情操与民族尊严、气节的时代幕布。给予我们深刻印象并令我们为之感动的除了明伦大学知识分子们的高贵精神、尽伦尽责以及革命中的精神困惑，更多的是“凭借传统、习惯、经验以及血缘和天然情感等文化因素而加以维系的自在的”①日常生活。这里有孟弗之一家的和睦温馨：峨的孤僻，嵋的乖巧懂事，嵋与小娃之间亲密的姐弟情谊，都被包容在父母宽容理解的目光之下；卫葑和雪妍的浓浓深情；年轻人的欢歌笑语，青春情怀：玹子与保罗、朱延清、卫葑之间的情感纠葛；大士、玮玮、无因、嵋等小儿女的人生欢乐与成长；甚至军人严亮祖的家庭生活，荷珠以放蛊来维持自身的地位也能深明大义，素初吃素向佛依然有女性未泯却不得显现的柔情。充溢作品中的更多是亲情、友情、爱情，是普通生活中的苦中作乐、儿女情长。在这其中，蕴含着中国人民的同仇敌忾，对于胜利的坚定信念，对于人应有的生活的执着。在战争逼迫的底色上，这种日常人伦日用之中所显示出来的生命本色，让我们看到中华民族的大风骨、大胸怀和大气魄。

犹太人的苦难故事则将中日战争放在世界战争的背景之上，使作品有了更加广阔的视野。米先生和米太太在家国难归的困顿之中，对生活和生命表现出的无限热爱与尊敬，与饱受战争苦难的中国人民的乐观精神相映生辉。米太太因观看戏剧引起过往的痛苦回忆导致小产，米先生对未成形孩子的埋葬是那么郑重。米太太的再次怀孕与雪妍的孩子阿难的出生则是人类的生生不息，是一种精神的宣言，是生命的意志和生命的真谛，“我们是永远存在的”。爱有多深，对于战争的憎恨便会有多重。

也正是在这里，在日常生活的生命叙事中，与战争对生命的杀戮相对照，有了将“人”还原为人的战争思考。这也许正是宗璞以其“被一种母性的仁慈与博大的情怀包容”②的柔性的语言所力图彰显的。当嵋第一次听说了犹太人，她的认识是“犹太人有什么不好？人都是一样的”。当嵋与同学们演出的《青鸟》受到批评，认为这童话本身只讲调和不讲斗争，只讲安分不讲进取。嵋对于这些批评的不能理解：“在这样的乱世里求一点内心的平静，也不行吗？人岂不太可怜。”这是嵋对战争中人生的理解，不也是

---

① 衣俊卿：《现代化与日常生活批判》，黑龙江教育出版社 1994 年版，第 33 页。

② 张抗抗：《柔性的战争——读宗璞长篇小说〈东藏记〉》，《中国妇女报》2001 年 1 月 15 日。

作家透过作品的婉约风格表现出来的一种生命感悟？当她看到被捕获的日本俘虏，她并非高兴或者兴奋，而是“感到一阵悲哀，他们也是父亲、兄弟、丈夫、儿子，如果不打仗，不都是一样的人吗”？① 有着一种悲悯而广阔的思想和心胸。人应该有人的生活，《东藏记》就是对战争中“人”的生活的写真，它不是疾风骤雨的，而是婉约风格中日常生活的温情与零碎，是对同仇敌忾中爱的张扬。它引你去看人生世态，去感受和思考社会和历史。这正是作家所体验与认识的那一种历史真实，而非随政治意识形态编排的舞蹈。

事实上，即使在《东方》这样的文本中，我们依然能够透过斗争的紧锣密鼓触摸到日常生活之树的常青藤。如在杨大妈家包饺子一段：

> 郭祥的母亲正在家里给儿子包饺子，被大乱不容分说一路拖了来，还沾着两手面。
>
> 不一时，篦帘上那一行行新月形的小饺，绕着花边儿的小饺，就被金丝的巧手，推到正翻滚着的大锅里。它们不大会儿就漂浮起来，像一尾尾的鱼儿……
>
> 喝酒中间，大伯只是望着人笑，桌上切开的咸鸡蛋，一牙儿也舍不得吃。大妈趁人不在意，就往他碗里夹了两块。郭祥眼尖，用筷子指着大妈笑着说：
>
> “大妈，我这才看出来，你那会儿说的话都是假的，最疼大伯的还是你呀！”
>
> “你不知道，嘎子，他这人傻，别人要不结记着，他就吃不到嘴里。”
>
> 大妈说着，温柔地笑了。②

“新月形的小饺”、“绕着花边儿的小饺”、漂浮起来“像一尾尾的鱼儿”这些对于饺子的细腻而充满欢快的描写充满了诗意的色彩，既显示了气氛的融洽、愉悦，也显示了作家对生活美好的赞歌。他们的语言和动作活画出美好和谐的人际关系和一对淳朴的农村老夫妻之间的情意，有着浓浓的人情味和人性之美。

《东藏记》有着作家真实人生经历的影子，是“虚”与“实”的结合，是历史的“诗”。宗璞自己也说“写小说，不然对不起沸腾过随即凝聚在身边的

---

① 宗璞：《东藏记》，人民文学出版社 2000 年版，第 353 页。

② 魏巍：《东方》，人民文学出版社 2009 年版，第 53—54 页。

历史”,[1]是以小说形式记录的过去的历史。在其中,我们经常看到作家不自觉地进入文本,与人物情感合二为一,在现实与历史叠合的底片上,有着作家与人物同呼吸共命运的一种内在深情。当敌机在天空盘旋对人群进行轰炸时,作家情不自禁地悲愤呼喊:“美丽的蓝天,你就放纵敌人的飞机这样任意来去吗?丰饶的原野,你就忍受敌人的炸弹把你撕破吗?”而在嵋与大士们月夜偷豆时,“如果她们在这时结束豆宴回校,就会和大大小小的一些淘气事件那样,级任老师训几句,也就罢了。可她们还坐着东看西看”。[2]作家居高临下地望着这群快乐的女孩们,情感又变得如此温和,甚至让人感到了作家嘴边的一丝笑意和爱怜的揶揄。对大士与玮玮:“这是那永远刻在心上的一刹那,一个人一生中有这样的瞬间,就可以说得上是幸福了。他们命运不同,寿夭不同,但在生命的最后时刻,都在心上拥抱着对方的笑容。”[3]更是对纯真年代爱情的礼赞。

《东藏记》很少有对战争硝烟的描写,温婉的气息似乎出离了时代的残酷,但“人道”即“天道”,在日常生活人伦日用的底色上,显示着生命的本真之色,也真真切切地生发着浓烈如酒的对祖国的情怀和对战争与人类的感悟。

第五节 背叛与回归

——《你在高原》中知识分子的精神寻根之旅

一 张炜小说创作的文化立场

对陈忠实、贾平凹、张炜等这些在创作中表现出鲜明文化意识的作家,我们总是力图挖掘作家背后所依恃的文化资源。很多研究者都已论说过齐鲁文化包括民间文化对张炜的影响,认为张炜的生平经历和文化背景是其思想变迁的一个重要线索[4],张炜自己也不断强调本土文化赋予自己创作的生命力。[5] 显然,需要明确的是,强调齐鲁文化、民间文化这些本土性文化对张炜的影响,并非否定五四以来的启蒙思想、现代文化的作用,传统文

① 宗璞:《答问:为什么写作——代自序》,《宗璞文集》第1卷,华艺出版社1996年版,第1页。
② 宗璞:《东藏记》,人民文学出版社2000年版,第62页。
③ 宗璞:《东藏记》,人民文学出版社2000年版,第206页。
④ 贺仲明:《否定中的溃退与背离:八十年代精神之一种嬗变》,《文艺争鸣》2000年第3期。
⑤ 见张炜:《我跋涉的莽野——我的文学与故地的关系》和《龙口访谈》,收孔范今等主编:《张炜研究资料》,山东文艺出版社2006年版。

化已统摄在现代理性之光的烛照之下。

齐鲁大地是中国儒家文化的发源地。张炜出生成长的胶东半岛曾隶属齐地，虽然齐文化和鲁文化在文化发展过程中，并不尽相同，“许多方面大到了甚至很难互补的地步”，①齐文化以更为开放的姿态容纳了儒、道、法、阴阳等各家学说，由此形成一个更为多元的文化体系，但鲁文化亦即儒家文化在文化发展中的中心地位，使齐文化更多的儒化，况儒家文化也是一个不断发展，不断吸收其他文化而丰富的文化源流，齐鲁并称也从一个侧面说明齐文化和鲁文化内在根本都属于儒家文化。如果说文化心理结构，几千年浓郁的儒家文化对这一地区人民心理的影响也许是尤为深入的，王润滋、尤凤伟、赵德发等山东作家小说中，都或深或浅表现出对传统文化的依恋。张炜更是采取了回归的姿态，不仅是思想的靠拢，还包括生活方式。他对现代社会的熙攘，对现代社会的生活方式不是如改革小说那样融入，而是认为那是“别人的世界”“不习惯的世界”，他对现代社会始终保持着“外来人”的感觉。这种对现代社会“外来人”的感觉类似于陈忠实和贾平凹在现代社会中对“乡下人”身份的认同。在现代社会中的“他者”身份，使他心归土地，虽然曾经的故乡在现代性的伟力之下面目早已改变，但依靠想象和回忆，自我归属的故土便充满了迷人的色调，对现代性社会表现出的欲望和喧嚣则充满了质疑。“我们的文学的发展都离不开自己文明的基础，正像生命离不开自己的土地。如果在拙劣的复制和东施效颦之流中，有人能回到质朴的自己，无疑是一种至大的勇气。”②“从一九八四年至今，对照商业主义在中国和世界造成的损害，逐步对儒学向往起来。那时几乎天天读中国典籍，主要是儒家。”③张炜用以质疑现代社会的武器正是形塑了张炜文化心理结构的儒家文化。如果民间文化带给张炜的更多的是辉煌的想象力、神秘性和传奇色彩、自由的精神、人间的情怀，传统文化却影响了张炜的文化价值选择——道德理想、入世和仁爱，对自然和生活的诗意追寻。

张炜早期的创作“在美对丑、真对假、现代文明对传统观念间的矛盾冲突中，往往前者占据决定性的优势，充满着胜利的希望”，④但作家在其中已经显露出现代文明与传统思想价值选择的内在矛盾冲突，随着时代的发展，这种内在的矛盾愈加鲜明，作家的文化立场愈呈现出向传统回归的姿态。它也由此使作品毁誉相随，与这个日新月异，改革先导的时代存在着一定的

① 张炜：《在半岛上游走》，作家出版社2009年版，第164页。

② 张炜：《由世纪末中国文学潮流说起》，《瞭望新闻周刊》2000年1月17日第3期。

③ 张炜：《野地与行吟》，中国社会出版社2007年版，第74页。

④ 贺仲明：《否定中的溃退与背离：八十年代精神之一种嬗变》，《文艺争鸣》2000年第3期。

距离甚至与现代性时代精神有所背离,这种创作倾向无疑也丰富了中国当代文学的整体流脉。

张炜的第一部长篇小说《古船》出版于1986年,虽然被评论家认为更能代表那一时期的长篇小说艺术成就,①但与第三届茅盾文学奖失之交臂,1992年出版的《九月寓言》也被新潮评论家所赞颂,亦与第四届茅奖无缘。其中一个重要的方面,也正是由于作品内在表现的精神取向与时代精神的差距,如范国英所说的,它们"为我们建构的现实与茅盾文学奖获奖的现实题材作品所力图为我们建构的现实图景"②之间存在着差异。《你在高原》的获奖固然是对张炜文学成就的肯定,同时也可看到时代文化的变迁。在现代性的时代精神主导下,我们开始更多地认同和发掘传统文化的优秀因素,张炜"向后看"的文化立场也可看作体现了另一种现代性的想象,他所坚执并融于作品中的道德理想主义作为对抗道德滑坡的一种精神力量,依然有着重要的精神和文化的价值和意义。

写作历时20多年的《你在高原》洋洋洒洒10卷本、450万言,是张炜文化精神寻根之旅的文学寓言。

二 《你在高原》对民族精神的寻根

《你在高原》被张炜称之为"我的行走之书"。"行走"是张炜一贯的文学创作态度,不仅这种漫长的写作过程是一种行走的过程,在其中,"对于道德良心的追问、对于底层民众命运和精神深处的探询、对于自然生态平衡揪心的关注"③等方面,使我们看到现代知识分子作家在思想深处与儒家文化传统的遥相呼应。对儒家文化传统的寻根、对道德理想主义的执着坚守是张炜小说一以贯之的主题。"行走"也是《你在高原》主人公宁伽的一种生存实践和生命形态,是宁伽对历史和现实,对人生和世界不停思索,精神不断成长的过程。它融汇了宁伽的家族史、奋斗史、精神史。有研究者认为张炜的小说中充满了"弑父的冲动",而在后期的小说中,"弑父冲动更多地

① 如洪治纲在《无边的质疑——关于历届"茅盾文学奖"的二十二个设问和一个设想》(《当代作家评论》1999年第5期)中即认为《古船》等"评委们却没有给予应有的重视,这实在有点让人难以接受","《古船》和《浮躁》在我看来是直到今天为止在反映乡村生活中仅次于《白鹿原》的长篇佳作",而《九月寓言》等"无论在审美理想上还是在叙事话语的动作上,都对长篇小说发展的可能性进行了极为有效的探索"。

② 范国英:《茅盾文学奖的文学制度研究》,中国社会科学出版社2009年版,第108页。

③ 铁凝对《你在高原》的评价。引自《〈你在高原〉等5部长篇小说获第八届茅盾文学奖》,2011年8月20日,http://www.chinawriter,.com.cn/news/2011/2011-08-20/101608.html。

转化为对父亲——家族血脉的寻踪”①，这些鲜明地体现在10卷本的《你在高原》中。在宁伽的行走过程中，他由恨父亲、背叛父亲、逃避父辈的精神血脉到认同、追问、张扬或者反思，并在这种追寻中认识到自身对这种精神血脉的承传，它是宁伽也是作家张炜的精神寻根之旅，同时形象地再现了二十世纪中国知识分子的精神历程。

（一）

《家族》《鹿眼》等作品中追溯了父亲家族在解放战争和新中国成立后的一系列遭际。父亲宁珂因一次偶然的机会接触到最初的革命者，被他们的热情和赤诚感染并为之痴迷，尽管有些观点和做法并不能令他赞同，但革命的呼唤依然使他无法抗拒，决定将自己的生命奉献给这一还并不完全了解的事业。他认真执行组织的任务，听从安排，通过未来的岳父营救殷弓；忍受着内心深处对自己背叛和欺骗行为的自责与羞愧监视并向上级汇报叔伯爷爷宁周义的一举一动；以撒谎绝食、软硬兼施的方式迫使宁周义挽救战友许予明；力办民团却被叛徒出卖并经受了敌人的严刑拷打而不屈服，幸被爷爷宁周义缘于亲情救助，九死一生。但即使如此，宁珂得到的并非是革命队伍的信任，而是排斥和怀疑。宁珂接受组织的安排，受尽心灵煎熬监视争取宁周义的努力在组织者眼中其实并无任何意义，殷弓事实上“从来不抱希望”；作为八一支队的一员，支队向山地转移时，宁珂却未被提前告知，也不允许随支队前行，使他“有着难言的失落感、被遗弃感”；没有牺牲在酷刑之下便意味着自身的某种不洁，被不停地要求写汇报材料以进行审查，并在解放后依然成为被中伤、被质疑、被不断追逐、囚禁、流放、剿杀的理由之一。这使人想起《东藏记》中卫葑曾经面对的不被信任的痛苦，知识分子在参与革命的进程中，《青春之歌》中林道静式经历过身体的脱胎换骨便由此赢得革命队伍的接纳和信任原也并非易事，《东藏记》中李宇明和《白鹿原》中白灵的悲剧也非一种偶然。这在解放后宁珂的不幸遭遇中又得到了残酷的演示。国家的解放并没给将自己献祭给革命圣坛的宁珂带来荣耀，在受尽了折磨后，他被派到一个海边做苦力，并日夜受到明的暗的人员的监视，给家庭带来的只有屈辱、惊恐、小心翼翼，甚至为免于儿子宁伽遭遇不测而不得不使其离家流浪。父亲，带给幼小宁伽的只有屈辱和不幸。幼小时的宁伽还无法理解父亲的一切，身受的现实痛苦使他恨着父亲，即使在多年之后，

① 郭宝亮：《弑父的恐惧与家庭血脉的纠结——张炜小说叙境的存在性悖论》，《小说评论》2000年第2期。

父亲这两个字,依然是宁伽的禁区,让他为之惶恐不安。

“背叛”是《你在高原》中出现频率极高的一个词。这个有些沉重的字眼,是父辈对下一代人的标签,也是后辈人主动选择的自己的生存方式,几乎所有的子孙后代都天然地对自己的父辈存在着背叛的情结。这首先关系到父辈的形象。如果宁伽对于父亲的心理上的怨恨和背叛缘于父亲所附带的那些身体、精神、心理上屈辱心痛的童年记忆,而如“白条”、吕擎、庄周等人则更是缘于对父辈的深刻质疑。《橡树路》《海客谈瀛州》等作品,犹如当代的《儒林外史》,刻画了知识分子的众生相,在其中,我们看到老一辈知识分子的所作所为被置于富有正义之勇的年轻知识分子质疑的目光之下。

《橡树路》中正是对父辈的深刻怀疑造成了“白条”的精神危机,使他以极端的近乎自杀的堕落方式来做彻底的背叛。背叛父辈,也由此造成了自身的毁灭。父亲在“文革”中不仅曾参与制造了那么多冤假错案,而且说了那么多谎话,这些谎话欺骗了那么多的人,包括他和妈妈。他从最初对父亲的惧怕、信任和崇拜,到在认清父亲真相后遭受的沉重打击,使他的精神大厦轰然倒塌,“父亲在他眼里成为一个最虚伪最不磊落的形象”,他追问、苦闷、怀疑、绝望以至于陷入了信仰危机,在感官的放纵和享乐中自甘沉沦。吕擎的父亲曾经是一个纯粹的知识分子,每天伏在案头专于学问,在“文革”中受到迫害,“文革”结束后,又被奉为学者专家。然而这样一个人,“好像就是标准的知识分子了。其实他们不过是一批概念的人——”。“我把父亲的所有著作都翻了好几遍,那里面没有一点他自己对时政、对社会、对世界、对当下的人——所有这一切的见解! 没有一点!”①父亲,只是表面看上去像个知识分子。这些年轻人,并不能认同如此平庸,不能认同政治的玩偶,想要做的是真正的知识分子,要表达属于自己的对世界对人生的看法。他参加保护校园里的小树林的集体抗议,在这种斗争中,又进一步认识到现实的黑暗和龌龊,于是要去远行,为了寻找什么,虽然并不很明确。到南部山区里体验最为淳朴和接近大地的生活,体验过纯真的人性和人情,也看到了邪恶对它的掠夺和伤害以及钱扣村母女两个令人悲愤的死,甚至自身也遭受到莫须有的囚禁。在这种艰难的流浪过程中,终于明白,踏踏实实的具体耐久的工作并不一定在远处,“它们随时随地都有的,关键是能坚持、有恒心——一个人只要真的想做,哪里都足够做上一生”,②完成了自身精神的升华。庄周父亲对于儿子的无法理解,正如岳父对宁伽的无法理解一样。

---

① 张炜:《橡树路》,作家出版社 2010 年版,第 155 页。

② 张炜:《橡树路》,作家出版社 2010 年版,第 446 页。

在这些父亲身上,我们看到了专断、平庸、虚伪、甚至残忍。“创造这些历史的人一旦走进今天的生活场景,就变得极度陌生,好像离得遥远又遥远,好像隔开了一道不可逾越的时光的瀚海……”①“文革”之后,“白条”在新时期感受到的精神危机,绝望、郁闷、质疑,也是一代知识分子的流行病,曾经真诚信仰的崇高的东西忽然之间露出了它荒谬的面影,父辈都被年轻的一代置于重新估定的位置。

如果《橡树路》主要从年轻知识分子的叛逆行为来表现对父辈的质疑,在《海客谈瀛州》中,我们更直观地看到知识分子随政治的指挥棒而舞的可悲可叹的一次次表演。某东部沿海小城市为了发展文化旅游产业,抢占文化资源,不惜花费重金聘请各种各样的人物为其论证此地即为秦时徐福率三千童男童女出海为秦始皇寻找长生不老药的始发地。此地在现实中又与某个大人物霍老的生平纠结在一起。年轻的学者纪及以严谨的态度进行实地考察和论证完成了学术著作《海客谈瀛州》,同时,王如一也在徐福温泉的房间里闭门造出了《徐福词典》,围绕于此,显现出各色人等的面目。

霍老是个极为复杂的人物。他曾参加革命,有着称得上光辉的历史,在“文革”中也曾以己之力保护了其他的人,但在和平安逸的现实生活中,其人性中丑恶、庸俗的那一面得到了极度地扩张。对年轻的女孩子小雯的无耻霸占,与桑子养生的丑行,对纪及的威胁和伤害,对阿谀奉承的欣然……如果说他虽然也写诗,但还算不上一个知识分子,那么,王如一在他的《徐福词典》里面“考证”出霍老乃徐福“七十二代孙”的极尽阿谀的嘴脸,他“得一词条”时故弄玄虚的精神状态,把自己关在房间里如牲畜样的生活方式,与妻子桑子之间“政治夫妻”的关系模式,却令人感到厌恶和唾弃。然而,这种表演又何止于他呢?秦汉史专家、学界泰斗蓝老对纪及《海客谈瀛州》的批判和对王如一《徐福词典》的赞许,表现出明显地不公和不义的态度。即使是学高德重的秦茗已老先生,在“文革”的迫害中保持了铮铮铁骨,“在这座城市里,他是良知和信誉的化身”。宁伽和纪及曾经把秉公持正的希望寄托于此。当宁伽和纪及第一次去拜访时,他说:“要坚持真理,在学术问题上谈不到什么妥协:既要固执己见,又要善于吸取”。但当听到吕南老对本书好像说了三个字“乱弹琴”时,他就再也没有说话,好像突然衰老了许多。纪及和宁伽的最后一次拜访,他的态度是那么激烈,对《海客谈瀛州》进行否定,对霍老则肯定有加。这种态度的前后迥异,让人思索其背后的力量。

① 张炜:《橡树路》,作家出版社 2010 年版,第 119 页。

还有原所长顾侃灵，虽然相比而言，他更保持了学术上的正义和自我，并因为这种自我的保持而最终丢了位子，被善于阿谀的王如一取代。然而他对于吕南老评价《海客谈瀛州》一书的那句话的打听，为之兴奋或沮丧的精神起伏，恰形象地表现了他依然受到吕南老这一未出场却一直在场的人物言行的影响。

吕南老，是一种无形的巨大的力量，左右着周围的人们。这种力量，就是政治的力量，就是权力的力量，吕南老就是政治权力的化身。王如一、蓝老、秦茗已、顾侃灵都表现出对政治权力的某种膜拜和屈服，包括吕擎的父亲。他们所在意的都并非是否具有学术价值，而是什么更符合权力者的意图。宁伽和纪及无疑清楚地看到了这一点。宁伽对秦始皇时李斯的记述恰说出了对此的质疑和否定。李斯对权力依附尽忠，为权力所用，焚书坑儒，消灭知识，而他自己却是一个最大的儒生，不知道自己的命运恰也在这种为权力所用的过程中注定了自身的悲剧性。

（二）

当宁伽从研究所到杂志社再到一个自由的职业者，从城市到平原乡村，游走于主流价值的边缘，这种游荡的边缘的状态不仅使他更接近曼海姆所谓真正的知识分子，也为他精神的成长提供了广阔的视野，人类的历史、理想和斑驳的当下的城市与乡村都涵摄在他的旅程之上。在对家族的过去和今天，苦乐、得失、荣辱、兴衰不断追问和探索的过程中，宁伽为自己找到了另一条精神血脉。这个家族并非狭隘意义上的血缘亲情，如宁伽所说，它“不是靠血脉连接的，它依靠的东西也许比血脉更为牢固和坚韧，以至于没有什么能够将其挣断和斩绝”。这就是理想主义的精神血脉，为了理想不惧献身的精神。

《家族》在历史的寻根与当下现实的交替变换中，让我们看到家族的献身精神、理想主义精神在血脉中的闪耀。宁珂的叔伯爷爷宁周义作为国民党高级官员，虽然对自己的事业早已不抱希望，在其老年，在战争紧要关头，毅然以高涨的情绪参与其中，这样做并非为了“胜利”，而是为了“理由”，这种理由就是自己作为国人的责任，是为国为民之心，是自己对局势的判断和选择。所以他能够说自己没有私敌，只有公仇。他为了寻找被游击队骗去的妻子阿萍，明知会被擒也毅然前往，临死之时，也那么安静、祥和、高贵。他对大诗人屈原的热爱，并亲自将厚厚的《楚辞》译为白话诗，让我们看到流贯了几千年的知识分子知其不可为而为之、为理想虽九死其犹未悔的精神之河。宁珂对革命也是一腔忠诚，怀抱着解放劳苦人民的宏愿，虽然只能是“一次不可期待任何荣誉和回报的牺牲,而且要安于无声无息地消失,如同尘埃”,却又能义无反顾。还有当代的知识分子陶明和朱亚,他们都把自己的生命无怨无悔地放在了理想的祭坛之上。朱亚强忍着病痛的折磨,带领宁伽奔波在平原山地之间,亲自勘察、测量,收集第一手资料,绘制图表,核对数据,是出于对工作的恪尽职责,更是出于对这片平原山地杜鹃啼血般的赤子之爱。宁伽作为研究所的新人、小人物,在与朱亚一起进行实地勘察的过程中被朱亚不计得失、实事求是的精神所感染,在朱亚病去后,接过了他未完成的心愿,为保卫如母亲一样的平原免于成为荒原倾尽全力。《海客谈瀛州》中的纪及,只是研究所一个无依无靠的小人物,他在自己实地考察论证的基础上写作的学术著作《海客谈瀛州》,因不符合领导的意图,出版后受到来自有关方面的打击和构陷,虽然他的抗争暂时失败了,被派去了下面一个所里,但他对科学立场的坚守,对权威的质疑、不屈服的信念和勇气却依然在身上存留。而同时,历史中那个传说中的徐福,却以其大智大勇为后人留下无尽的神往和遐思,与现实中的纪及和宁伽相互呼应。这是历史中另一种知识分子的传统,是宁伽所寻到的精神家族。

《无边的游荡》中那个革命老人说:“根就是理想!就是信仰!”对父辈历史的那种追寻,是一种寻根,就是对理想和信仰,对向上、向真、向善的寻根。宁伽的游走就是这种寻根的努力,追寻着人间的善与美。在这种追寻中,我们看到了徐福、屈原、宁周义、宁珂、曲予、陶明、朱亚、纪及等知识分子的精神长河。也使宁伽逐渐认识到,父亲,“他像铁水熔化般的血脉却在后一代身上回流不息”。当宁伽在东部平原上承包了一片葡萄园,而这片葡萄园与他儿时生活过的小茅屋近在咫尺,“好像几十年的游走都在自觉不自觉地环绕着它、走向了它。这里仿佛就深埋了一块生命的磁石”。“随着年龄的增长,我越来越感到了它那绵绵不绝的、长久而强韧的吸引力。”①这种生命的磁石,就是血液中流淌的理想主义的精神。它使宁伽最终完成了对父辈的理解,由对父辈的叛逆到对父辈精神的某种回归。宁伽的精神过程,就是整个新时期中国精英知识分子的精神发展史。

即使被宁伽们质疑的父辈,宁伽也并非完全否定,而是依然看到了他们身上也曾具有的理想的热血。庄周的父亲和吕南老都曾在一个雷雨之夜背叛了豪门,参加了革命,正如岳父曾经是因贫困而勇闯未来的铁来,“他们个个豪情万丈,身上的血流像河水一样激扬奔腾”。正是因为持有的理想,使他们创造了现在的历史。霍老不仅爱写诗,也曾在“文革”的恶劣环境下

① 张炜:《我的田园》,作家出版社 2010 年版,第 3 页。

保护了一些受迫害的知识分子，秦茗已也曾经受了“文革”的迫害而铁骨铮铮，坚持真理。专制、顽固、邪恶、威福和对权力的屈服正是缘于对理想信念的某种放弃。

在宁伽游走于大地的过程中，到处都遇到了依然执着于理想和信仰的人。他们几乎都属于现代社会的边缘人物，远离现代政治、经济、文化中心，他们的生命也许是卑微的，但他们身上所体现的美好人性的光辉和对信念的那种固守、对理想的执着却令人崇敬。在消费主义、金钱主义盛行的时代里，欲望铺天盖地将众生淹灭，《橡树路》中橡树路上的鬼屋被作为权力的象征到处复制，曾几何时，“白条”为之付出了生命的叛逆的颓废已然成为社会化的狂欢，《无边的游荡》中大鸟的传说与现实的混淆恰隐喻了现代社会中魑魅魍魉丑恶的横行，而正是那些执着于精神理想的人的存在——为工作呕心沥血直到生命最后一刻的朱亚(《家族》)，追寻自己的生命意义去山区游走的年青时候的吕擎，不甘于“文革”的迫害而逃离城市，退休后又为真实的生活而逃离城市和家庭的著名教授许艮(《橡树路》)，背叛城市和现代的园艺场子弟小学教师肖潇(《我的田园》)，为真爱不惜背叛养父并勇于承担的凯平、独立居住在偏远之地喜爱读书的革命老人，甚至随季节而走的养蜂人、自弹自唱自词自曲只唱自己心田里流出来的歌的流浪歌手(《无边的游荡》)……才使这个社会有了一些温情和意义，不致沦落为颓废的荒原。

（三）

《你在高原》中几乎所有坚持理想主义信念的人都爱好诗歌，也许可以称之为诗人。宁伽自己就写诗，这种游走的行为本身便像一个怀抱某种想念的行吟诗人，“这想念或遥远，或切近，但它必定是放不下的。是的，放不下，就是它让我们流浪，让我们不停地走下去……”在每一部作品中，宁伽都有大段大段的情感独白或者感慨，还有对山川草木细致入微地描绘，给予它们以生命的体验，这种描绘本身就是诗人的敏感与细腻，这种感慨也在文本中形成了一种诗化的情绪，它流贯下去，形成了对理想的不舍追求。宁周义对屈原的喜爱显示了他们精神上的血脉联系。屈原是一个浪漫的理想主义诗人，他对于理想的上下求索，“虽九死其犹未悔”的心志，他在精神上的不屈和高贵，在理想无处寻觅后不惜以身相殉也不苟且的行为，激励着世代的知识分子。被宁伽看作导师的朱亚也“写歌”，《橡树路》中庄周、“白条”等满怀希望的青年人组成的最初的团体，在一起探讨、切磋、朗诵诗歌，显示的是20世纪80年代普遍的理想主义的激情。吕擎即使在去远行的路上也带了《拜伦诗集》并将之赠送给在大山中偶遇的爱诗并写诗的李万吉。《我的田园》中的女大学生肖潇，喜欢屈原又能背诵莱蒙托夫和叶赛宁的酿酒工程师武早，甚至《无边的游荡》中的养蜂人，在他随季节迁徙，飘无定所的生活里随身携带的物品中竟有好几本诗集……“张炜将几乎每一位觉醒者都写成诗人，他们总是每到关键时刻就或者写诗或者念诗，即使是那些远非觉醒者的平凡人物（如《护秋之夜》中大贞子、三喜等），也常常从他们的诗中获得启示与动力。”①《你在高原》亦是。

诗是什么？“诗是人给自身赋予意义的活动。”“诗之为诗必得有两个基本前提。首先，确实有绝对价值的存在，随之，诗人确实对这些绝对价值具有忠诚的信念。”②人为什么需要诗？“人天生贪恋现世，主动为世界提供意义，诗便产生了。歌唱的言语是大地自恋的欲望，即便歌唱超脱和厌世，也是依恋现世的欲望。真正的超脱和厌世拒绝言语的世界，诗的世界属于那些在现世中感到不安、又不愿离弃现世的人的世界。超脱现世和认同现世的人都不需要诗，唯有既不认同又不肯离弃现世的人靠诗活着，靠诗来消除世界对人的揶揄，把世界转化为属己的、亲切的形态。”③作家自己说：“好的小说家应该是、也必然是一个诗人。”④这些都使我们能够理解，来自屈原的这种精神血脉不正是对自己所抱持理想的绝对价值的确信吗？这是作家的确信，对自己执着坚守的道德立场的肯定，“没有对于物质主义的自觉反抗，没有一种不合作精神，现代科技的加入就会使人类变得更加愚蠢和危险。”⑤“现代，人们对于不道德多少已经习惯了，正是习以为常。倒极少有人能够习惯‘沉重的道德感’。我愿意一直葆有一份敏锐，首先是道德上的敏锐。我要让道德义愤在心灵上生长充实。这关系到我艺术生命的生死存亡。”⑥也是《你在高原》中执着于理想的人们的确信。这些理想主义的诗人们，或者知其不可为而为之仅仅为了自己笃信的“理由”（宁周义），或者

① 摩罗：《灵魂搏斗的抛物线——张炜小说的编年史研究》，《当代作家评论》1997年第5期。
② 刘小枫：《拯救与逍遥》，华东师范大学出版社2007年版，第54、56页。刘小枫在此处所说的“诗”指通过语言的诗化活动建构意义世界的目的行为，包括了诗歌、小说、戏剧等各种语言艺术形式。
③ 刘小枫：《拯救与逍遥》，华东师范大学出版社2007年版，第54页。
④ 张炜：《诗人，你为什么不愤怒》，见张炜：《激情的延续》，湖南文艺出版社1996年版，第1页。
⑤ 张炜：《我跋涉的莽野》，见孔范今等编：《张炜研究资料》，山东文艺出版社2006年版，第67页。
⑥ 张炜：《冬月访谈——〈中华读书报〉记者问》，见张炜：《激情的延续》，湖南文艺出版社1996年版，第30页。

放弃优越的工作和生活成为在大地上的流浪者，为了追寻“内心深处的一种渴望”（宁伽、庄周、吕擎、养蜂人），或者不惧权势，勇于以一己微薄的力量捍卫着真理和正义（朱亚、纪及）；或者对自己所爱的热烈而忠诚地追求（凯平、庆连），无不有着绝对价值在心底的支撑。坚守这些神圣的信念，任何情况下都不自暴自弃，也不沉溺于感性的欲求，使他们在空心人游刃有余的现代社会中获得了精神上的拯救。来自遥远城市孤身一人在园艺场子弟小学教书的肖潇，当宁伽看到了她办公桌上的诗集：“轻轻地翻了两下。一片绿色的树叶掉出来。我把树叶接到手里，一种淡淡的清气立刻飘进肺腑。我发现就在夹放树叶的那一页上，有我要找的那一首。”①这些描写都让人想到青春的梦想，使她的整个人也笼罩了淡淡的清香。孩子们喜欢她，连海上拉鱼的人也喜欢她，海上老大凶狠的目光看到肖潇立刻变得温和了，那么腼腆地跟肖潇讲话，语调又平稳又柔和。她美丽、端庄、温柔随和，简直像个女神。她背弃了城市以及城市所附带的现代与时髦，能够在这偏远之地快乐的生活，只能说她在这里找到了“意义”。《橡树路》中李万吉正是因诗歌完成了对被抓捕的小偷盲人小三的感化，开启了小三的心灵之门，更显示了诗歌的救赎功能，而这种救赎的得以实现正来自小三对于意义真实的一种确信，小三在年轻的时候也喜欢过诗歌。《海客谈瀛州》中老校长肖筠不停记录的老林场笔记，正是要以写作来抗拒遗忘，坚守着对人类正义和爱的信仰与意义。《橡树路》中的“白条”由一个优秀的、充满希望和生机的青年成为颓废的沉溺于病态生活的人，这种极端的行为则是缘于对曾经信仰的绝对价值在现实中找不到的极度痛苦，正如他创作的那首诗歌中所说：“愿来世降生在……那个贫瘠的高原”，“高原”作为梦想中安放了我们的理想和信仰的圣地，竟来自一个颓废病态的青年诗人，是他的生死念念不忘之地。“白条”的颓废只是更加从反面印证了他对信仰的忠诚。

这却不能不使我们想起同时获得第八届茅盾文学奖的另一部作品，刘醒龙的《天行者》。如果诗乐本来就是一体，《我们的生活充满阳光》的笛音回荡在《天行者》的整部作品之中，从哀怨苍凉到些许欢快的变奏，不仅是界岭小学的民办教师以及与界岭有关的人的心的晴雨表，紧紧地关联着人物的命运，也有着他们对自身所从事的事业价值的确信，对理想的执着。否则又如何在没有被要求的情况下能够多少年不变地坚持升国旗，吹奏这首歌？那些民办教师们——余校长、邓有米、孙四海、万站长等都并非诗人，但他们对夏雪压在桌子玻璃板下的那首叶芝的诗歌都那么感兴趣，见过的人

① 张炜：《我的田园》，作家出版社2010年版，第22页。

都会去诵读，与琴音、笛音一起，表现出他们对理想主义守望的那份生命的诗心。正是这种确信，使得界岭小学像个神圣之地，每一个来过的人都要中它的毒，即使离开之后也会对它念念不忘，时不时地要来朝拜。也是这种确信，挽救了万站长和妻子的爱情婚姻，使得王小兰被丈夫杀死时依然能够唱着歌，孙四海能够毅然决定竞选村长。

无独有偶，张炜《荒原纪事》中宁伽面对荒原吟哦出的也是叶芝的这首爱情的名篇：《当你老了》。两个作家不约而同的选择了同一首诗歌，这首诗歌中热烈而深沉的爱恋也许正是张炜、刘醒龙、宁伽、朱亚、纪及、余校长、孙四海等等知识分子对事业、对生命、对理想、对正义和真理的那份永存的爱和信念。

> “当你老了，头白了，睡思昏沉/炉火旁打盹，请取下这部诗歌/慢慢读，回想你过去眼神的柔和/回想它们昔日浓重的阴影……”
>
> “多少人爱你青春欢畅的时辰/爱慕你的美丽，假意或真心/只有一个人爱你那朝圣者的灵魂/爱你衰老了的脸上痛苦的皱纹……”①

当《天行者》中的孙四海以自己种的茯苓来抵教室的维修费用，余校长问李家哥哥知不知道孙老师为什么如此慷慨，李家哥哥不晓得，余校长郑重地说：“因为爱。”

理想主义的精神，对信念的坚守不就是“因为爱”吗？基督甘愿用被钉在十字架上来换取世人的救赎缘于对人类的大爱。中国传统文化并不相信超验世界的存在，注重的是人与人、人与社会之间的关系，因此它更注重人的伦理状态，“仁者爱人”。屈原投身汨罗江是因为对国家、对自己所信守的政治理想和价值的爱。宁周义知其不可为而为之的行为背后不是因为“胜利”，而是因为“理由”，这个“理由”不是可以称之为“爱”吗？对国家、对亲人。当对亲人的爱与所选择的事业发生冲突，他就难免处于两难之中，而亲情总是战胜了战争的理由。他明知孙子宁珂与他所走的道路是绝不相交的两条，但在宁珂危难之时，还是出手相救。他为了寻找阿萍，明知会被擒也毅然前往，因为，爱，就是理由。也只有对生命的热爱才会有敏锐的感觉、观察和把握，才会有那么多的植物、动物、山川的生命被细腻的深情展现，才会有对美好忠诚爱情的反复咏叹，宁周义与阿萍、凯平与帆帆、庆连对

---

① 此首为袁可嘉译。见张炜：《荒原纪事》，作家出版社2011年版，第411页。《天行者》中的翻译与此略有不同。

荷荷甚至流浪的老年夫妻、流浪歌手与他的羞羞……当宁伽和内弟小鹿说起对出国问题的看法,小鹿认为不应为了亲情而失去出国的机会,认为宁伽既然从前出去过,就应想办法留在国外时,宁伽对此的态度是那么激烈,认为小鹿"一点也不明白这句话会多么深地刺伤我"。所以能够刺得这样深,正是因为小鹿对宁伽所秉持的爱与责任等理想价值的否定,而这些理想与信念是宁伽的生命之根,精神之本。与之相对应,也才有对物质主义驾驭一切、道德堕落人欲横流、以现代化的名义对人类美好生存环境进行掠夺、美好事物被毁灭的憎恶。宁伽对于人类的未来是满怀信心的,因为"人在旅途上很容易抓住两种极端的情绪,一是仇视,再就是爱和感激。我终于发现前者是无力的,它太粗糙;它被后者所化解包容的那一刻,才焕发出无边的力量。一个流浪者携走和消受了残忍的元素,从此拥有更多的悲悯和同情"。① 每个人都可说是在旅途上,每一个人都可能抓住这种爱的力量。正如凯平和帆帆终于在高原上有了自己梦想中的农场。

这些理想主义的诗人无法超脱于现世,因为他们有爱,这种爱使他们怀有对于美与善的理想,他们更无法认同现世,因为现世中有诸多的邪恶、丑陋、阴暗和不幸。当他们去追求理想,就必然使他们具有了一种背叛的情结。庄周的离家出走、宁伽的到处游荡、吕擎对父亲那样知识分子的抵触,都被父辈看作是对他们的一种背叛,"一个人一旦开始考虑这些最质朴最基本的问题,就会与父辈吵架,会听到他们严厉的呵斥:就是这样!就该是这样!你反正生下来了!你给我好好待着",而"一个生命总会渴求自己的'诗意'"②。当宁伽的岳父对宁伽说:"一个人在任何时候都不能背叛"时,恰恰忘记了自身壮怀激烈的革命的历史。理想与现实的距离,使得理想主义者向理想靠近的每一步都必然是对现实成规的某种背叛。这些使我们想起我们的文化传统,传统的不断革新才使它不断地发展,反传统原也是一种传统。我们也一度曾想完全背叛我们的文化传统、重新生成另一种文化传统,结果却发现文化传统原来是我们的根和血脉,正如同宁伽在幼小时对于父亲的恨和背叛,而在成长的过程中,又完成了对父辈精神血脉的追寻和认同。为什么吕擎期望背叛,背叛的越彻底越好,却做不到?因为"谁能够忘记自己的父亲?他给了我生命"。我们由此懂得了昨日也懂得了今日,并最终能够对父亲表示批判中的理解甚至对他们的理想主义精神由衷地认同和崇敬。

① 张炜:《无边的游荡》,作家出版社 2010 年版,第 390 页。

② 张炜:《橡树路》,作家出版社 2010 年版,第 229 页。

（四）

高原如同陶渊明的桃花源让人心向往之，并引领后人不断地去追索。橡树路的王子“白条”以决绝地姿态拒绝、抗议着现世的一切，而在这极端的表象之下掩藏着对梦想“高原”的不熄之火。那个曾经给予幼小时期的宁伽以心灵抚慰的美丽的音乐老师，邪恶的黑影毁掉了她的贞洁，残酷的时代毁灭了她的爱情，她带着刻骨的伤痛悄然离开了园艺场子弟小学，去了祖辈生活过的大山里。在那里，她想望着曾经不断送给她金黄色菊花的孩子宁伽，让他承担起她的思念和所有的爱恋。“你在哪里？你在高原？你千万不能再从那儿离开了，千万不能……你在那儿，好让我想象一下高原——那个我从未抵达之地。”“从此‘高原’两个字在我眼中化为了神圣和希望。我仰望它，直到永久”①，直到化成传说中的石人。“高原”在哪里？张炜只让凯平和帆帆到达了高原，在那里有了自己梦寐以求的农场。然而这个美好的故事所必需的高原上的农场是怎样的，却又非作家所能够得知和描绘。我们只能够知道：“这里高，这里清爽，这里是地广人稀的好地方！”②正如同“白条”期望来世降生的“贫瘠的高原”。“地广人稀”和“贫瘠”不免让人生出陶渊明“问今是何世，乃不知有汉，无论魏晋”的感慨，它是拒绝当下的。而作家在实际上，也通过小说中帆帆和宁伽创办经营农场的现实遭遇对凯平和帆帆的高原农场进行了解构，进一步彰显了“高原”的乌托邦色彩，它就像音乐老师所想象的高原，是“我从未抵达之地”，只是“神圣和希望”所在。帆帆依靠岳贞黎的关系和保护才拥有了一片农场，这却需要她以一生的幸福作为交换的砝码。一旦她违背了岳贞黎的意愿，就有可能失去这一切，即使是有着合法的手续。虽然在凯平的努力下最终保住了农场，战胜了岳贞黎，却无力免于地方势力“豪（耗）子”等人的滋扰，要应付没完没了的麻烦。这种麻烦我们在宁伽经营葡萄园的过程中已经有了切实地领教。葡萄园并非想象中的世外桃源，如果超负荷的劳作还能带给人心情的宁静和愉悦，各种难以预料的麻烦却更使人心力交瘁。夜里赶海的渔人偷葡萄；民兵在葡萄园里没完没了地巡逻摘葡萄；往外运葡萄时，村里的顽皮后生拦路行劫；工商、税务、公安等各种大盖帽携带着花花绿绿的表格也闻风而至；甚至还有可能发生更大的悲剧——柔弱、穷苦无告的女孩子鼓额被恶人欺凌……

然而，尽管现实中充满了残酷，谁又能说理想之地永远无法抵达？宁伽

① 张炜：《鹿眼》，作家出版社 2010 年版，第 432 页。

② 张炜：《无边的游荡》，作家出版社 2010 年版，第 451 页。

一生的行走，老校长肖筠的老林场笔记，纪及的不屈与坚持，凯平与帆帆、纪及与小雯、庆莲与荷荷……这些美丽动人、充满理想色彩的爱情，部分地平衡了作品中对苦难的悲愤，使之在周围的暗淡中还显露出一种温暖的色调。诚如作家所直言："生活中充满苦难，这种忧虑和牵挂肯定会反映在作品中，但我大部分时间在积极地、认真地生活。善意地回应生活，善意地表达生活，让自己的作品有益于世道人心，作品应该温暖人。"①而作家张炜对《你在高原》20多年的书写实践，这一超长时空的生命诗篇，不正是对理想高原的一种建构，是一个理想主义者在向理想高原的一种进发？

对理想主义的书写同样是中国文学的流脉，在悠久的文学史上，我们有太多充满理想主义的诗篇，有太多为理想而上下求索的人物。事实上，对宁珂、宁伽、纪及、凯平等等这些坚守理想和信仰者的书写常使我想起诸如《创业史》《艳阳天》《组织部来了个年轻人》之类的文本。虽然张炜和柳青、浩然、王蒙等在各自的作品中对社会现实表达了不同的态度和观点，但那种对未来的浪漫主义情怀，对乌托邦的追寻和建构，充溢作品中的理想主义的激情和精神却是如此相似。梁生宝建立互助组和农业合作社、萧长春带领人民走社会主义金光大道的坚定信仰和行动、林震对官僚主义作风的反抗，不都如宁伽对高原的确信和追寻？"亦余心之所善兮，虽九死其犹未悔"。

① 《文学需要在生命中感悟——访著名作家张炜》，2011年12月7日，http://www.chinawriter.com.cn/2011/2011-12-07/108787.html。

第四章　女性文本对传统儒家伦理的颠覆

有论者曾将新时期几代女性作家的创作，依据作品中所体现出来的女性自我主体意识的强弱，分为女性写作的少女时代、成年时代及更年期。① 从 20 世纪 80 年代初张洁、张辛欣对男性满怀期待与祈求的理想主义到 80 年代中后期王安忆、方方、池莉等对男性和男权文化的审视，90 年代林白、陈染对男性的放逐，这是女性作家对一间"自己的房间"不断寻找和确立的过程，面对几千年的男性中心文化传统和社会依然存在的根深蒂固的男权话语，喊出自我声音的过程。

在茅盾文学奖获奖作品中，女性作家的作品也构成一道亮丽的风景。张洁的《沉重的翅膀》和《无字》，霍达的《穆斯林的葬礼》、凌力的《少年天子》、王旭烽的《茶人三部曲》、王安忆的《长恨歌》、宗璞的《东藏记》以及迟子建的《额尔古纳河右岸》，七位作家八部作品。作为主流文化意识的获奖作品，这些创作大都没有有意识地表现出明确的女性主义倾向，突出性别意识，因为女性作家除女性的性别身份之外，还有着人的共同属性和社会属性，她们的创作在某些方面更体现出与时代文化精神的合一。张洁的《沉重的翅膀》有着外在"花木兰"式写作②的色彩，呼唤"改革"的历史共用话语主导了小说的创作，其中的女性形象不论面貌丑陋无女人气却有着男人样事业心的叶知秋，还是被贬抑的夏竹筠、何婷，被赞美的郁文丽和郑圆圆等，都是被男性的主流文学话语无数次描绘而固定成型的女性的范例，有着女性对男性塑造的传统女性形象进行二次模拟的性质，它所塑造的郑子云、陈咏明等男性形象也是时代、社会（它们必然是男性的）所呼唤的典型的改革英雄，勇于进取而不乏侠骨柔情。霍达写作《穆斯林的葬礼》是"为人的心作传，为人的心谱曲"③，关注的是普遍意义上的人、人性、人情，具有 20

---

① 朱栋霖主编：《中外文学比较史（1949—2000）》（下卷），江苏教育出版社 2009 年版，第 76 页。

② 戴锦华语，意指女性作家以男性自居或化装为男人的写作，它是女性写作中间或可能出现的男性（准男性）视点及以某种超越姿态完成的对性别偏见的重述。见戴锦华：《涉渡之舟：新时期中国女性写作与女性文化》，北京大学出版社 2007 年版，第 5—6、15—16 页。

③ 霍达：《为了我心中的那片净土——写在〈穆斯林的葬礼〉之后》，《文学自由谈》1988 年第 3 期。

世纪80年代人道主义回归的精神指向。凌力“《少年天子》写的是封建君主的悲剧命运,若说歌颂的话,是在歌颂有所作为的开创精神和真挚的情爱”,①体现的是“改革+爱情”的“新启蒙时代”的时代特征。20世纪50年代出生的王旭烽,具有50年代出生作家的普遍特点,关注社会和人生的宏大叙事,她的小说也“具有一般女性作家不常见的沉实与厚重”。② 同样,没有人会将宗璞指认为一个女性(或女权)主义者。③ 但正如一些评论家所言:“从某种意义上说,女性写作自身已然构成了对传统禁令的僭越,因此,对女性写作行为的关注,便具有了特定的意义。”④“女性主义历史小说从本质上讲是一种意识形态创作。女作家们书写历史,但更强调借历史来抒发女性的思想意识……女性主义历史小说作家们以扬厉的姿态显示她们对男性话语的挑战——让女性获得言说历史的权利,让历史通过女性的视野重新得以呈现。”⑤女性通过写作这一行为进行言说即表明了女性的智慧、能力与独立性,何况小说是“人的主观的表现”,如果所谓的“第三性”也是一种理想的“神话”,女性基于自身的性别特点,她所感受到的社会、历史、日常生活,她的情感体验必有不同于男性作家之处,当书写这些真实的生命体验与体悟,就不可避免地在话语缝隙间流露出女性的本真色彩,从而从男性制造的各种各样神话中突围出来。恰如有论者所说:“无论承认与否,女性意识之于女性作家,或浓或淡,或深或浅,均是一种不以人的意识为转移的客观存在”。⑥ 而这种性别意识“在一定程度上影响到文本的结构因素和人物塑造、情节设计、人物关系、话语方式等,构成文学文本中不同的性别内涵”。⑦ 本章即主要探讨女性作家作品中流露出的女性意识,并主要论析在《无字》和《长恨歌》中,张洁和王安忆所表现的违反男性规约的伦理意识以及她们在下意识中潜藏着的矛盾性。

---

① 凌力:《路漫漫其修远兮》,《文学评论》1992年第1期。
② 邢小利:《从谜江到西湖——读王旭烽的小说》,《小说评论》2002年第4期。
③ 戴锦华:《涉渡之舟:新时期中国女性写作与女性文化》,北京大学出版社2007年版,第103页。
④ 戴锦华:《涉渡之舟:新时期中国女性写作与女性文化》,北京大学出版社2007年版,第15页。
⑤ 吴秀明:《长篇历史小说的文化阐释》,文化艺术出版社2007年版,第214页。
⑥ 任一鸣:《女性文学与美学》,新疆人民出版社1995年版,第7页。
⑦ 朱栋霖主编:《中外文学比较史(1949—2000)》(下卷),江苏教育出版社2009年版,第74—75页。

第一节　女性作家作品中的女性意识

女性作品中的女性意识突出地表现在它们塑造了一系列光彩照人的女性形象，使女性得以以主体的方式在历史中重现并演绎其独特的生命魅力。《穆斯林的葬礼》中的梁君碧、梁冰玉和新月，《少年天子》中乌云珠、庄太后及众多的后宫和下层女性，《茶人三部曲》中林藕初、沈绿爱、寄草，《长恨歌》中王琦瑶，《无字》中墨荷、叶莲子、吴为……她们的爱恨情仇、欲望、命运同样如江河，波涛汹涌，她们的美丽和情爱都不再是男性“英雄”的点缀，她们甚至比“他们”的生命力更为旺盛、更有魅力，可惊可叹。

《茶人三部曲》中的女性们大胆冲破礼教旧俗，无不敢爱敢恨，成为她们所处时代的“叛逆者”。林藕初为了有个子嗣而主动委身于管家吴茶清；沈绿爱被赵寄客的英雄气概、侠肝义胆所吸引，成为一世的知己；嘉草与共产党员林生两情相悦私订终身并生下儿子忘忧；年青的姑娘寄草演出了战争中千里寻夫的壮举。如果嘉草、寄草因男性的党员身份有着政治上的合法性，那么林藕初、沈绿爱超出于社会伦理道德、不合乎传统规范的行为都并不具有这样的依托，吴茶清和赵寄客两个人物尤其是赵寄客，固然也具有英雄的气概，似乎符合了“英雄美人”的模式，但在这个传统模式中，“美人”却并不是“英雄”的衬托。恰恰相反，小说中忘忧茶庄的视点让我们感受到的是“美人”中心主义，赵寄客的侠义豪情成为沈绿爱生命的点缀。沈绿爱是那么美艳惊人，光芒四射，生命力旺盛，你看她初次在文本中的亮相：“即便穿着大红喜袍，她细韧浑圆的腰身，她的结实的臀部也都遮掩不住地喷射春光。她的高耸的胸脯威风凛凛，仿佛长得已经有点不耐烦了，这使得大病初愈的杭天醉脚下发虚。”①并在以后很长的时间里犹如遭到阉割，无法在她面前成为一个真正的男人。在杭天醉和赵寄客之间，沈绿爱都是处于主动的一位女性。在这两代的历史中，忘忧茶庄也正是靠林藕初和沈绿爱这群出众的女人才能维持发展。《茶人三部曲》中书写的众多女性，大都具有强大的主体意识，力图把握自身的命运，使生活和生命都那么有声有色，热烈地追求、热烈地爱、甚至悲壮地死。她们的存在给小说增添了许多光彩和生命。

“女性作家的历史小说写作，从一定意义说是探讨女性如何进入历史、

---

① 王旭烽：《茶人三部曲》（第一部），人民文学出版社 2010 年版，第 124 页。

她们在历史及其在创作中占据什么样的位置的问题。”①作为女性历史小说作家，凌力对女性在历史中的生存状态和命运给予了格外的关注。《少年天子》描写革新，但注重的是改革者精神上的那种震荡，而且更通过宫闱内部的矛盾斗争从一个侧面将改革的艰难阻力间接表现出来，由此塑造了一系列的女性人物。

这些女性虽然无法直接参与社会生活、现实变革，而处身于各种矛盾复杂多变的历史情境中，变革却不能不影响到她们的切身利益。爱的利益、权力的利益、种族的利益纠缠在一起，使她们的精神心理、日常生活都无可逃遁地陷落在历史的涡流之中。14 岁的佟妃虽然已有身孕，在本质上还是个单纯稚气的少女，并不关注朝政纷争。然而，陈名夏一案中本来的满汉之争却以一种强大的牵扯力量无形中断送了她的皇后美梦。作家细致地书写了她在听到对陈名夏的惩处后的喜悦，这种喜悦更因皇上赐给菜肴而加倍，更有梦想破灭后对皇上爱到极处的冷淡、尖刻与恨。然而也正是她，在左右徘徊后，为了免于“废帝遗孀”的命运，最先泄露了政变机密。作家对她的心理刻画可谓是入木三分。更有具骑射民族天然豪爽之气的谨贵人，亲手害死了皇四子却无半点负罪之心，相反却流露着捍卫种族血统纯洁性的大义凛然之气，有着“视死如归的倔强”，行为如此残忍又不乏悲壮的意味。所有这些女性都并非男性的附庸和点缀，虽然她们之中不乏“以女性特有的敏感，以女性特有的怨毒，以女性特有的嫉妒和诡计”②制造了诸多事端，甚至不乏残忍与违反历史的非理性。凌力作为一个女性作家，对之并非简单地给以是非、道德和历史的批判，而是更有着理解的同情。这是弱者对命运的一种抗争，是女性欲望在特定环境下张扬的手段，虽然也许是不择手段。这些女性或无望或抗争地以各自的方式实践着自身在历史中的命运。

乌云珠无疑是这部作品创造的一个最为光彩的女性，是宫闱内尖锐矛盾的集中点。这种矛盾一方面来源于她的“万般宠爱集一身”的殊荣，另一方面她本身又是满汉文化共同孕育的灵珠。作家写尽了她的聪慧、灵气、美丽，又富独立的见解和个性，她是福临的精神支柱和伴侣。“以前，她爱皇上胜于爱福临；今后，她爱福临超过爱皇上”，这无疑是一个独立的女子对一个独立男子的热烈情爱，是人与人的对话，而非尊卑的皇帝和后妃。她并非没有欲望，但她对于自己的境遇与命运有着清醒的认识和理性的把握，使

① 吴秀明、戴燕：《女性主义视野下的凌力历史小说创作——兼谈当前女性主义历史小说的写作》，《海南师范大学学报》（社会科学版）2007 年第 5 期。

② 雷达：《历史的人与人的历史——〈少年天子〉深思录》，《文学评论》1992 年第 1 期。

她只能压抑自己，一句"妾妃也怕……被放在炉火上……烧烤啊！"有多少难言的无奈与悲酸！她以贤淑仁爱之心力图去感化所有的人，甚至不惜委曲求全，流露着浓厚的儒家文化"仁爱"的精神特点。

还有如庄太后，她们并非在历史中随波逐流，而是以女性的方式果敢地抓住历史的命脉。

相形之下，这些作品的男性形象也不是如反思小说、改革小说、革命小说等作品中肯定的男性形象，因政治、革命、国家的负载都具有高大的人格品质，散发着令人敬服的光辉。《茶人三部曲》中的杭九斋、杭天醉父子都那么软弱、堕落与无能，无论精神还是肉体都那么萎靡不振，在历史的长河中只能扮演一个旁观者、多余者的角色，甚至即使知道了自己的妻子出轨亦无可奈何。在它的男/女两性格局中，女性大都是大胆地、"主动的、关心的、内心有些厌烦的"，男性则是"回避的、遮掩的、内心有些逃遁的"。① 即使对嘉和、嘉平这一代，他们固然是传统文化和革命的承载者，是作家肯定和着力刻画的形象，但在《茶人三部曲》中，由于故事讲述的平行性，嘉草、寄草这些女性并非是衬托，至少也呈现着与他们相平等的精神特质。《长恨歌》中王琦瑶身边不同的男人，只是王琦瑶生命成长历程的不同人生体验，康明逊对女儿的不负责任、苟且，也与王琦瑶对自身行为后果和女儿的勇敢担当形成对照。《穆斯林的葬礼》中的韩子奇被称为"玉王"，为了玉的事业也具有忍辱负重的品质，在社会中拥有的耀眼光环却不能使他逃离被女性质疑的目光。这种书写，已经颠覆了几千年传统文化设立的性别秩序，颠覆了男性文化为男性自身塑造的完美英雄形象。

女性作品中的女性意识更在于对传统成规的那种质疑，虽然这种质疑也许并非作品的主要方面，而是作家不经意地流露，恰在这种不经意间，表现出女性源于性别体验的那种深刻。

《穆斯林的葬礼》在玉的历史、民族的历史中展现了两代人的爱情悲剧，梁氏姐妹与韩子奇，新月与楚雁潮以及韩天星的婚恋痛苦。其中塑造的最为成功的人物形象并非被称为"玉王"的韩子奇，而当数韩太太梁君璧。小说中所有人物的爱情悲剧、情感磨难既有着战争、宗教等外在的不可控因素影响，也都与她有着密切的关联。她爱韩子奇，这种爱是热烈而执着的，正是这种执着不放弃，造成了韩子奇与梁冰玉的爱情终结。然而可悲的是，她并没有因此而得到韩子奇的爱情，两人只是维持着表面的夫妻关系。这种更深的内心的伤害又未尝不是造成她性格尖刻，对待新月甚至天星的某

① 王旭烽：《茶人三部曲》（第一部），人民文学出版社 2010 年版，第 135 页。

种扭曲的态度的深层原因。霍达以她女性的经验写出了这种扭曲。如当她得知儿子天星恋爱之后,既有着普通母亲的骄傲,也多了一丝“凄然”,她害怕因此而被儿子冷落和抛弃,这是她决不允许的,因此她要将儿子的婚姻掌握在自己的手里。这种为母的心理使人想起张爱玲《金锁记》中的曹七巧,长期正常的人性需求无法得到满足而导致的扭曲变形。可以想见,丈夫的虚设使她只能将更多的情感投注在儿子身上,为此梁君碧巧妙地亲手扼杀了儿子的爱情,导致了天星难言的痛苦。在现实生活中,梁君碧有着王熙凤似的泼辣与担当的性格特点,她是这个家庭表面上的“皇后”,丈夫在她面前只有唯唯诺诺,但在本质上,她依然是一个传统的家庭女性,她对于韩子奇一直存在着一种依附性。然而正是这样一个传统女性,在切身的经历和感受面前,也思索了男人和女人的伦理关系:

> 自从丈夫离家远行,韩太太几乎总是彻夜难眠。……为了免遭战火的劫难,韩子奇带走了他视若性命的全部收藏,却忍心丢下了无依无靠的妻子和当时不到两岁的儿子,一个男子汉怎么能这样无情?他走了,把这个家和奇珍斋玉器店都交给了韩太太,从此他卸掉了本应压在他肩上的责任,却不想一想:一个女人的肩膀将怎样承担这一切?丈夫留给她的是怨恨:做夫妻十几年,细细想来却记不起多少夫妻间的温存和情爱,他没日没夜地奔忙,撑起了日益发达的奇珍斋,充实了藏珍集萃的“博雅”宅,这就是一切,临到分手时,夫妻情分竟像一张薄纸没占多少分量。不然,他怎么能说走就走呢?十几年间,韩子奇为这个家创造了财富,改变了“玉器梁”世世代代穷艺人的地位,夫荣妻贵使韩太太陶醉。但是,这就是一个女人要求于她的丈夫的全部吗?①

这并非是一个女性的觉醒宣言,而是一个女性真切深切的生命体验,在这种询问中,我们看到了女性对于男性传统价值观念的某种质疑和拷问,这和梁冰玉在再次远走异国之前对于韩子奇的质问有本质的一致之处。这显然不同于郁文丽对陈咏明无条件的支持(《沉重的翅膀》)、任素娟对阎鸿唤的习惯依附(《都市风流》),不是男子“修齐治平”使命后无私无怨的自我牺牲,而是女性在述说自身真实的欲望和思想。事实上,韩子奇力图回避甚至遮掩的在于,他视对玉的追求和珍爱为他的毕生事业,是第一性的,而爱情和女人不过是生活的一种点缀,只能从属于第一性的事业。这是男性在

① 霍达:《穆斯林的葬礼》,北京十月文艺出版社 1988 年版,第 368 页。

传统社会中的特权，也可说是文化定规，正如同郑子云、童霜威等以自己的价值观念来衡量和要求他们的妻子一样。将梁君碧的这种拷问与韩子奇对他们关系的描绘（利益的组合，不知道爱情等）以及最后的选择放在一起来看，让人感到的是男性中心的自私、自恋与自辩。因为爱情对于他来说从来不是重要的，不是生命的，所以他才能在战争的危险与不可测中带着珍宝远渡重洋却抛妻别子，会在回归后放弃自称深爱的冰玉而和自称没有爱情的君碧生活在一起，无论对于冰玉还是君碧，跟玉相比，夫妻情分都"像一张薄纸没占多少分量"。而他无法说出"不爱"君碧，这种情感上的虚伪矫饰却赚取了君碧一生无望的爱恋。在十多年后，张洁在其作品《无字》中对于男性在战争中对家庭责任的规避同样进行了一定的质疑。

新月这一美好的少女形象尽管夭折，还有如新月一样美丽的结绿在成长，这种美好的少女形象，也许显示了作家对于理想爱情——人与人平等，男性也会因爱为女人而牺牲——在新的历史文化环境下能够实现的美好期望。但少女，是否也如评论者所言，"在另一角度上，少女与母亲，始终是特定文化语境中易于获得认可的女性角色。她们可以超越性别角色，一如乐铄君所指出的，少女的形象规避、逃离了婚姻中无可逃离的性别现实与权力关系"。[①] 由此，新月和楚雁潮的爱情使人咏叹正在于它亦如梁祝一样是一种永远的未完成式。

《茶人三部曲》中沈绿爱和杭天醉之间的关系某种程度上表现了中国传统男性不愿正视因而努力去遮蔽的与女性之间的关系。杭天醉自身瘦削阴气，优柔寡断，"男人女相"，他无法去直面妻子沈绿爱那种张狂外露霸气的美和过于旺盛喷薄的生命力，"他希望他能不费力气地顺手牵羊，但是现在看来，她更像是一匹马，或者一只小母豹"。"他就是接受不了过于强大的过于生机勃勃的东西"。因为这种强大与生气映照出他自身的无力，阉割了他男性的尊严。而小茶的柔弱、百依百顺才使他有了男子汉的气概，才能使他真正成为"吆三喝四的大老爷们"，找到在男女关系中的自信。这是历代男性所规训的女人的位置与特征。如果"美与确定美的词语对男性而言，代表一种欲望的工具"，[②]那么历史上，形容女性的美多是如"弱柳扶风""小鸟依人"样的词语，因为"他"需要女性的柔弱以映照出"他"的强大，否则"他"就会感到挑战和威胁。这其实恰暴露了男性神话——也是男

① 戴锦华：《涉渡之舟：新时期中国女性写作与女性文化》，北京大学出版社 2007 年版，第 187 页。

② 转引自文洁华：《美学与性别冲突：女性主义审美革命的中国境遇》，北京大学出版社 2005 年版，第 186 页。

性文化——的“虚伪”与“疲软”,也是现实中男性所不愿正视的,他由此拒绝了强势的女人也是女人。而也只有在伤痕累累地痛苦时,在“需要别人来烘烤自己,他已经失去了自己烘烤自己的能力”时,他才能与这样强势的女人产生同舟共济的爱恋。这些无情地揭露了隐藏于“父权”背后男性的猥琐、虚弱与平庸。这些不也是中国现代史的某种缩影吗?

这些作品大多文词清丽婉约,情感细腻、诗意抒情,在文体风格上,自然流露着一种“女性气质”。霍达的《穆斯林的葬礼》盈溢着浓厚的悲情气氛,曾让多少人潸然泪下。梁君碧、梁冰玉姐妹与韩子奇的爱情悲剧已令人唏嘘,新月与楚雁潮的《梁祝》曲更让人心碎(这使人想起被喻为史上最为干净的爱情影片《山楂树之恋》),何况新月是一个洁净、清纯、纤毫未染的十八九岁少女!这种纯洁、明慧且漂亮、懵懂而情窦初开的少女岂非人世间最为人所珍藏的美好梦想?即使从每章的标题上也可看到这种诗意与怅然,“梦”“冷”“清”“明”“晦”“情”“恋”“落”“魂”,既是“月”这一意象在几千年的反复吟咏中负载的人类情感,也是对新月短暂的命运写真的叹惋,何况是这样一个美丽而有前途的生命呢?作品中充满了或热烈或清新或缠绵的心理和情景描写,尤其对新月心理的细腻表现。如在新月初获爱情的那个春天,“春天来了,春姑娘把融融东风、绵绵春雨洒向人间,把爱和希望洒向人间。楼前的花坛中,娇艳的繁花次第开放,竞吐芳菲。粉红的碧桃,嫩黄的迎春,斑斓的蝴蝶花,还有那愣乎乎的仙客来,羞答答的含羞草,以及那虽然开放不出灿烂的花朵却也要凭着旺盛的生命力与百花争一分春色的‘死不了’……辛勤的园丁对她们一视同仁,精心护持,春天属于所有的生命”!这是春天的颂歌,更是爱给予生命的力量!在此,我们也看到了新月的欢欣和对未来不息的梦想之火。霍达说:“我陶醉在自己创造的意境中。人是需要理想、需要幻想的,需要美,需要美的意境,美的情操来陶冶自己。”①霍达创造了美,也写出了美的被撕碎,使人的情感在那种痛楚之中得到净化和升华。

同样地,《少年天子》也因塑造了一位美丽温柔多情而富才气的董鄂妃,极力描绘了她与顺治帝福临的生死爱情,而使小说笼罩着浓郁的抒情性,“从初恋到成婚一段,是可以作为优美的抒情诗来读的”②。《额尔古纳河右岸》哀婉悲情的散文化、诗化小说的色彩,充满了对自然魅力的欣赏、

---

① 霍达:《为了我心中的那片净土——写在〈穆斯林的葬礼〉之后》,《文学自由谈》1988 年第 3 期。

② 雷达:《历史的人与人的历史——〈少年天子〉沉思录》,《文学评论》1992 年第 1 期。

描绘和对自然生命的感悟。《东藏记》是女性战争文学文本，没有金戈铁马的峥嵘气，更多的是知识分子及其家人的日常生活，有着“石韫玉而山辉，水怀珠而川媚”①的灵秀、大气、委婉、含蓄。

文体风格的这种“女性气质”与作品的内容有着密切地关联——女性作家在其作品中更多地书写了敏感的女性，写或缠绵或热烈的爱情，写日常生活、写心理、写自然。如果“文如其人”，它们表现出来的是女性作家的那种蕙质兰心。如作家张抗抗所说，“书中人物底蕴之深厚与丰博，语言之精美与优雅；且精美而不雕琢、丰博而不炫耀，如行云流水、天然随意，那般风采与神韵，实非我辈所能及……”②有着宗璞独特深厚的学养背景。当然，文体风格的“女性气质”并非女性作家所独有，也非女性作家所唯有。

第二节　《无字》与《长恨歌》中的伦理意识

经常被作为女性主义作家来评论，在其作品中突出地以女性独特的生命体验来表现女性独立生命价值的是张洁和王安忆。尽管李昂认为，大陆的女作家中，大概王安忆是最给她没有女性气的感觉的③。王安忆自己也说：“确实很少单单从女性的角度去考虑东西……我总是觉得世界是男女共有的，这是很平衡的生态……”④这种说法接近李洁非所说“女性”的文学，以既不屈从男性价值亦不以刻意反抗它为乐事的独立自足的女性意识进行的写作。⑤ 既然以自己的独立意识去体验感悟，身为女性，作品中就必充满了女性的经验，它就当然不能阻止读者以女性主义的眼光去看取作品的独特体验，看到其中与男性叙事的诸多纠缠，对传统男性文学所规范的女

① 雷达：《宗璞〈东藏记〉》，《当代作家评论》2002 年第 1 期。

② 女作家张抗抗对宗璞《南渡记》的评价。转引自戴锦华：《涉渡之舟：新时期中国女性写作与女性文化》，北京大学出版社 2007 年版，第 111 页。

③ 王安忆：《妇女问题与妇女文学——与台湾作家李昂对话》，见王安忆：《王安忆说》，湖南文艺出版社 2003 年版，第 26 页。

④ 王安忆、刘金东：《我是女性主义者吗?》，见王安忆：《王安忆说》，湖南文艺出版社 2003 年版，第 164 页。

⑤ 李洁非在《“她们”的小说》的论文中说：伊莱恩・肖尔瓦特在《她们自己的文学》这篇著名论文里谈到过妇女在价值领域同男性的关系先后要经历三个阶段，即“模仿”“反抗”与“自我发现”三阶段，她并且说：“用一个合适的措词把妇女作家的这些阶段称为：女人气(Feminine)、女权主义者(Feminis)、女性(Female)”(引自玛丽・伊格尔顿编：《女权主义文学理论》，第 21 页)，可见她认为包括文学实践在内的妇女解放运动其最终和健康结果，并非“女权主义”一词所代表的那种东西，而是既不屈从男性价值亦不以刻意反抗它为乐事的独立自主的女性意识。我赞同这一见解，因而打算在此以“女性”代替“女权主义”为中心词。(《当代作家评论》1997 年第 5 期)

性经验有了对抗的意味，而真实的女性意识得以呈现。这种经验不必囿于闺闱、不一定私人化，也可能与历史、人生等宏大的概念息息相连。对女作家张洁，长期以来，学界也大都从女性主义文学批评角度解读她的小说，张洁被誉为“新时期女性文学的旗手”，其作品被称为“新时期妇女解放的宣言书与沉思录”。[①] 王安忆虽然不承认自己是女性主义作家，但她也认为张洁是中国唯一一个真正的女性主义者。[②] 近年来出版的几部文学史著作也有意凸显张洁小说在新时期女性文学中的地位。[③] 从20世纪70年代末《爱，是不能忘记的》中对理想男性的尊崇，到80年代的《方舟》《祖母绿》对男性的质疑和《无字》的犀利、尖刻，张洁的创作经历了“恋父”到“审父”的转变，也较完好地体现了女性作家创作中主体意识的发展。《无字》和《长恨歌》都具有鲜明的女性主义色彩，在对生存与生活、对男人和女人、爱与婚姻、历史与命运的咀嚼、审视，沉溺和逃离中，突出了女性在传统伦理中的困境与挣扎。

一 《无字》：女性的成长史

作家张洁认为《无字》是她最好的一部作品。[④] 其他评论家也认为《无字》是“用生命书写的，通体透明，惊世骇俗”的力作。[⑤] 这部作品大开大阖，时间跨越了中国历史上最为不平凡的一个世纪，这是中国被动现代化不断深入发展的充满了动荡、转折和变革的一个世纪，也是中国女性艰难地从“从父”“从夫”的无名状态不断蜕变成长，向着独立的“女人”努力靠近的

---

① 许文郁的《张洁的小说世界》（人民文学出版社1991年版）、任一鸣的《抗争与超越——中国女性文学与美学衍论》（九州出版社2004年版）、陈娟的《女性救赎的失落——张洁论》（《上海师范大学学报》1999年第4期）、计红芳的《新时期妇女解放的宣言书与沉思录——论张洁的小说》（《黑龙江社会科学》2002年第2期）等著作、论文均持如此观点。

② 王安忆在《我是女性主义者吗?》中说：“如果说女性主义，我觉得中国只有一个人是女性主义者，就是张洁，其他人我都觉得算不上。”见王安忆：《王安忆说》，湖南文艺出版社2003年版。

③ 洪子诚在《中国当代文学史》中指出张洁作品具有“‘女性意识’和作为‘女性文学’的先导地位”（北京大学出版社1999年版，第359页）；陈思和主编的《中国当代文学史教程》认为“张洁的那一路富于勇气的探索，事实上成为新时期女性主义文学的先导”（复旦大学出版社1999年版，第222页）；王庆生主编的《中国当代文学》下卷肯定张洁后期作品“对开拓女性文学的视野、冲决男权话语有其不可忽视的作用”（华中师范大学出版社1999年版，第159页）；新近翻译出版的德国汉学家顾彬的著作《二十世纪中国文学史》也在其“女性文学”一节中重点评述了张洁的作品（华东师范大学出版社2008年版，第320—322页）。

④ 张英：《真诚的言说——张洁访谈录》，《北京文学》1999年第7期。

⑤ 王蒙：《极限写作与无边的现实主义》，《读书》2002年第6期。

一个世纪。作品以张洁独特的审美感知方式和洞悉社会、体悟人生的高超能力将对于社会、历史、文化以及生命的多方位思考展现在人们面前,而贯穿其中的是性别伦理关系。无论身处任何时期,男女两性的关系都是人类最基本的关系,也是所有其他问题的出发点与归结点。

从性别的角度来看,《无字》是一部"浓缩的女性史,一部女性为自己浮出历史地表而撰写的'无字'的历史",①它是吴为对自己母系家族四代人命运轨迹的追寻和审视,并由此看到了自己的也是女性的精神、心路的来处与去处,并对女性自身进行了反思。

1. 这是女性被男权压迫和女性由不自觉到自觉反压迫的历史。外祖母墨荷虽然是大户殷实人家的小姐,命运被决定于父亲的一时兴致,依父母之命媒妁之言嫁给了叶志清,从此便成为婆家所有人的奴仆,成为每年生育一个死孩子的生育工具并最终因生育而死。唯一存活下来的女儿秀春(叶莲子),经过了饥饿、寒冷、欺凌、瘟疫以顽强的生命力终于长成了一个少女,以半是自由选择的方式嫁给了国民党青年军官顾秋水,短暂的幸福时光因抗战爆发画上了句号,从此开始了漫长的等待。如果等待中的苦难、卑下是战争要求女人付出的代价,那么她与顾秋水的香港之聚却是她一生真正惨不忍睹、耻辱命运的开始。被迫与顾秋水和情人同居一室,丈夫的暴力毒打、当着她和孩子的面与阿苏肆无忌惮地做爱,"不但顾秋水和阿苏变成了畜生,他们也要把叶莲子和吴为变成畜生"。吴为是一个当代知识女性,知名作家,在她曲折的情感生命历程中,更是经受了男权给予一个女人的各种压迫和打击。正像婵月所感受到的,"男人们拿着吴为的私生子问题对她们母女进行无穷无尽的讹诈勒索"。这个男权不仅是传统的性别意识、无处不在的传统观念,还有男权所建立所倚恃的政治权力。只有婵月,离家出国,生活幸福,为她们打了个翻身仗。几代女性不同时期不同状况的婚恋,她们之间的同一性和差异、希望和失望、递进和互动,正是女性对自身命运的把握、女性意识成长的历史。

面对各种似乎合法而正当的压迫,死亡与逃离成为古往今来女性自觉或不自觉选择的反抗方式。正如作家徐小斌所说:"我的女主人公虽然仍然向社会选择了逃离的方式,却是以逃离的形式在进行着反抗,尽管这是一种消极的反抗,却是带有着一种不屈的精神。"②《无字》中的女主人公们更是在不断地选择着逃离。"对于叶家,墨荷最有力的反抗就是回娘家。"除

① 周晔:《爱到"无字"》,《文学评论》2000 年第 6 期。

② 徐小斌:《逃离意识与我的创作》,《当代作家评论》1996 年第 6 期。

此之外，她也在进行着精神的逃亡和反叛之旅，那个在榛子仁儿中潜藏着的有着残绿与酒红颜色的女性梦想，以沉默对叶家的主人姿态表示的轻蔑，甚至死亡临近时对于周围人包括丈夫的那种了结的心态，看都没有看叶志清一眼，更显示了反抗的决绝。这种反抗几乎是源于女性本能的，以虚无的幻想为残酷的现实添加一点调味剂，实质上无论内里还是表层都是完全地屈从，"做稳了奴隶"。叶莲子以半是逃离的方式离开了父亲家，到柳州去教书则得以离开顾秋水与阿苏，她的逃避是出于一时的无奈，恰如鲁迅先生所说的"欲做奴隶而不得"，因此她一直在寻求着回归，充满对于男性的幻想。而吴为，更像是男权社会的一个异数，因养私生子摆脱无爱的婚姻受尽屈辱，与有妇之夫的革命干部胡秉宸陷入热恋又触动了社会各方面的神经，经过 20 年轰轰烈烈地婚恋，像个斗士一样义无反顾地付出之后终于得来与胡秉宸的自由婚姻，却陷进了另一个精神炼狱，最后离婚，疯狂、自杀。在这一生中，叶莲子一直是她最重要的精神支柱，为她躲避外在的伤害提供休养生息之处。为了躲避胡秉宸无谓的伤害不断地出国，甚至最后的疯狂、自杀更是逃离的极端行为。这种逃离的反抗方式正说明了面对现实的一种无奈与无力。男权以其政治、文化、语言早已编织成一个无所不在的强大的网，使女性在现实中无处可逃。因此婵月只有远走他乡——这也是对出身之地、对传统的逃离——只有在异国(那也许是作家创造的一个乌托邦)，她才实现了两性和谐。

同时，也正是这些压迫逼迫着女性们不断地成长。顾秋水的抛弃迫使叶莲子被动地自学成材成为一名人民教师，取得了自己的社会身份。社会传统观念对吴为的践踏，也激发起她改变现实的努力并逐渐有了独立的自我意识，在生命的最后开始思索、追寻并审视女性的苦难历史。婵月经受过母系家族的各种磨难吸收新的历史文化精神，自我才更加强大，"永远不向任何人屈服，永远昂着高贵的头颅"。"如果女性注定喑哑缄默，注定没有倾听者，那么至少应学会自语并倾听自己。如果女性的生存注定被无视，那么至少应用自己的笔给这个世界留下存在的痕迹。于是写作及自杀成了一种拯救，它保存拯救了女性欲说却无人听见的话语，它使女性的生存跨出历史的虚无而成为一缕不可抹杀的痕迹。"①这也许是对作家吴为人生的最好说明。虽然她力图为自己的母系家族立传的宏愿永远也没有实现，"在一个阴霾的早晨，那女人坐在窗前，向路上望着……"②，这种无结局的历史正

① 孟悦等:《浮出历史地表》，中国人民大学出版社 2004 年版，第 119 页。

② 张洁:《无字》(第一部)，人民文学出版社 2013 年版，第 1 页。

是源于理想中的两性关系在现实中的难以实现，吴为自己也成为菲勒斯世界中的牺牲品。但她还是以回顾的方式再现了自己痛苦而漫长的精神成长，还原了女性被改写被遮蔽的历史，说出自己的声音自己的真实，对男权社会做了最有力的抗争。

"在男性中心的社会中，'女性是没有真相'的。"①所以伍尔芙需要《一间自己的房间》，她对于女性在现实中的境遇有着透彻地认识："确实，女人如果仅仅生活在男人的小说里，人们完全可以把她视为一个极其重要的人物；一个复杂的多面体。勇敢而又卑贱；艳丽而又污秽；无限美好却又极其可恶；同男人一样伟大，甚至有人认为她比男人更伟大。但这只是小说中的女人。而在现实中，她却被关在屋里毒打，摔来摔去。于是产生了一种十分奇怪的混合现象。想象中她无比重要；事实上却一钱不值。她充斥一部部诗集的封面，青史上却了无声名。在小说中她可以支配国王和征服者的生活；在现实中却得给任何一个其父母可以给她戴上戒指的男子当奴隶。在文学中她嘴里能吐出最富灵感的诗句，最为深奥的思想；在生活中她却目不识丁，只能成为丈夫的所有品。"②即使墨荷以不屑表示的反抗也在死后被男权话语解读为"不言不语的贤惠"，整合进传统秩序之中，不知这是不是墨荷更深的一种悲剧。当叶莲子答应与顾秋水离婚，"就在叶莲子签字前的一秒钟，顾秋水还觉得她是个死缠男人不放的贱女人，而一旦不再是他的妻子，便立刻觉得她是令人无比尊敬的、再不是让他想踹几脚的伟大女性"。③ 当吴为成为作家后，人们对她由践踏不齿转为以识她熟她为荣耀……顾秋水、胡秉宸以叶莲子、吴为的无言为借口开脱自己的责任，为了离婚无所不用其极的做法如出一辙，"白胡婚姻保卫团"的前后表演……都仅仅是为了增加自己的形象和利益的符码。且看胡秉宸对白帆和吴为多次自相矛盾地言说与诋毁，在其中，"性"永远是男性攻击女性的武器而不需要自省。"所有男人在《无字》中体现了前所未有的不负责任、疲软、苟且和无能。也许这才是真正的中国式的女性经验表达，也同时是中国式的男性经验的表达。"④《无字》以 X 光那样的穿透力，退去了笼罩在男性身上"神的光圈"，将之还原为生活中平凡、琐碎、甚至猥琐的人不再仰视，随着心造神像的轰然倒塌，男性所书写的历史便也遭到了质疑和否定。正如吴为所渐渐明白的，"某些正人君子，并不见得比有个私生子的她更不下流"，这是

① 张洁：《无字》（第一部），人民文学出版社 2013 年版，第 165 页。

② 转引自徐小斌：《逃离意识与我的创作》，《当代作家评论》1996 年第 6 期。

③ 张洁：《无字》（第二部），人民文学出版社 2013 年版，第 188 页。

④ 荒林：《再从〈无字〉说开》，《读书》2004 年第 11 期。

一种彻底地揭露和否定。正是在男性神像的倒塌之处,女性真实的身影显现出来。

2. 作为一部女性的历史,《无字》不仅以悲愤激越之情写了男权对女性的压迫,女性艰难地浮出地表的苦难历程,而且对女性自身也进行了毫不留情地审视与反省。唯此,女性才不流于自悲自叹,女性的独立精神才能成长。《无字》犀利地剖析了女性的思想深处潜藏着的一种受虐意识和原罪感。

外祖母墨荷承受着无爱的婚姻,无怨地做着家庭、丈夫的奴隶,行使着自己作为一个女人必然的"篮筐"的职责。"一旦作为人家的篮筐,有什么权利拒绝人家的投篮?至于投篮准确,是个技术性的问题,与恩爱无关。"① 这是一个称得上传统贤妇孝妇的旧式女人。叶莲子最初的婚姻不能说是无爱的,当她带着吴为历尽千辛到香港与顾秋水团聚,却是真正耻辱生活的开始。然而即使在顾秋水无所不用其极的暴虐之下,叶莲子却并无怨恨甚至只有小心翼翼、心怀愧疚。当她初到香港跟随顾秋水带她去住的地方,"要是顾秋水不停下来给吴为买点什么,叶莲子也不敢提出给吴为买点什么。她只好一边亲着吴为的脸蛋,一边看着顾秋水的背影说:'小孩子没别的事,老想吃。'……叶莲子左右为难着,一为难,脸上就显出恍惚、尴尬的呆笑"。② 当她被顾秋水暴打,她想的是:"不这样苦熬又能怎样?"完全是由依赖而产生的奴性,似乎这些暴虐并没什么"不合理"。即使在抗战胜利后顾秋水要求离婚之时,叶莲子对于顾秋水的一厢情愿也是一种潜意识中的受虐意识。"虽然她已做了多年的一家之主,"但她仍然认为,"一家之主非男人莫属"。叶莲子"根本不明白,一再将她们救出困境的其实是她自己。遗憾的是直到离开人世,她都以为自己是个弱者"。弱者是文化规约的女性特性和地位。她把自己的命运和期望都依附寄托在了男人顾秋水的身上。在此,她与自己的母亲墨荷有着相通之处。虽然她们并不知道耶稣创世纪时只是将女性造成男人的一根肋骨,但她们同样承认了女性的卑微,真诚地认为女性只是一种"篮筐",只是一种从属。这种受虐意识和原罪感是几千年文化思想铸造的鬼影。中国传统文化将女性的所有欲望整合进男尊女卑的性别秩序之中,形成一种理想的全民监视的敞式监狱,从而使女性自我监视。即使吴为,一个新型知识女性,正像婵月所清醒认识到的,"实质上还是男人的奴隶"。她虽然有着行动上为理想的爱与社会群体作对的大

① 张洁:《无字》(第一部),人民文学出版社 2013 年版,第 87 页。
② 张洁:《无字》(第二部),人民文学出版社 2013 年版,第 240 页。

义凛然，心理上却依然无法摆脱社会的眼睛，使她与胡秉宸结婚后总是存在“小妾”般的心理，总是自我寻找各种理由为胡秉宸对她的虐待而开脱。所有的人（周围普通的男人和女人、孩子，上层的男人和女人以及政治）都有权利在任何时候以其有过私生子的行为对她表示轻蔑、攻击和调笑。这种传统的力量是如此强大，吴为的现实失语症使她也只能永远为此赎罪。

晚年的吴为深切反思了女性的这种受虐意识和原罪感，由此看到女性对自身的苦难也负有不可推卸的责任，“从另一方面来说，将来叶莲子的遭际是好是坏，都是她咎由自取”。婵月更是一语中的：“姥姥和妈妈都是男人的奴隶”，“她们都患了迷恋男人的病”。从而使自己从女性为男人“奴隶”的处境中挣扎出来，成为和“男人”一样、人格独立的“女人”。

3.《无字》中充满了尖锐强烈的异己感。这种异己感不仅来自人与置身其中的社会，而且来自爱情婚姻中的男人和女人，由此这种异己感便格外强烈。它打碎了传统爱情婚姻温情脉脉的面具，使人震惊地看到华丽后面的千疮百孔。“在揭露这个动荡不安世纪带给女人和女孩的灾难与耻辱方面，没有哪部书可以与张洁的《无字》相比。同样，在表现女人对于男人的不理解和男人对于女人的隔膜方面，也没有哪部书可以与张洁的《无字》相比。”①《无字》正是在几代女人爱情理想不堪现实重负而破灭的惨痛中，以血为墨，探索了两性、爱情与婚姻，通过爱情探索了女性自身的存在真相。作品中弥漫着绝望、孤独与无依以及由此而爆发的疯狂的情绪。

现代女作家冯沅君在其小说中经常表现“母亲的爱与情人的爱相冲突”的主题，如《隔绝》《慈母》《隔绝之后》等作品。在20世纪20年代，西方现代观念的大量涌入给中国带来了思想、文化等各方面的冲突和转变，女作家笔下的母亲与情人则形象地表现了处身于那个激荡的年代，在现代与传统的撕扯和断裂中女性的困惑，她还无法如男性那样以“治国平天下”的宏愿为激励义无反顾地冲出传统（封建）的家庭。母亲如果是传统中的温情、亲情、保护，也许不乏专断，情人则是现代性中的自由、解放，包含了一种冒险。《无字》中也书写了吴为对母亲的爱和吴为对胡秉宸的爱之间的不和谐。吴为对母亲怀有一种共生固恋般的情感。这种情感来自于苦难命运中的生死与共，不离不弃，全心付出，无所诉求。即使与胡秉宸轰轰烈烈的恋爱也无法与这种情感相比，致使吴为在母亲去后，精神终于渐趋崩溃而疯狂。很多论者在《无字》中看到了作家张洁人生的影子，张洁对母亲的那种共生固恋的情感投射在吴为与叶莲子母女之间。如果仅仅对吴为进行分

① 荒林：《再从〈无字〉说开》，《读书》2004年第11期。

析,我们似乎可以说吴为对母亲的爱和对胡秉宸的爱之间的冲突,也许正源于吴为的理想主义倾向。她对就像她自己一样可以为爱粉身碎骨的、无私忘我的理想爱情期盼与追求,而她在潜意识中的理智上并非没有认识到现实中男女爱情的不可倚重。顾秋水对叶莲子的抛弃和毒打早已将男性的丑陋却不乏力量的形象镌刻在她灵魂之上,“她灵魂深处潜藏着对男性的仇恨、敬畏和依赖”,这就造成男性在她心里或者是神,高高在上需要供奉;或者是敌人,万劫不复,却从来不是平等的“男人”。无论是神还是敌人,这种不平等的地位都不能给予她如母亲一样平等的安全感。母亲的爱与情人的爱相冲突在《无字》中透露出的也是男权文化的某种悖论。正是因为男权文化塑造了一个“修身齐家治国平天下”、经天纬地的伟丈夫,才会有女性对真正“男子汉”的企盼和寻找,敬畏和依赖。吴为的“每次恋爱都是与言情小说的表达方式保持一致的:对形式的向往(男人的职业、形象)、对情节感的向往(浓烈的表达爱情的方式、对持续高潮的爱情的苛求)、对童话化的要求(自己的公主身份虽然不能确证,但对方一定要是个王子,有力量的、有精力的、有权力的)”,[①]难道不是男权文化培育的结果?而现实中的男性却难免自私、无奈、卑下、平庸,又如何能够支撑女人的那种想象?如果说吴为是被顾秋水或胡秉宸给骗了,毋宁说是男权文化将女性给骗了。“他”创造了男性的神话本期望女性的仰视与供奉,却只使得女性在神话的光芒与现实的暗淡比较中更趋失望以至绝望、疯狂。

二 《长恨歌》:女性欲望的书写

王安忆的《长恨歌》也书写了一个女人的传奇一生。上海小姐王琦瑶甚至与吴为同属于一个年代,但她们显然具有完全不同的地域文化特征,是由西北地区的塬和上海弄堂养育出来的不同女儿。塬的苍凉、古老、威严、神秘,永不可知,“又因这永不可知而生出永不可及,因这永不可及而生出无望,在无望的沉落中,在沉落的钝痛中”,使吴为产生大悲大悯。上海的弄堂却是“声色各异的”、“性感的,有一股肌肤之亲似的”、有着最为日常的情景,亲切琐碎、嘈杂平庸又不乏细心地精致。《无字》中说“出生地是一个人的重要之地”,不同的地域文化造就了吴为和王琦瑶不同的性格特征、迥异的人生命运,但同样都体现着女性的生命体验。如果吴为是理想的、激情的,理想中有着冷酷的现实清醒,王琦瑶就是现实的平和的,现实中不乏无

① 荒林主持:《文本内外的阐释——关于张洁及〈无字〉的讨论》,《南京师范大学文学院学报》2004 年第 4 期。

望的激情幻想。所以吴为因清醒疯狂自杀，而王琦瑶却是因无望的激情而被杀。

《长恨歌》细腻、婉转、悠长地书写了一个女人与几个男人的情爱牵缠，从20世纪40年代最后的繁华灯影下走出，到80年代喧哗与躁动中落幕。王琦瑶并不能用"红颜薄命"来形容，"红颜薄命"本身就是男性制造的一种话语，是对女性弱者地位和命运的一种表述，男性以主宰的姿态对女性表示的怜惜，也不乏一些香艳狎弄的意味。王琦瑶对于自己的命运和人生却具有主动的把握性，主动地选择与争取，并勇敢地承担人生的结局。"在王安忆的书写中，王琦瑶与男性的关系是，不同的男性只是作为她生命成长历程的不同人生体验，她经由与他们的爱情而变得丰富，也变得更加需要独立承担个人的孤独。"①虽然她所演绎的也是一出男性文化中的悲剧，这种悲剧是属于女性的，也是历史的。

这是对女性欲望的书写，女性的身体欲望和物欲相互缠绕，形成了王琦瑶的生命情感史。王琦瑶出身于上海普通弄堂，不乏聪明也不乏与命运相抗争的愿望，具有那个时代那个城市赋予的典型特征。"它也讲男女大防，也讲女性解放。出走的娜拉是她们的精神领袖，心里要的却是《西厢记》里的莺莺，折腾一阵子还是郎心似铁，终身有靠。"②既接受了本土文化、传统文化的影响，又接受了西方现代文化的熏陶，使她在思想上集保守和开放的两重性。去片场拍片已然显示了某种暗藏的心思，她是力图展现自身的价值的。"选美是女性解放的一种表现"的认识，也是一种明确的性别认识。她要给自己的美丽赋予价值。于是由"沪上淑媛"成为温柔可人的上海"三小姐"。处身于20世纪40年代"自由真不少，机会却不多"的大上海，对于一个只有美貌与青春为凭依的女孩子，她想给自己创造更好的生活，便只有依靠这种资本。这种资本的价值是男性赋予的。王琦瑶是清醒地、主动地利用了自身的这种资本委身于李主任，温柔如水、善解人意、懂事乖觉，以反抗她可能有的众多的弄堂女性的命运，走进象征荣华富贵、安逸，也是边缘的爱丽丝公寓，成为李主任的"金丝雀"。王德威曾说，《长恨歌》的第一部叙述早年王琦瑶的得意失意，并未脱出张爱玲的影子。王琦瑶的这种暧昧身份，可以看作是对张爱玲"情妇"观点新的诠释。③ 王琦瑶这种"陷落"的过程确乎近似于张爱玲《沉香屑 · 第一炉香》中的葛薇龙。当来自上海在

① 荒林：《重构自我与历史：1995年以后中国女性主义写作的诗学贡献——论〈无字〉、〈长恨歌〉、〈妇女闲聊录〉》，《文艺研究》2006年第5期。

② 王安忆：《长恨歌》，东方出版中心2008年版，第13—14页。

③ 王德威：《现代中国小说十讲》，复旦大学出版社2003年版，第292页。

香港求学的薇龙因穷困向生活腐化的姑母求助,并在虚荣、情感的支配下一步步堕入命运的陷阱,她也曾力图挣扎却终归无以自拔。生于上海弄堂中的女儿王琦瑶也已被片场拍片、“沪上淑媛”、“三小姐”的梦幻经历激起了更高的欲望,无法再甘于平庸的弄堂生活。我们可以猜想,如果不是“选美”的经历,从王琦瑶与程先生交往的情形来看,他们之间也许并非没有可能。万人瞩目的荣耀和繁华令人眩晕,对自己的美有着清醒的认识、因生活环境的普通而激起更大自尊的王琦瑶,已经站立于选美舞台上并赢得瞩目的王琦瑶又如何能够回到弄堂的琐碎与平庸呢? 所以当象征权力和金钱的国民政府某单位李主任一出现,便自觉自愿地成为其情妇。这样的结局,如果对于葛薇龙还有着来自内心情感的痛苦,王琦瑶却已是安然自处。但无论张爱玲还是王安忆,对于葛薇龙和王琦瑶都表现了一种理解和同情。葛薇龙作为“一个极普通的上海女孩子”和王琦瑶作为弄堂女儿的共名,她们的虚荣、对更高生活的向往和对诱惑的不能抵御、在情感中的难以解脱,抑或将情感变卖给权力和金钱,是人性中普通的弱点。在王琦瑶看来,在面子上做人,是“做给人家看的,所谓‘体面’”,“在芯子里做人,见不得人的,却是实惠”。“实惠”、做给自己,这是她的生活信条,并延续在她此后的生命之中。无论是与康明逊之间的那种计较、无奈却又不舍的鸳梦,与程先生之间的恩义、与老克腊不切实际的忘年交,还是以无比的勇气生下薇薇独自抚养成人,生活中喝茶饮食的精致与情趣,“做给自己”都是王琦瑶的选择依据,体现了她对自身欲望的主动性。

王安忆对王琦瑶与康明逊之间的情爱进行了细致入微地精湛描摹。在这种情爱关系中,普通男女之间的那种计较,无奈却又不舍,他们的进退维谷以至顺应欲望与自然的繁冗复杂的心理感受也是那么可哀可叹。王琦瑶此时已经从爱丽丝中的“金丝雀”成为上海平安里一个年轻的靠给人打针维持生计的普通女人,而康明逊是旧日资本家中偏房所生的独生子,这种身份的不自主使他虽然对王琦瑶身上旖艳的风情沉迷不已,却没有勇气娶王琦瑶为妻,王琦瑶对此更是心明如镜。然而我们却不能说他们之间不是爱情,他们也是爱得欲生欲死。只是因为他们是俗世的男女,陷在现实的利益之中。爱情从来不会是没有条件的,总是附带着各自的利益考量,但也是小人物的真情。无望之后的得过且过,对情感的和解、理解与攫取,“他们这两个男女,一样的孤独,无聊,没前途,相互间不乏吸引,还有着一些真实的同情,是为着长远的利益而隔开,其实不妨抓住眼前的欢爱”。它是清醒的又是非理性的,它是情感的也是身体欲望的,并非依附性地为了生存和“食”的保障,而是小人物对于自己命运的一种挣扎与抗争。直到王琦瑶怀孕，她设计嫁祸于萨沙，又不计后果地将女儿生了下来，并独自抚养长大。在这期间，王琦瑶表现得那么大无畏，虽然有时不太光明，而康明逊却同《无字》中的男主人公们一样，“体现了前所未有的不负责任、疲软、苟且和无能”，即使亲生骨肉也不敢相认，甚至当“他看着她的眼光，就好像她随时会追着他讨债，又惶恐又有点厌恶”。

程先生固然是王琦瑶在困境之时最佳的选择，但王琦瑶对于恩、义的强调而不提情字，却显示了王琦瑶对待情爱坦荡磊落的另一面，“做自己的”而不强求，即使在困境之中。

王琦瑶情爱选择的世俗性、现实性，她对自己命运的主动把握（这种把握在传统话语中是不被认可的），也使人想起丁玲女士的《庆云里的一间小房里》。这篇发表于20世纪40年代的小说以其大胆前卫的书写对传统伦理，对传统女性形象（当然是男性所规训的）进行了尖锐冲击与颠覆，它是对“红颜薄命”的一种改写，“冲破传统女性躯体修辞学的种种枷锁”，①对女性的潜意识、性与欲望作了大胆率真的体认与言说，使它们脱离了对政治、历史、革命等宏大叙事的依附性，剥离了社会的、文化的和伦理道德的内涵和意义，从而取得了独立的述说权利，成为女性的性意识及身体经验本身。它也许只是形而下的、与现实同流合污的、边缘的，但它是女性的，自我的，而不是“红颜薄命”地期待渴盼着男性的拯救，它是拒绝拯救的。同样，王安忆将女性对情欲、物欲等的追求进行了合理化讲述，李主任、康明逊、萨沙、程先生、老克腊，在王琦瑶生命中的依次过场都那么不合常规，她也从未对自己的不合“良家女性”的选择有所反悔，这是“做给自己的”，是用女性的生命来体验的。这种身体叙事也“是对男性中心立场的传统文学修辞的反动，反抗女性被统率的文学传统模式。诗意化的作为肉身存在的女性身体在小说中获得醒目的存在，女作家们的激情书写宣告了女作家们对男性审美视角的消解，实现了女性主体意识从被窥视到主动观照的审美自觉”。②

王琦瑶的一生虽然有过“上海小姐”和“爱丽丝公寓”的短暂辉煌，在李主任死后，她的生活总体上是波澜不惊的，作为寻常百姓蛰伏在时代的夹缝里默默地存在，在这种悄然里，却顽强地充满了世俗生活的各色欲望，表现在它的声香色味之中。对李主任的选择固然是物欲的结果——“实惠”，由

---

① 南帆：《躯体修辞学：肖像与性》，《文艺争鸣》1996年第4期。

② 朱栋霖主编：《中外文学比较史（1949—2000）》下卷，江苏教育出版社2009年版，第89页。

此改变了她的命运，对上海的回归同样是对纷攘繁华的追寻，对华服美食堆砌的人生的追寻。《长恨歌》用大量的篇幅不厌其烦地细腻地书写大上海王琦瑶们对于吃穿用度的精致、用心。“再一日来，天下起了小雨，寒气逼人的，都添了衣服。午饭时，临时又添了一个暖锅，炭火烧旺了，汤始终滚着，菠菜碧绿，粉丝雪白。偶尔的，飞出几点火星，噼噼啪啪地响几声。”①“到了说好的这一日，王琦瑶总要把房间整理一遍，将女人家的东西收好，桌上放一些平日就买下的零食，山楂片、芒果干之类的。她还特地去买了一套茶具，镶金边带盖带托的茶碗，这时也一边一个的安置好。”②细致的点心，精作的菜肴，对衣饰的苦心经营，如此等等，王琦瑶的生命除了情欲，便是被这些物质的精雕细刻充斥着。这种对人物吃穿用度的书写与同样书写日常生活的《东藏记》《秦腔》等作品不同之处在于，《东藏记》和《秦腔》都还具有某种宏大叙事的影子，使得日常生活成为人物精神的一种呈现，抑或以生活的无序体现背后文化的衰落，衣食住行在其中，具有更多的能指性。在《长恨歌》中，对衣食住行的经营具有了一种本体性的色彩，它们是人世俗欲望的呈现，自身即是生活和生命的意义。

王琦瑶对于阿二的诱惑与李主任对王琦瑶的诱惑有着某种程度的相似，是充满了世俗欲望实在性的。在短暂的爱丽丝繁华梦终结之后，王琦瑶跟随外婆回到了邬桥。“邬桥是我们母体的母体”，凝聚了中国人的传统和中国人的生存智慧。然而，在此，邬桥并没有将王琦瑶同化，相反，邬桥的阿二，作为邬桥的未来和知识分子却被王琦瑶所吸引，所撩拨，所诱惑。这种撩拨和诱惑正是王琦瑶背后城市的撩拨和诱惑，引发了人内心各种欲望，也给欲望的实现提供了现实的可能性。“她走在邬桥的街上，身上披着那繁华锦绣的光影，几乎能听见歌舞的余音，尾随而来。阿二想：这上海女人就是为了引诱他来的。前景有多不妙，引诱就有多强烈。”③正是这种繁华锦绣的诱惑使得阿二从此离开了古老的邬桥。王琦瑶的魅力正是上海这座大都市的魅力，现代文化与世俗欲望的结合，它使人欲望膨胀，也给予实现欲望的最大可能性。

西苏说：“写作乃是一个生命与拯救的问题。写作像影子一样追随着生命，延展着生命，倾听着生命，铭记着生命。写作是一个人一生一刻也不

① 王安忆：《长恨歌》，东方出版中心 2008 年版，第 155 页。
② 王安忆：《长恨歌》，东方出版中心 2008 年版，第 163 页。
③ 王安忆：《长恨歌》，东方出版中心 2008 年版，第 133 页。

放弃对生命的观照的问题。"①女性写作更是女性的自我赋权，她通过写作来表达女性的生命意识，来界定自己的身份，不再仅仅是"被看""被书写"，而以"我看""我说"的话语权力描绘那个真实的自我，从而颠覆了长期以来一直被男性话语模拟的女性形象和本质的男性观念，将被传统文化被男权历史叙事所遮蔽的那一部分历史真相重新呈现出来。在《长恨歌》中，新中国成立、十七年的动荡、"文革"的翻天覆地、新时期思想解放的滚滚浪潮都被分解在王琦瑶柴米油盐的日常生活之中，分解在她与各色男女的情感牵缠之中，展现了一种更广泛的民间的也是边缘的历史现实，揭示了历史中普通女性(也是大多数的普通人)的生存状态。在此，看不见政治的你死我活、革命的汹涌澎湃，看不见战争的弥漫硝烟。如果说有战争，更多的也是女性细腻、敏感的心思之间小小的勾心斗角，可能仅仅是为了衣着服饰的较量、为了岁月的不甘、为了作为人的卑微的欲望与需求，显现的还是现实的形而下的生活之趣，是生活的点点滴滴，日复一日中旧日辉煌的终究逝去，新的缤纷不断成长绽放。正如王安忆所说的上海城市的市民精神："那是行动性很强的生存方式，没什么静思默想，但充满了实践。他们埋头于一日一日的生计，从容不迫地三餐一宿，享受着生活的乐趣。"②这种市民精神就是王琦瑶的女性的柔韧与坚持。

三　对传统伦理表现的内在矛盾

《无字》和《长恨歌》尽管体现出了鲜明的女性意识，在两性、爱情、婚姻中表达了女性的生命意识和生命体验，对传统伦理、对男尊女卑性别秩序进行了颠覆，但同时，这种颠覆却是不彻底的，甚至也充满了内在的矛盾。

"正是由于一般女性在潜意识中对家庭有着强烈的情感认同，所以才会对家庭及其成员之间的人际关系寄予厚望。"③与陈染、林白对男性的放逐不同，《无字》中书写了诸多吴为与胡秉宸之间因琐碎的家庭小事引发的矛盾，叶莲子更是记载了一本几乎是泣血控诉的"变天账"，但吴为对男性既"仇恨、敬畏"，又是"依赖"的，如果大恨源于大爱，如张洁对与胡秉宸离婚后吴为的剖析，"可谁能说……吴为的无情无义，不是由大爱而生的大恨?"那么《无字》的尖刻、冷诮的背后不正是对理想爱情中"男子汉"的渴望? 对家庭情感的那种渴望? 如果如墨荷那样对叶志清及其家人毫无爱

---

① [法]埃莱娜·西苏:《潜意识场景到历史场景》，转引自张京媛:《当代女性主义文学批评》，北京大学出版社1992年版，第219页。

② 王安忆:《王安忆说》，湖南文艺出版社2003年版，第241页。

③ 曹书文:《家族文化与中国现代文学》，中国社会科学出版社2002年版，第297页。

恋，那么也就归于平静与沉默了。张洁自己曾坦率承认："虽然每每批评电视里那些以男人为中心的广告，对画面中那些在男人的百般呵护下，甘愿做依人小鸟的女人'哀其不幸、怒其不争'，其实连自己也不知道这些批评正是羡艳使然。"[①]也恰如评论者所说："《无字》是以抗争的方式表达苦难，吴为和叶莲子的结局，就是一种以命诀世。这是对一个世纪的女性悲剧的了结，而在这个了结的后面是一种渴望与企盼。"[②]

也正是这一点，很多评论者看到了张洁女性主义背后潜藏着的男性意识和传统意识在作品中的显现。方长安和张文民在其论文中曾论述过张洁小说中的男权意识，张洁小说中的女性形象普遍表现出现代女性意识的淡薄，与此相关，它表现出一种男权价值规范下的道德理想，如道德完善与君子情结，两性关系中对"性"的回避或贬抑与丑化倾向，同时，张洁小说话语中也隐含着男性的视角，如女性形象的"雄性化"就是其一种表现。[③] 这些在《无字》中也有着明显地表现，吴为就是一个有着君子情结的"雌雄兼容"的女性。她对于胡秉宸理想化的想象，在与"白胡婚姻保卫团"作战中的坚韧、义无反顾、大包大揽，以至于她觉得是胡秉宸嫁给了她，而非她嫁给了胡秉宸。尽管婵月寄托了作家对两性和谐的美好愿望，让她担负为自己的母系家族打个翻身仗的重任，看作家对婵月感情和生活的表述：不易为感情所累，"从来不为男人花费更多的感情和心思，也就不会因付出太多而心生怨气"，当"未来的婆婆对儿子说：'亲爱的，以后可有人给你洗衣服了。'禅月笑眯眯地说：'甜心，为这一句话，从此也别再指望我洗衣服。'"[④]我们却很难说这些就是对男权的颠覆，而只能更深地以至有些悲哀地感受到伊利格瑞的话语内涵："如果我们不发明一种语言，如果我们不找到我们的身体语言，能与我们的故事相伴的手势就太少了，我们将厌烦这些一成不变的手势，使我们的欲望表达不出，实现不了。"[⑤]这体现了女性的也是女性写作的现实困境，置身在这个笼罩一切的男权的社会里，还没有为女性创造一种能够摆脱它的统治的话语和方式。

《长恨歌》中的王琦瑶"做给自己"的生活信条后面更有着对于男性的依赖思想，它在更多的时候呈现的是一种无奈，一种自我告慰。对于传统家

---

① 张洁：《张洁文集》(2)，作家出版社 1997 年版，第 552 页。

② 秦晋：《命运沉重的吹拂——评张洁的长篇小说〈无字〉》，《当代作家评论》2002 年第 5 期。

③ 方长安、张文民：《走不出的男权阴影——张洁小说新论》，《文艺评论》2006 年第 3 期。

④ 张洁：《无字》(第三部)，人民文学出版社 2013 年版，第 155—156 页。

⑤ 转引自王永兵：《论新时期女性小说性别主体的建构》，《东南学术》2010 年第 5 期。

庭的那种向往，使她在生命的最后，竟想用金子做桥梁来收买老克腊的青春相守，行为模式上重蹈了她与李主任之间依附交换的关系模式。王安忆说自己“很少单单从女性的角度去考虑东西……我总是觉得世界是男女共有的，这是很平衡的生态……”①但在《长恨歌》中，我们也依然看到了作家不经意间流露出的男性意识和价值观念。如对于爱丽丝公寓的抒情描绘，不乏一种欣赏：“不甘于平凡，好作奇思异想的女人，谁不想做‘爱丽丝’？……最终能走进这公寓的，可说是爱丽丝的精英。”“她们是美的使者，这美真是光荣，这光荣再是浮云，也是五彩的云霞，笼罩了天地。那天地不是她们的，她们宁愿做浮云，虽然一转眼，也是腾起在高处，有过一时的俯瞰。”②这种对“金丝笼”的欣赏与赞誉固然也体现了“爱丽丝”的女人对命运的把握，对自身价值的另一种“现实”的实现，但这既非是对女性生命意义和社会地位的洞悉，亦非是对外部世界富于女性生命特色的理解和把握，相反，它暗自契合了男权文化往往以男性/女性来喻指精神/物质的等级序列，在另一个角度上其实就是对女性的一种物化的表达。王琦瑶对“爱丽丝”的选择既是对命运的主动把握，如同苏童《妻妾成群》中女主人公自愿地走进旧式家庭，更是对现实中男权文化的自觉认同。

① 王安忆：《王安忆说》，湖南文艺出版社2003年版，第164页。
② 王安忆：《长恨歌》，东方出版中心2008年版，第95页。

第五章　叙事模式中的“固有血脉”和“世界思潮”

第一节　叙事传统与新时期长篇小说

陈平原在其《中国小说叙事模式的转变》中认为中国小说叙事模式的转变是由西方小说和传统文化的合力共同促成的。西方小说在叙事时间、叙事角度和叙事结构方面对中国小说产生了极大的影响，使之从传统的拘囿之中解脱出来，更适合于进行现代的叙事，但在其中，中国传统文学并非被动的接受，而是进行了创造性转化渗透在现代小说之中，在其中更梳理出“史传”和“诗骚”两大传统，它们影响着中国人民的民族心理和作家的文学观念、文学创作。近年来，古典志怪、传奇等对当代文学的影响同样受到理论界的重视，认为作为中国古代小说最具有民间或大众意义的传统叙事模式，传奇同样与现当代文学叙事的整体精神具有深刻的内在联系，从而在“史传”“诗骚”之外，又给我们呈现了“传奇”这一大叙事传统流脉。正如当代小说家格非在考察现代小说的源流时说过的，“现代小说革命固然受到西方文化价值观念的冲击，受到西方小说叙事技法的影响，但同时，它也是对中国古典小说传统的又一次再确认。这种再确认无疑是对中国传统叙事资源一次整理、扬弃、择取、借鉴的过程”。①

启蒙意识、批判国民性、对底层的同情、对民族解放和独立的呐喊，文学为人生的写作宗旨，都可以探寻到传统文化精神对作家的影响，它贯穿了中国现当代文学发展的整个历程，是作家的人文坚守，也是作品的底色。即使是郁达夫多感伤怨愤的自叙传抒情小说、沈从文供奉人性的自由主义小说，不仅在实质上并没有脱离“为人生”的范围，与时代有着内在紧密联系，抒情和乌托邦的色彩也连接起“诗骚”浪漫与抒情的一脉。丰富的传统叙事艺术作为重要的文学资源影响着作家的创作，深蕴在结构艺术、人物形象塑造、语言等各方面。茅盾的小说结构宏大，线索纷繁，又能够错落有致，疏密相间，已经深得古典小说的结构匠心，尤其是《子夜》的首尾相结，《霜叶红

---

① 格非：《朝向陌生之地》，《青年文学》2005 年第 1 期。

似二月花》以一人贯穿几个家庭，在日常的闲谈中展现时代的变动，这样的结构特色与古典小说是一脉相承的。老舍小说对古都市民社会日常世俗生活的展示让人呼吸到传统话本小说及《金瓶梅》《红楼梦》的气息。在行动和语言中刻画人物的传统艺术方法，又为众多的作家所接续。在文学形式方面，现代性的视角往往将文学形式与意识形态对等起来，传统叙事形式在很长的历史时期内成为与现代性、与启蒙相对立的一面被遮蔽和被边缘化，大量采用传统章回体的言情小说、市民小说、武侠小说并未被并入现代文学的队列，即使如此，整个现代时期文学大众化的要求与对传统文学的态度也呈现出某种一致性。1938 年，毛泽东在中国第六届中央委员会第六次全体会议上的报告《中国共产党在民族战争中的地位》，倡导文学艺术的中国作风和中国气派，由此引起“民族形式”的论争。对此论争，周扬曾指出，应充分吸收民族的、民间的旧有艺术形式中的优良成分。旧形式的民间形式，就包含了白话小说、唱本、民歌、民谣，以及地方戏、连环画等等。[①] “民族形式”论争深刻地影响了一定时代的文学创作。1942 年，毛泽东作了《在延安文艺座谈会上的讲话》，进一步明确并完善了对文学的要求，提出了继承与发展、普及与提高的时代课题，与“民族形式”的要求一脉相承，都强调了对传统文学和民间文学的继承和发展。赵树理的“新评书体小说”，马烽、西戎的章回体英雄传奇等都是对旧有形式的创造性利用。赵树理的小说被认为“是走向民族形式的一个里程碑”，[②]“最朴素，最具体的实践了毛主席的文艺方针”。[③] 在民族意识和救亡意识的高潮中，利用传统艺术形式“旧瓶装新酒”是很多作家不约而同的选择。

新中国成立后，在《讲话》作为一个时代的主导性文学规范之下，我们对当代文学的资源进行了重新评定，中国古典文学和民间文学成为重要的传统文学资源，与文学的“工农兵方向”以及普及提高的任务相适应，在十七年和“文革”的创作中，传统文学艺术技巧和艺术形式与新的时代内容相融合是一个普遍的文学现象。纵观十七年的长篇小说，能够为人民喜闻乐见，传诵一时，原因固然是多方面的，其中一部分因素也正在于它们在创作手法、人物塑造等方面借鉴了传统小说的艺术技巧，使之更大众化，符合了更为广大的人民的审美习惯。梁斌《红旗谱》人物的传奇性、民间英雄的侠义精神，小说强烈的故事性，结构上的章回性，主要通过语言和行为刻画人

---

① 周扬：《周扬文论选》，人民出版社 2009 年版，第 272 页。

② 茅盾：《论赵树理的小说》，见黄修己编：《赵树理研究资料》，知识产权出版社 2010 年版，第 173 页。

③ 陈荒煤：《向赵树理方向迈进》，《人民日报》1947 年 8 月 10 日。

物的艺术手段，日常生活的细腻描写，都有着对《水浒传》《红楼梦》和《金瓶梅》等古典小说的借鉴，如作者所说：“一面看着《金瓶梅》，一面想着《红旗谱》，受益不浅。”①柳青曾表达对传统文学的喜爱：“最近几年，我把《三国演义》从头到尾一字不漏地读完。我又读了两遍《水浒传》，三遍《儒林外史》，而且我随便翻开什么地方读起，就不由得要读下去。我觉得我从它们得到了好处，但是我自信读者不能指责我从那一本书里割了一块贴到我自己书里。”②在《美学笔记》里更是引《水浒传》中宋江与高俅之间没有正面冲突的例子，来为《创业史》没有描写梁生宝与姚世杰发生正面冲突进行辩护。对于塑造理想人物，他曾举例《三国演义》写了诸葛亮，《水浒传》写了宋江，《红楼梦》里写了贾宝玉等来说明它的合理性，③可以感受到传统文学对柳青创作的深远影响。曲波《林海雪原》的传奇色彩让人再次感受到古典小说中的“绿林传奇”，它在结构和叙事方式方面同样借鉴了“水浒”“三国”“说岳”等古典小说，使之呈现出鲜明的“民族特色”。读者或者观众在英雄杨子荣和土匪座山雕的巧妙周旋对答中，感受到的愉快更多的也许并非来自对人物命运的期待（毋庸置疑的以胜利结束，这是十七年小说英雄人物的固定模式）或英雄形象的高昂，而是在“道高一尺，魔高一丈”的语言斗法中蕴含的民间智慧。甚至“文革”中的样板戏，也是对传统戏曲的现代性转化。古典文学的叙事传统在十七年的文学创作中留下了清晰可辨的足迹。

新时期长篇小说的创作是在打开国门改革开放，外国文学及其思潮如潮涌入的时代背景下发展起来的。对外国文学思潮迫不及待地介绍和吸纳也恰如五四时期，显示着政治上的诉求，文化上的焦灼和饥渴。当传统文化受到再评价的时候，传统文学叙事技巧同样在经历着考验。与五四启蒙时代的作家所不同的是，五四作家、学者固然也表现出文化上的激进态度，反传统，但通常自身都具有深厚的传统文化根底，而经历过“文革”的新一代文学青年是在文化荒原上成长起来的。20 世纪 80 年代中期，寻根文学作家郑义曾表达了一代人对民族文化传统缺失的心灵之痛：“发现无论怎样使劲回忆，竟寻不出我们这一代人受过系统的民族文化教育的踪迹”，“我们民族特有的价值观念、我们民族对自然、社会、人的睿智而至今仍不失其意义的彻悟，我们民族与众不同的精深的审美意识，却几乎没有一本教科书

① 梁斌：《一个小说家的自述》，中国青年出版社 1991 年版，第 502 页。
② 蒙万夫等编：《柳青写作生涯》，百花文艺出版社 1985 年版，第 29 页。
③ 蒙万夫等编：《柳青写作生涯》，百花文艺出版社 1985 年版，第 97 页。

曾向我们传授”。[①] 寻根文学开启了向民族传统文化的再次回眸。但文学发展到新世纪，很多评论家表达了对传统的文学表现方式不断丧失的忧虑，如陈建忠即指出，当代文学正大量失去传统小说的基本元素，譬如故事、人物、情节等。他认为，当代文学面临着一个如何承继传统经验的问题。我们的小说家的思想资源大都是从西方借鉴过来的，还没有从中国土地上生发出新的思想资源来，作家们在继承传统经验上没有训练。由此提出一个值得思考的问题：我们在创新的同时，是不是还应该保留最基本的中国小说叙事的要素？[②] 另一方面，吴秉杰认为当代长篇小说演变的最主要的特征或成熟的标志，恰“在于它突出表现了对于民族文化（包括传统文化与当代文化）的关注和开掘，而摆脱了单纯受西方理论、思潮影响的‘实验性’阶段”。[③] 论述角度有所不同，但都表明了对传统叙事艺术的继承和发展在当代文学中的重要性。

传统文学叙事艺术是否还能契合中国当下的生活经验？答案必然是肯定的。20 世纪 80 年代的先锋派作家在经过对“怎么写”的艺术技巧和形式极端追求之后，在 90 年代大多开始创作转向，呈现出大踏步撤退的姿态，开始注重故事、人物、命运这些传统叙事因素，余华、苏童等 90 年代以来的作品大都具有浓郁的传统或古典叙事色彩。第六届茅盾文学奖所遭遇的读者期待使得“雅正作品”最终当选，检阅这些获奖作品，一般都塑造了较为典型的人物形象，如张居正、“梁大牙”、张普景、史天雄包括孟弗之等知识分子。在艺术表现上，《张居正》采用了章回体这种传统艺术形式，故事性强，大量社会风俗的描写具有明清风俗小说或市井小说的影子，《历史的天空》中“梁大牙”成长为革命英雄“梁必达”的历程充满民间传奇的色彩，小说还融合了英雄美人的模式，《东藏记》的人物、语言都是深具中国传统文化色彩的，虽然故事性并不强，它承袭的是《红楼梦》日常生活叙事的一脉。作为主流文学的代表，获奖作品在融合东西方艺术经验之时，都必然地体现了对民族文化的关注和开掘。而目前最为大众化的网络小说，在表现形式上，基本上也都还沿着传统小说的叙事惯性向前推进。

（一）体式上对章回体的运用

作为中国长篇小说的传统形式，章回体经过明清到近代的创作实践，早

---

① 郑义：《跨越文化的断裂带》，《文艺报》1985 年 7 月 13 日。

② 岳雯整理：《长篇小说艺术暨文学发展趋势研讨会综述》，见中国作家协会创作研究部编：《长篇小说艺术论：长篇小说艺术暨文学发展趋势研讨会论文集》，第 11 页。

③ 岳雯整理：《长篇小说艺术暨文学发展趋势研讨会综述》，见中国作家协会创作研究部编：《长篇小说艺术论：长篇小说艺术暨文学发展趋势研讨会论文集》，第 4—5 页。

已形成规范化的创作方法和文化审美效应，注重故事性，语言上的讲述风，叙事上的旁观化全知化，以及“预知后事如何，请听下回分解”式的对关键时刻的悬念处理，形式上最突出的特征当然是分章标回的设置。各回有回目，通常是双句，也有单句的形式，回目对每一回内容的隐括或预叙使读者既对前述内容有所回顾，又对即将开始的故事有一个先期的了解，回目形式上的对称，整齐划一，本身也带有一种美的意味。传统章回小说有着极为广大的接受群体，尤其是在民间。整个现代时期，对它的批判和现代性转化一直存在着，既利用其广大的民众接受群体，又使其能够负载新时代的内容，如张恨水的章回体小说不断吸收现代文化因素对传统章回体进行改良，被认为“冲破了旧小说旧时代之藩篱，展开了一个新局面”①的《八十一梦》，不仅在思想上而且在叙事艺术上呈现出现代性的特质。张恨水对自己的这种改良曾经说过：“关于改良方面，我自始就增加一部分风景的描写与心理的描写。有时，也特地写些小动作，实不相瞒，这是得自西洋小说，所有章回小说的老套，我是一向取逐渐淘汰手法，那意思也是试试看。在近十年来，除了文法上的组织，我简直不用旧章回小说的套子了。严格地说，也许这成了姜子牙骑的‘四不象’。”②事实上，每一种传统艺术形式都有一个现代化的过程，使之能够更好地适应时代的发展，体现作家的创作意图，而不可能完全依照其传统艺术准则。张恨水的章回体已经极大地突破了传统章回体的线性、全知故事叙事，大量采用了限知叙事、时间交错、蒙太奇、心理描写等现代技巧。这些既极大地拓展了章回体的艺术表现深度，也会转化成为章回体的创作传统。新时期，金庸的武侠小说也通常采用章回体的叙事并取得了很高的艺术成就，金庸甚至被列入20世纪中国文学大师之列，③极大地提高了章回体小说的艺术地位。直接采用章回体的小说在新时期“精英文学”中并非鲜见。贾平凹创作于1993年的章回体小说《废都》，氛围、人物、语言和故事设置都有着《金瓶梅》的影子，小说语言充满了传统话本“说话体”的艺术元素，在“一男四女”的“金瓶梅”情爱模式之下，被颓废气息笼罩的主人公庄之蝶的命运遭际引起无数知识分子的心灵共鸣，成为20世纪90年代中期人文精神失落，知识分子迷茫困顿的精神寓言。莫言自认为能够比较全面地代表他的写作风格和他在小说艺术上探索的《生死疲

① 陈铭德：《八十一梦·序言》，见张恨水：《八十一梦》，北岳文艺出版社1993年版，第3页。

② 张恨水：《总答谢——并自我检讨》，见张占国等编：《张恨水研究资料》，知识产权出版社2009年版，第238页。

③ 1994年，王一川曾为20世纪中国文学大师重新排名，依次是：鲁迅、沈从文、巴金、金庸、老舍、郁达夫、王蒙、张爱玲、贾平凹。

劳》,也正是以章回体的形式容纳了从土改到当下半个多世纪的历史变迁,它的魔幻时间意识、以蓝大头、西门闹及他所变幻的驴、牛、猪、猴等的第一人称限知视角的讲述,大量现代艺术技巧的使用,都是对传统章回体的现代改造。此外,陆文夫的《人之窝》、冯骥才的一些“津味小说”等也都明确以“回”来标注章节,以章回体为结构方式。

除了直接以章回体创作的小说,章回体对当代文学的渗透也是多方面的。古华的《芙蓉镇》虽然不是典型的章回体,整体上也具有章回体小说的特征,每一章设定一个题目,围绕一个主要人物或一个故事展开,只是它以“女经理”“满庚哥和芙蓉女”“吊脚楼主”等这样简短的词语替代了传统回目的规整、对偶(或对仗),可以说是回目的当代变形。这样的章节设置在当代小说中是非常多的,如《钟鼓楼》《推拿》《长恨歌》等等,只是这些小说中的章节题名与传统章回体的回目之间的关联往往易被读者忽略。在叙事视角上,全知视角应该是最为传统的叙事视角,《芙蓉镇》《钟鼓楼》等都采用了这样的叙事视角。叙述语言上,《芙蓉镇》《钟鼓楼》《茶人三部曲》等也都具有“中国式讲史”的特色。《茶人三部曲》尤其第一部的叙述语言,明显有一种说书的意味,众多“你想”的句式,犹如传统小说中的“各位客官”,讲述者不断现身,面对假想的读者进行议论和评价。传统章回体的很多特点更被当下的网络小说广泛承继,既注重故事的完整性,又要情节的连绵曲折,注重悬念的设置,以调动和保持读者的阅读期待,章回体的这些特点对类似于“讲史”的长篇连载的网络小说来说都成为重要的艺术手段。

第六届茅盾文学奖获奖作品中,熊召政的《张居正》采用了章回体的形式。它是作家运用传统叙事体式,在尊重历史的大前提下注重故事性的一种尝试,无论在艺术方面还是思想方面都取得了很高的成就。它的语言是讲述式的,结构上运用二元对立的模式,使人物始终处于情与理、改革与守旧、君统与民间的矛盾冲突之中,突出了张居正这一改革家的“铁腕”形象,也在与高拱的明争暗斗、政治上的“铁三角”、情事、夺情等一系列事件和人际关系中展现了人性的多面,叙事“和谐而富有张力”。不同于传统章回各情节单元的相对独立完整性,《张居正》将史传“互见法”融入章回之中,“小说的叙事紧扣主要事件的主体部分,就事不就人,至于人物尤其是事件中涉及的次要人物的结局,则在下一事件的叙述中自然带出。比如第2卷一开始写设计抓捕章大郎,但抓了以后如何处置,却一直等到第九回王希烈与魏学曾密谋闹事时才在谈话中带出。这种类似于史传‘互见法’的情节布局,把可以想象到的情节以空白的形式留给读者,使小说叙事显得简捷而凝练。适当的情节跨度又可以激起读者的探究和想象,增强阅读的兴趣和叙事的张力。"①同传统章回体一样,《张居正》基本上采用的全知视角叙事,主要通过事件、故事,通过语言和行为这些传统的艺术手法来表现人物,少有人物心理的刻画和分析,由此缺少了特定情境下人物内心可能具有的冲突,这既可以更客观地呈现历史事件,也被一些评论者认为在一定程度上限制了作品对人物内在精神和心灵的深入剖析②。如果这种认识具有一定合理性的话,那只是进一步说明,文学体式本来就是不断发展的,只有不断融入新的艺术因素,才可能保持强大的生命力,承载新的时代内容和更深广的思想内涵。

（二）史传与诗骚

中国的史书极为发达,中国小说形式的发展受历史著作的深刻影响已是定论。古人常将文学比附于史书,如金圣叹赞"《水浒》胜似《史记》"之说。司马迁写作《史记》渗透了自己"究天人之际,通古今之变"的宏大历史意识,鲁迅称其"史家之绝唱,无韵之离骚",影响了后人对《史记》的接受。《史记》是"史",也是"诗",这已经是对《史记》"史诗性"的一种评价,诗史结合既是对它的最高赞誉,也无意中显示了《史记》作为史书存在的历史悖论:用"诗"的文学的眼睛去看,人们忽略了《史记》中"诗"的审美和虚构对"史"真实性客观性的损害,它的叙事技巧、内蕴的丰沛情感、发愤著史的精神、"究天人之际,通古今之变"的历史意识却为历代称道。自然,"史传"的传统并非仅仅指《史记》,陈平原将之作为历史散文的总称。"'史传'传统使'新小说'家热衷于把小说写成'社会史'"③,道出了作家创作背后来自于"史传"影响的"史诗"意识和"史诗"情结。

当代长篇小说的主流是致力于对"史诗"性、"厚重"、"历史进步"、"大容量的社会生活"的追求的,一部作品被认为具有"史诗性",往往被看作是对它内容深邃风格宏大的一种肯定和赞誉。具有"史诗"性也是大部分茅盾文学奖获奖作品的一个特征。无论是反思小说还是改革小说,或者描写改革的历史小说、表现乡村变迁的乡村小说,都紧紧契合着中国当下社会现实的发展,具有题材上的重大性,具有宏大叙事、改革或革命神话叙事的潜在结构。《芙蓉镇》"寓政治风云于风俗民情图画,借人物命运演乡镇生活变迁",《白鹿原》的扉页上点明了这部作品的精神负载:"小说被认为是一

① 吴秀明、杨鼎:《〈张居正〉:权力"铁三角"下变法悲剧与作家的诗性叙事》,《中山大学学报》2006年第3期。

② 陈娇华:《从章回体制采用角度透视〈张居正〉的审美遗憾》,《贵州社会科学》2007年第4期。

③ 陈平原:《中国小说叙事模式的转变》,北京大学出版社2003年版,第221页。

个民族的秘史”,《长恨歌》“以一个女人演绎一座城市”,《秦腔》“为故乡立碑”,《额尔古纳河右岸》以最后一位老人的自述贯穿起一个弱小民族数百年的历史命运。历史小说更是将“诗”与“史”相结合,展现出波澜壮阔的历史画卷。这使这些作品往往有一种历史的纵深感和沧桑感,类似于“一个民族的‘传奇故事’”。农村题材的小说《许茂和他的女儿们》《平凡的世界》《骚动之秋》《湖光山色》《秦腔》表现社会发展不同时期,农村和农民的精神面貌、心灵波动,排列下来几乎可以看作农村的社会、精神发展史。《白门柳》《张居正》《东藏记》《你在高原》和《天行者》等表现知识分子的道路选择和精神坚守,所关注的无论是社会变革中“只为苍生谋福祉”的铁腕,战火硝烟中坚守岗位“尽伦尽责”的教授学者,还是为山区孩子撑起理想之旗的民办教师,都充满知识分子的精神寻根,是知识分子对自身的想象和建构,与当下的精神情怀形成映衬和对话。与作家的创作意图相一致,作家对个人命运的关注更在于它是一个时代风貌的展现,“寓政治风云于风俗民情图画,借人物命运演乡镇生活变迁”的《芙蓉镇》,一个“借”字道尽了人物在小说中的地位,人物的性格和命运遭际都是被统摄在历史变迁、新时期对“文革”的胜利的书写目的之下的。《许茂和他的女儿们》以许茂和几个女儿尤其四女儿的生活故事,以“文革”这一重大历史事件作为故事的背景,来揭露“文革”对农民精神上造成的严重创伤,反映20世纪70年代的社会面貌,作家的创作意图也不是对人本质的兴趣,而是在于对“文革”现实灾难的控诉。《平凡的世界》中具有两条书写线索,一条是少安、少平兄弟改变命运的奋斗史,另一条则是田福军政治命运的变迁史,两条线索并行不悖,形成小说的故事结构,在这看似与少安、少平人物刻画游离的背后,则是路遥力图全景式描绘中国十年间城乡社会生活巨大历史性变迁,揭示生活的内在矛盾冲突,显示历史发展趋向的宏伟构想。

这种“史诗”情结,“实录”“补正史之阙”的写作手法,与几千年儒家文化传统对“士”阶层责任担当的强调一脉相承,“载道”“为人生”“现实关怀”都与之有着关联,我们也便能够理解何以中国文学无论创作还是接受上都缺少一种“城墙”意识。

“突出作家的主观情绪,于叙事中着重言志抒情;‘摘词布景,有翻空造微之趣’;结构上引大量诗词入小说”①的“诗骚”传统曾是五四作家借以突破传统小说叙事的手段。20世纪80年代初的很多小说中,都能看到作家情不自禁地跳出来抒情议论,具有强烈的情感倾向性。面对历次运动给人

① 陈平原:《中国小说叙事模式的转变》,北京大学出版社2003年版,第212页。

们带来的灾难，新时期开始后新生机的涌现，古华情不自禁地发出这样的咏唱："时间也是一条河，一条流在人们记忆里的河，一条生命的河。似乎是涓涓细流，悄然无声，花花亮眼。然而你晓得它是怎么穿透岩缝渗出地面来的吗？多少座石壁阻它、压它、挤它？千回百转，不回头，不停息。悬崖最是无情，把它摔下深渊，粉身碎骨，化成迷蒙的雾。在幽深的谷底，它却重新结集，重整旗鼓，发出了反叛的吼叫，陡涨了汹涌的气势……"①在时间的不可阻隔中，蕴含着不可磨灭的未来的希望。张炜的很多作品都具有浓烈的抒情性，《你在高原》中的多部小说故事性并不强，甚至它主要不是为了讲述故事，刻画人物，而是为了表达主人公在对历史和现实真相的追寻中发现真相原本污浊、丑恶、荒诞、残酷时复杂的情怀和凝思，表达在对"高原"的理想建构中灵魂的裂变，大量的内心独白，抒情议论，主体思想、精神和情怀的抒发而非客观叙述构成小说的主要艺术手段，呈现着散文化小说的结构特点。迟子建的《额尔古纳河右岸》更是一部诗化的小说。引诗词入小说在当代小说中是极其常见的。《战争和人》中童霜威的吟诗赋词，感怀家国，《东藏记》《你在高原》《天行者》等作品中的诗词运用，无论是为了塑造人物，渲染氛围，还是作家的情感表达，"诗骚"的影响都给小说增添了诗化的色彩。

（三）传奇

传奇是中国文学的一大传统，与"'史传'之影响于中国小说，大体上表现为补正史之阙的写作目的、实录的春秋笔法，以及纪传体的叙事技巧"②不同，传奇是"以想象性的情节营造为核心来讲述具有虚构色彩的故事，或者说是富于奇异色彩的叙事"③。有论者追溯了当代小说中的传奇叙事传统，红色经典小说书写了"革命传奇"，《林海雪原》即被认为是一部典型的传奇作品，无论是题材、人物还是故事、背景，都充满了传奇的意味。在新时期文学中，无论是"改革小说"对"改革英雄"的书写、"知青小说"以一种特殊的浪漫情怀更加深沉地体味那种"出奇的艰苦，出奇的悲壮，出奇的崇高"的"英雄悲歌"，还是"寻根小说"对"异乡异闻"神秘怪诞的展示、"先锋小说"的新历史主义色彩等，都在其中蕴含着传奇的因素。④ 张爱玲曾将自

---

① 古华：《芙蓉镇》，人民文学出版社 2004 年版，第 159 页。

② 陈平原：《中国小说叙事模式的转变》，北京大学出版社 2003 年版，第 212 页。

③ 张文东等：《浪漫精神与现实梦想——中国当代小说中的传奇叙事》，人民出版社 2013 年版，第 9 页。

④ 张文东等：《浪漫精神与现实梦想——中国当代小说中的传奇叙事》，人民出版社 2013 年版，第 65 页。

己的创作称为“传奇”，讲述人世间的男女爱恋、悲欢离合，深受张爱玲影响的王安忆所作的《长恨歌》也是一个市井女子王琦瑶在都市的繁华与衰落、时代的更迭变换中摇落的梦一般平淡又魅惑的人生传奇。传奇作为一种“奇幻”“想象”的叙事模式和艺术思维方式，普遍存在于文学之中。

莫言小说的传奇性一直为评论者所关注。“莫言作品中通常将英雄人物放在‘传奇’模式中进行叙述。”①莫言声称：“对于一个作家来说，我当然更愿意向民间的历史传奇靠拢并从那里吸取营养。因为一部文学作品要想激动人心，必须在讲述出惊心动魄的故事中塑造出性格鲜明、非同一般的人物。”②《红高粱》《檀香刑》《食草家族》等，都具有“惊心动魄的故事”，“非同一般的人物”。《蛙》通过虚构的故事反映中国计划生育的历史，“我的姑姑”的人生充满时代色彩又深具荒诞气息，“送子娘娘”与“杀人魔鬼”的双重身份都具有非凡的、非神即魔的浓烈特性，历史命定地成为她人生一纸两面的双层纠缠。“姑姑”的一生是“波澜壮阔”“跌宕起伏”的，在姑姑多半个人生中，她忠诚地执行党的政策，自认为站在真理的一边，在承担社会政策的责任时义无反顾，意志坚定、毫无私情、气宇轩昂如同样板戏中的女英雄，同《红高粱》中的“我爷爷”余占鳌一样，“我姑姑”具有莫言创作的长养于山东高密“我的家族”中人物相似的精神特质。在叙述的故事中，姑姑与落后老娘婆的斗争、与违反计划生育政策行为（也是落后思想文化）的几次斗争都是那么惊心动魄。姑姑在退休后嫁给了泥塑艺人郝大手，嫁给的理由又是那么荒诞不经。《蛙》是姑姑的人生传奇。姑姑和郝大手携手制作泥娃娃，郝大手的手中诞生的泥人每个都有着独特的生命和气息，曾经恋着姑姑的秦河也在爱情落空之后脱胎换骨成了一个泥人大师，在王肝的神话式讲述中，这些人物都弥漫着神奇化与神秘化色彩，这些又是民间“异人异事”的传奇。

王旭烽的《茶人三部曲》则是“茶文化”的传奇，以一个茶叶世家的兴衰沉浮、三代茶人的悲欢命运演绎了近百年中国历史进程和国人的精神变迁与固守。在人物方面，除了武林高手吴茶清，从被抓捕的长毛到忘忧茶庄的大管家，在不露声色、少言阴郁中充满了内心和行为的神秘性之外，赵寄客最具英雄传奇的精神特质，有着传奇的经历和侠义豪爽的性格，深具侠士之风。好舞枪弄棒，打抱不平，也热心于改革中国的行动，具有多次造反的经历，青年时期东渡日本加入同盟会，参加辛亥革命及多次革命战争，又在一

① 朱永富：《论莫言小说的叙事策略与审美风格》，《甘肃社会科学》2013年第2期。
② 莫言：《用耳朵阅读》，作家出版社2012年版，第57页。

次战争中失去了一只手臂，成为独臂英雄；抗日战争时期，被日本人软禁在孔庙中，为保卫孔庙宁死不屈。在汉奸拆掉孔庙大成殿的梁柱后，怒撞经石而死，以身殉庙。侵略杭州的日本首领小堀一郎又正是赵寄客在日本的私生子。这样的一生汇聚了清末以来有识之士对振兴中国道路进行的一系列探索。这是《茶人三部曲》中具有坚强、勇敢，理想而狂热精神的一个典型人物，这种精神又在杭嘉平的身上得到传承。而林藕初这一传奇式女子在人们面前的初次亮相是与丈夫举行婚礼，恰逢长毛吴茶清被清兵追赶逃到此，身负重伤昏迷落地，在人们惊诧之时，"林藕初一个翻身爬起，一把揭掉盖在头上的红头巾，又把那人一下子托起"，"小地主的女儿林藕初，毕竟是在乡间的风吹日晒中受过锻炼的，二话不说，拖起那人就往洞房里走。七手八脚拖进洞房床前，新娘子将大红袍子三两下脱了就披在他身上，头上一块头巾盖住，一把将他按在床沿。那人坐不住，摇摇晃晃要倒，新娘子腾地跳上床，拉过一叠被子就顶住他腰"。[①] 这样的语言是极具古典传奇色彩的，通过一系列鲜活的动作，一个果敢、强势、富于生命力的女性形象栩栩如生地展现在人们面前，也由此开启了人物不同寻常的命运。

对传统叙事技巧的借鉴在当代文学中是多方面的。王安忆《长恨歌》对古典文学意象的借鉴，宗璞小说语言、风格的温柔敦厚之风。传统"六义"之"兴"是托物起兴，先言他物，借以引出作者所要表达的思想、情感，亦即寄情于象，形成意象。这些意象，往往又渗透着作者的情感评价，如屈原的"香草美人"以喻君子，成为传统"比德"的艺术手法，所用之象，在几千年的文化流传中已经衍生了丰富的内涵和意蕴，引起人们一定的情感取向和道德评价。当代小说对它的使用暗合着人们的这种传统审美心理。《白门柳》开篇的梅树梅花，《东藏记》中贯穿始终、繁花盛开的腊梅林，是对知识分子精神人格和人生处境的礼赞和呼应。《茶人三部曲》中的茶，成为中华传统精神和坚韧生命力的物象。这种意象的存在不仅为作品增添了诗意，更使情感表达蕴藉含蓄。具体的艺术手法更是不胜枚举，《东藏记》对吞噬雪妍的落雪坡的一再提点，极易让人想到施耐庵讲述武松景阳岗打虎时一再暗示的手中的哨棒。《茶人三部曲》中的曼生壶则如同《蒋兴哥重会珍珠衫》中的珍珠衫，以一件事物为线索贯穿了几个相关人物的命运。

自然，诚如研究者所说，叙事传统对当代文学的影响绝不仅仅局限于艺术形式和技巧方面。"如果仅仅是突出叙事传统中的民间叙事资源，或者在民间叙事资源中重点突出形式的改造以及语言的大众化，中国当代文学

① 王旭烽：《茶人三部曲》（第一部），人民文学出版社 2010 年版，第 7 页。

与叙事传统的关系显然是偏颇和片面的。”①事实也正如杨义先生说过的：“同是借鉴古典文学，每个作家的领悟有所不同，有人移植审美形态，有人融会艺术趣味，有人借用表现手腕，有人师法语言风格。”②这些深蕴在当代文学中，与现代艺术观念和技巧共同形构着当代文学的多姿多彩。

第二节　当代小说中的时间意识

时间是生命存在的抽象形式，当孔子立于河岸之上，面对浩浩荡荡奔腾而去的河水，发出“逝者如斯夫，不舍昼夜”的感叹时，让人感受到古人对于生命流逝，不可逆返的永恒哀伤和内在的奋争动力。在人们对时间的认识中，也隐含着对宇宙和生命的体认，而如何体认和感受，则包含着丰富的文化隐义，与特定社会文化息息相关。与时代文化紧密关联的作家的时间观念和时间意识渗透在小说的结构营造、题材选择、主题表达和叙述的方式之中。

中国传统历史哲学中的时间观，是在线性的不断运动中强调着事物周而复始的循环特性。“反复其道，七日来复”（《易经・复》），“无平不陂，无往不复”（《易经・泰》）等诸多此类的论证，“天不变道亦不变”，几千年的历史演进成为封建王朝的替代式变更，却鲜有制度的根本性转变；六十年一甲子，以帝王年号为标识的独特的纪年方式，都有着回环往复的观念在内。这种循环的历史时间观念体现在文化典籍的写作模式中：一部《左传》着重于春秋时期霸业争夺的循环而非社会的变革与进步，《三国演义》则开宗明义地指出“话说天下之势，分久必合，合久必分”，历史在治乱相交中演进着英雄人物的传奇。在这背后，是中国古人日出而作，日落而息与自然“天人合一”的生产生活关系，是“人法地，地法天，天法道，道法自然”，由“天道”而“人道”的生命哲学，以及以伦理纲常为经纬的社会秩序。治乱相交正是人类社会不断脱离于“道”的轨迹而又不断纠正，使之趋向于“道”的过程。在这种时间观念下，传统小说在事件的顺序发展中往往有着“因果相生”的内在叙述模式。

伴随着中国近代以来开始的现代化历程，西学东渐，人们对时间的认识变得丰富起来，尤其是达尔文的进化论和马克思社会发展理论的输入，对中国的影响尤为巨大，线性发展的、进步的历史时间观逐渐取代循环的时间观

① 郭冰茹：《中国当代小说中的“叙事”传统》，《南方文坛》2013 年第 6 期。
② 杨义：《中国现代小说史》下，人民出版社 1998 年版，第 544 页。

念成为主导的时间意识,不必拘泥于已存的体制,勇于探索新途,在其中寄予了有识之士对社会变革和建立现代民族国家的极大热情。在这种时间观念中,过去—现在—未来的时间链条上,总是表现为现在优于过去,未来优于现在的价值序列。而现实主义叙事传统将小说视为社会和政治文化现实的记录,忽视人的内心世界和生命体验的叙事观念,使这种进步的历史时间一度成为当代小说主要的时间意识,形成一定的叙事模式。《红旗谱》《青春之歌》《创业史》以及很多改革小说,表现中国革命几乎都是从胜利走向胜利的叙事模式。《创业史》是互助合作逐渐发展和被认可的过程,《芙蓉镇》书写从60年代农村经济调整到"文革"后的芙蓉镇变化史,经历了几番动荡和苦难终于又迎来了善良人们的幸福和小镇的繁荣;《沉重的翅膀》是改革者与传统观念没有硝烟却荡气回肠的斗争历程。人物的心理活动也更多地围绕这一主题而存在,如郑子云在与妻子的不和谐婚姻中居高临下的心理,李高成面对老部下、老上级和妻子等触目惊心的层层腐败圈子痛苦的灵魂搏斗与抉择,无不是人与他人、与外在环境的矛盾,体现了现代化进程中的艰难曲折。

在这一时间观念的影响下,现代小说与传统小说叙事模式的不同在于,传统的"因果相生"转变为现代价值上的高低替代。在现代性、国家、社会这些宏大概念之下,对过去黑暗、落后、压迫、个人主义的书写和否定中,强化的都是历史发展和变革的本质性、合理性,小说人物是指向于未来的,往往以小见大,强调个人负载的时代使命,在与过去的割裂中颂扬了社会发展的历史必然。"就价值原则而言,古代时间观与启蒙时代以来的进步时间观从根本上是对立的,其差别已经构成了思想史的共识。而其要义,无非就是前者以传统为价值之源,认为历史上有意义的东西皆来自于过去,因此'理想的过去'才是现实行动的合法依据;而后者则认为,历史的重心在于现代和当下,理想的图景将出现在未来而不是已经逝去了的远古,因此变革的方向应当朝向未来。"①

对中国当代小说时间意识影响深远的,在新时期之初有意识流小说的写作,它在中国当代小说总体的以情节、人物、环境为中心的线性时间内增添了回环跌宕的韵致。岳子峰随着列车的运行,精骛八极而心游万仞,过去和现在、历史和现实、中国和西方、农村和城市、视觉和听觉都在意识的流动中联翩而来,聚合在一起。李国文的《冬天里的春天》出版于1981年,是一

① 湛晓白:《时间的社会文化史——近代中国时间制度与观念变迁研究》,社会科学文献出版社2013年版,第321页。

部带有意识流色彩的长篇反思小说。作为反思小说，批判与歌颂的主题是极为明晰的。在艺术上，以革命干部于而龙在“文革”后重返故乡三天两夜的活动和心理展开了复杂的故事情节，贯穿起长达40年的斗争历史。正如岳子峰的列车之行，无数的过去在当下的记忆中复活再现，交织在一起，时空的跳跃，意识时间和故事时间的主客观时间不断转换，形成过去对当下的渗透与重叠，时间的浓度被极大地强化了。这些小说所显示的时间被意识任意切割并重新排列组合，比传统叙事模式的时间明显复杂化了。虽然意识流动的现代理性之光使这些小说难以真正逾越时间的障碍，“在这些作家苦心孤诣建立时间顺序的同时，却又总是自然或不自然的或是无意识的回到传统的时间观念上。从某种意义上说，当读者阅读这些作品的时间，经过再度的组合后，总是又显示出了一种清楚的时间长河以及在这时间长河中，演化出的完整的故事和人物的命运”。① 这也是作家以进步的历史发展观来统摄小说创作的必然结果。人的意识打上了历史理性的深刻烙印，在一系列的追忆和对照中，否定专制颂扬新生，呈现着意识流的特定时代特色。但另一方面，这种意识流小说在显现线性的历史时间的同时，更是书写和突显了另一种时间的存在，即主观的心理时间。这种主观的心理时间借助于记忆、感情、感觉形成的时间之河，正是柏格森所谓“真正的时间”。在柏格森看来，时间是一种“绵延”，过去、现在和未来并不是绝对的递进的序列，而是相互渗透融合的整体。这种时间意识体现的是对人的自由意志和生命的尊崇。王蒙、李国文等作家的早期具有意识流色彩的小说，表达的也正是思想禁锢的“文革”结束之后、改革开放之初的20世纪80年代人的思想的大解放，意识的大觉醒，投射着时代的春天的气息。这应是新时期之初意识流小说更为根本的意义所在。

人的意识的觉醒，使小说具有了超越传统现实主义社会“反映”的樊篱，书写个人主观感受和体验的可能性，科技、哲学的发展也不断给人们提出新的时间观，从而影响人类的体验方式，进而影响文学的创作。在茅盾文学奖获奖作品中，我们也可以清晰地看到时间意识在小说中的发展。而传统循环的时间意识作为人类的文化潜意识，作为一种生命体验的方式，却从未完全被“先进”的时间意识取代过。

一　《钟鼓楼》的现代时间意识

《钟鼓楼》表现北京普通市民的日常生活和文化心态，也是对现代时间

① 张立群：《论20世纪80年代中国小说中时间观念的嬗变》，《理论与创作》2008年第1期。

的一种叙述。与20世纪80年代前期时代文化相呼应,它以对两类人物人生态度的书写,表达的是对现代时间意识的呼唤和礼赞,对传统时间意识的否定和摒弃。

法国学者伊夫·瓦岱曾说过:"从定义上而言,现代性的价值表现在它与时间的关系上。它首先是一种新的时间意识,一种新的感受和思考时间价值的方式。"①在传统生活中,虽然有年、月、日,子、丑、寅、卯这样的计时方式,农业劳动的个人性、灵活性、重复性,使得片刻并不具有明显的意义,没有准确的计时工具,人们对于具体时间的流逝也是模糊的,体现在小说中,往往用"片刻""一盏茶的工夫"等提示在一个短的时间间隔中事件的发展和延续。虽然也有很多珍惜时间的观念,但时间在传统意识中只与个人生命体验相关而与社会进程无关的属性,使它更多指向于自我的完善。即使在有了现代计时工具——钟表之后,出现在《红楼梦》和《老残游记》中的自鸣钟,也仅仅是一个显示富有尊贵地位的摆设,并没有影响人们的生活方式和对生活的体验,几点钟对大观园并不具有时代和社会的意义。《钟鼓楼》不仅以一块表征时间的雷达坤表作为"贯穿道具",书写到钟鼓楼的"晨钟暮鼓",电子表、石英钟、办公室的壁钟,充满象征意味地表达人们不同的时间意识,强化小说对时间的书写,主体部分又分别以卯、辰、巳、午、未、申表示时间概念和进程的词语统率每一章,每一章都是2个小时的间隔,在这种明确标注的时间里,让人真切地感受到事件发展中时间滴答流逝的声响,看到日影一步步地偏斜,在每一小时和分钟里,都有崭新未知的故事发生,人们的生活随时在发生着改变。这种变化是个人的,又投射着时代变革的缩影:世界文明的推进、中国现代化的建设、北京的日新月异,在个人和时代的不同关联中恰诠释了此刻时间的丰富意义,由此凸显了一种深具价值的现代时间意识。在这种意识里,时间不再仅仅是关乎于个人的,而是民族国家、现代化等共同价值的体现。

张奇林作为中年知识分子,一个党的高级干部,背负着政治运动的创伤,"文革"中被打倒,被剥夺了工作的权利,当他又重新走上工作岗位,他对时间充满了紧迫感。这种紧迫感正如同所有改革小说中改革者们对时间的紧迫感一样,在他的意识里,时间并非是属己的,时间与效率与社会发展紧密相关,时间的价值正体现于此。面对社会现代化的迫切任务,他对现阶段大多数人拖沓的时间观念深感不满,力图建立符合当代社会发展的时间

① [法]伊夫·瓦岱:《文学与现代性》,田庆生译,北京大学出版社2001年版,第42—43页。

观念,“改革,首先要改革关于时间的观念”。① “让我们从今天中午十二点起,以新的时间观念来抓紧工作!我们要时刻想到,全世界的科学技术、经济生活都在一秒复一秒地向前推进,我们在科学技术和生产建设的许多方面既然已经落在了别人后面,我们便应当有一种紧迫感,焕发出一种奋发突进的革命热情……从今天中午十二点起”,②所谓“符合于当代社会发展的时间观念”,即是注重效率的、科学发展的现代时间观。张奇林的家庭成员每个人都有表,而且任何一个计时器都是必定精确的。他对钟表准确性的要求与这种时间价值观念相合,他所感受到的力不从心也是时代嬗变中必有的阵痛,传统的意识,传统的时间观念还很强大。正如同它的每一章,既以卯、辰、巳、午、未、申这样传统的时间标识作为标题,后面又以晨 5 时至 7 时等现代时间进行阐释一样,这本身是一个新旧变革的时期。荀磊作为年青一代知识分子的代表,具有与张奇林等知识分子相通的使命感,意识到“在流逝的时间中所应奔赴的位置和我所应承担的责任”,在他的意识里,现代和将来的时间,是“一个不断在加速运行的星际火箭”,他看到的是,此时此刻计算机的更新换代,科学论文以倍的速度增长,也铭记中国曾经的落后和被压迫的历史教训,这些鞭挞着他努力工作,不能懈怠。他以自己的进取精神和高远境界吸引着具有同样追求和向往的冯婉珠和张秀藻。作者直接书写他们对时间的思索,在张奇林,时间是精确到分的,而荀磊却是以秒为计算单位,在这细微的差别里又有着两代知识分子在相同的时间意识中不尽相同的体验。时间的紧迫感则是共通的。除此之外,还有一部分知识分子和普通的市民也许没有那么深刻和明确的时间意识,思想行为与他们却是一致的,在各自的岗位上积极进取。京剧女演员澹台智珠重新获得了曾经被“文革”剥夺的艺术生命,重返舞台,有团队间的竞争和矛盾,也陷入艺术追求和家庭危机之间的焦虑,也有生命力勃发的成功;不善交际的庞其杉关注国外科技发展动态,使情报站工作井然有序;路喜纯这个纯朴的小伙子虽曾受到不公正的待遇,但自立自强,在把烹调当成制作艺术品,精益求精,追求完美中,在面对他人卑劣的辱骂,依然保持理智和尊严使得婚宴得以圆满结束的行为中,让人看到他对美好未来的执着。

“‘效率’是界分古代与现代时间观的最重要标准”,③将自我追求与时代发展自觉地结合在一起,时间负载着追赶世界,科技进步的焦灼,是近代

① 刘心武:《钟鼓楼》,人民文学出版社 1985 年版,第 343 页。

② 刘心武:《钟鼓楼》,人民文学出版社 1985 年版,第 345—346 页。

③ 湛晓白:《时间的社会文化史——近代中国时间制度与观念变迁研究》,社会科学文献出版社 2013 年版,第 298 页。

以来伴随中华民族国家的现代化进程即已产生的一种认识,也是这个新时期之初的建设热潮中大部分中青年知识分子共同的时间观念。在《钟鼓楼》里,时间的社会性、人与时间之间的紧张关系不仅通过张奇林、荀磊等人物形象的思想和言行表述出来,作者还常常迫不及待地站出来对人事进行大段大段的剖析和议论,"不是结尾"的终篇部分充满对世界进程,对时间、空间、历史热情洋溢的哲理性论说,使小说弥漫着一种思辨性,作者力图让读者能够从《钟鼓楼》由"点"(小小的四合院)到"面"(整个北京和中国)到"体"(全人类全世界),进行联想和思索,"体味到一种深沉的历史感和命运感"①。这些抽象的议论也许与小说的形象性有所不符,却也直白地显示了作者的时间紧迫感,强化了小说的倾向性和这种时间意识。

除了具有现代时间观念或与现代时间观念保持一致的张奇林、荀磊等人物外,《钟鼓楼》还刻画了另一类市民的人生态度,另一种时间意识,也是张奇林力图改革的时间意识。年老的一代市民还保有浓厚的传统文化意识和道德观念,在飞速变化的社会生活面前,大多难以跟上时代的脚步,在新的社会环境下,有的在可笑的行为中流露着它的可悯,如具有病态虚荣心、身世坎坷的海老太太,历经了从清末、辛亥革命一直到20世纪80年代多半个世纪动荡的社会变故,从富贵到没落的社会底层,在自欺欺人的行为中渴求着人们对她的尊重,屋里那架早已停摆的紫檀木外壳的老式挂钟恰是她停滞思想的形象表征。有的如卢胜七在旧社会沾染了好吃懒做、流氓无赖者的习气,在新的时代新的风气下,已经努力地进行思想和行为的蜕变,又还未能完全摆脱过去的习性。大多数则是如薛大娘,生活于城市的底层,在新社会给予的生活保障中,有着对新社会自然的认同,但又无法摆脱"原始迷信心理",因循守旧。深受这种传统意识影响的并不仅仅是老年人,年轻的一代因知识水平的低下也依然存在与时代要求相脱节的思想行为,如薛纪跃、潘秀娅等的"浅思维",只关注日常生活的利益,追逐时尚,爱慕虚荣,文化水平的低下使他们无法以平等的眼光待人,世界的日新月异也并没有进入他们的思考。李铠的自卑狭隘心理使他常常成为澹台智珠事业发展上的障碍,对龙点睛这样的知识分子,"时间好比是一只握在拳中的骰子",在钻营投机中窃取功名利益。作者对这一切是揶揄和批判的。

小说对传统时间意识的摒弃更通过薛永全这一老一代人物在新旧社会,在循环时间和线性时间观念之间的不断往复,线性时间观对循环时间观的最终胜利非常形象地给我们呈现出来。薛永全在旧社会当过喇嘛,相信

① 刘心武:《多层次地网络式地去表现人——我写〈钟鼓楼〉》,《光明日报》1986年1月9日。

时间的循环不已，相信“因果报应”，新中国成立人民翻身作主，社会发展的现实使他逐渐倾向于线性时间观，然而生活中一旦遇到些许变故，旧有时间观便会复萌，又回到命运的因果，而社会现实终究无法用旧有的意识去阐释，使他感受到“一切都能好起来”。

《钟鼓楼》呼唤的现代时间观念，与《春之声》《冬天里的春天》等一样，还是线性发展的历史性时间。但在艺术技巧上，小说对叙事时间进行了多方面的探索。有论者将其中表现的时间概括为面状时间和线性时间、向心时间和离心时间、动态时间和静态时间、主观时间和客观时间这样的几组类型，这些时间涉及了《钟鼓楼》的“叙事体态、结构形态和结构性质、人物形象的容量等诸多方面”。① 它以北京钟鼓楼附近一个四合院里薛大娘家办喜事的进行过程为线索，讲述了九户居民在 1982 年 12 月 12 日晨 5 时到下午 5 时一天里各自独立而又交汇碰撞的日常生活，涉及人物多达三四十位。在这里没有什么核心人物和事件，每个人物都是生活舞台上的主人公，伴随人物的出场同时呈现的，往往是以大量的倒叙交待过去几十年的命运遭遇和当下变迁，过去和现在常常叠加在一起，这产生了类似于意识流小说的叙事效果，只是将意识流小说中人物意识的流动转换成一种客观叙述，也可以说是意识流的一种变体。《钟鼓楼》在小说结构上的创造也被人称道，“采用了‘花瓣式’，或称为‘剥橘式’，犹如从一个花托朝四周伸出若干重叠交错的花瓣，又犹如一个橘子剥开，各瓣可分亦可合”②。这种结构易使人想到中国古典小说常用的“花开两朵，各表一枝”的手法，荡开一笔去叙述同一时间或不同时间另一空间的人与事，而这“两朵花”往往是有关联的，最后汇聚于一点。《钟鼓楼》则是“繁花满枝，自由叙述”，它虽以婚礼进行的时间顺序为其线索，一些人和事与婚礼也并无什么交集，小小的四合院如慢慢展开的清明上河图，这些人共同合成了北京市民的文化百态。这种叙述，在时间的流动中增加了空间的变换，使每个人物的活动都呈现出时间上的流动与暂停的特征。过去和当下的共时态、时间的空间化、体验的个人性使小说的主体时间虽只定格于一天，却容纳和浓缩了一百多年历史的沧桑巨变，展现了时间本身的立体和丰富。

《钟鼓楼》摒弃、批判传统的时间观念，但也不自觉受到传统时间观念的影响——古人对于时间的整体性在小说的结构上留下了鲜明的印记。杨

① 唐跃：《时间的艺术——兼析〈钟鼓楼〉时间的艺术处理》，《文艺理论研究》1986 年第 2 期。

② 刘心武：《多层次地网络式地去表现人——我写〈钟鼓楼〉》，《光明日报》1986 年 1 月 9 日。

义先生从中国古人对时间的整体的体认和感受方面,提出了中国传统时间观具有整体性和生命感的观点,并详细论述了这种时间观念对中国叙事作品的叙述程式和结构形态的深刻影响。如中国小说的开头形态,在时间整体观的视域下,“往往首先展示一个广阔的超越的时空结构,神话小说从盘古开天辟地、女娲炼石补天写起,历史小说从三皇五帝、夏商周列朝写起。……中国小说家以时间整体观为精神起点,进行宏观的大跨度的时空操作,从天地变化和历史盛衰的漫长行程中寄寓着包举大端的宇宙哲学和历史哲学。”①杨义先生将之称为“叙事元始”。这样的开端在当代小说中并不少见。《红旗谱》和《创业史》分别讲述朱老忠的父亲朱老巩大闹柳树林护钟的传奇故事以及解放前梁三老汉失败的创业史,由此完成革命起源和创业史的叙事,都具有这样的时间整体观,是对传统小说结构的借鉴和转化。《钟鼓楼》讲述一天发生的故事,在小说“并非开头”的起始部分,却将时间倒推到一百多年前的清光绪年间,直叙发生在钟鼓楼旁边,一个美丽的平民少女被权势的贵族强抢而去的惨剧。这个悲剧的故事又因美少年犹似侠客的加入具有了强烈的传奇色彩。在这个故事之后,是时空极速地滑到了百年之后 1982 年的 12 月 12 日,短短的一节凝结了一百多年的历史。但作者显然并非是要渲染这样的一个传奇故事,不论是不幸母亲的悲啼,还是被剜去双目“罪有应得”王爷的哀嚎,都消融在对豆汁的描写,走街串巷各式的叫卖,婚迎嫁娶,悠然的钟声的大量文字中,消融在北京生息不已的日常生活之中了。这个传奇故事又类于传统话本小说中的“头回”故事,如果说与小说的正文故事有什么关联,除了海老太闲聊时的呼应,重要的更在于它们都发生在钟鼓楼附近,都涉及普通人在时代中的命运。钟鼓楼如一个历史的见证者,见证着一百年甚至几千年人间的悲欢离合,世事的变迁。在历史时间的这种推演中,“岁月悠悠,钟鼓楼依然雄踞着”。“尽管它们现在已经不再鸣响晨钟暮鼓了,但当它们映入有心人的眼中时,依旧巍然地意味着悠悠流逝的时间。”②一百多年前的传奇故事与日常生活的绵延也形成进入正文的历史眼光,在此流露出它的关注点并非是其中个人的悲欢,更是时间和生活的变动不居,是社会的衍变,与正文所要表达的主题也恰相一致。钟鼓楼以其静默的姿态,犹如一个静态的历史。在这一静一动,永恒与瞬间、天道与人道、历史与个人之间,是很易使人产生对于时间、历史和生命的感叹的。可以说,这个开端同样给予小说一个具有历史感的时空架构,具有

① 杨义:《中国叙事学》,人民出版社 2009 年版,第 136—137 页。
② 刘心武:《钟鼓楼》,人民文学出版社 1985 年版,第 7 页。

时间整体性的特征。这种整体性也包含在过去与现在的共时态书写之中。

但这种结构安排所要达到的意图却是与传统小说不尽相同的。在传统小说中,“叙事元始的功能,一是以巨大的时间跨度,储存着天人之道的文化密码;二是以湍急的时间流转速度的冲力,激发着历史发展逻辑与天人之道的对接和呼应。除此之外,它还以高速的时间流转及其携带的文化密码,引发人们对永恒和瞬间的生命体验”。① 这与传统循环时间观念是相一致的。在现代发展的时间观念之下,无论《红旗谱》还是《创业史》《钟鼓楼》,它不再是天人之道的同一或者某种呼应,除了一种历史感,它更是一种对比,是历史发展中人道对于天道的改变和胜利。它展现的是世事的巨变,在这种转变中,更坚定了前进的信心和勇气,而不是屈从。

二　“多年以后”:现代时间意识的多样化

正如《钟鼓楼》最后部分阐述的有关时间的理论,科学的发展怎样改变着人们对时间的认识,狭义相对论使原本看来客观的时间的速度和长度都具有了相对性,广义相对论更打破了时间线性的神话,时间原来是可以弯曲、压缩或延伸,甚至可以倒流和静止。现代是以时间的线性发展、进化论为其基础的,在现代与传统、新与旧的对立中建立起自身的神话,相对论时间的提出无疑破解了现代性神话的理论依据。新时期以来,中国历史的现实发展,思想的自由与解放,科学理论的深入,文化价值的多元,市场经济的繁荣,城镇化与乡村的逐渐衰落等社会和文化的发展变革,使曾经占据主流意识形态的线性发展时间观念受到了很大冲击,时间意识的丰富也给小说创作带来了巨大影响,创作中二元对立模式逐渐消解,从以外在社会政治为写作中心转向对人本身、人性、命运、文化的探索,从意识流小说即已开始的对线性时间的消解以及对小说叙事时间的重造成为众多作家关注的核心。

在这样的时代背景下,给小说叙事时间带来更大影响的是以拉美作家加西亚·马尔克斯的《百年孤独》为代表的一批魔幻现实主义作品所表现的时间意识。《百年孤独》的第一句话:“许多年以后,面对行刑队,奥雷良诺·布恩迪亚上校将会回想起他父亲带他去见识冰块的那个遥远的下午。”极为典型地呈现了这类小说的时间意识和时间观念。“这道叙述语式确定叙述时间与故事时间的循环回返的圆周轨迹。叙述的时间从久远的过去跨进现在,又从现在回到过去。‘许多年之后’这个时间状语超出故事的自然时间,与其说它表达一个时间长度向量,不如说它表明一种时间意识,

① 杨义:《中国叙事学》,人民出版社 2009 年版,第 138 页。

它是一个意识到的'时间跨度'。故事在它发生的时候就被命定了结局,故事因此染上不可逃脱的宿命色彩。……这种'历史观'(时间观)是古老的经验文化的现代显灵。"①作为一种古老的时间观,循环回返的时间观念是《百年孤独》以"马贡多"小镇所呈现的拉美文化自然具有的时间意识。这种时间观念与结构上表现布恩迪亚家族几代人的相似命运的一致,则使它具有了一种人类寓言的色彩。在历史和命运的循环与个体的线性时间的融合中,线性的发展是人的自我的挣扎和改变,但无论怎样努力,都无法逃离那个循环的命定的结局,有着一种个人无法把握的深沉而窒息的命运感。

作为影响的结果,我们在中国当代小说中读到了诸多如此的句式,陈晓明甚至说:"先锋小说的'时间意识'可以简要归结出一道母题语式:许多年以前;许多年以后。"②莫言、马原、扎西达娃、叶兆言、李锐等都被它的时间意识所吸引,尽管作为一种模仿和借鉴,各自文化的差异使得很少有作家能够真正地将《百年孤独》在"许多年之后"与其内在结构的统一中所蕴含的时间观念完全地运用在自己的创作中。这种时间意识对于现代作家的无限魔力在于,它给予作家极大的创作自由度,在过去、现在和将来,在现实和梦幻的时间之流中自由穿梭,由此实现的是现代作家非常现代的意图——对人类存在的探险。在体现主流意识形态、现实主义占据审美领导权的茅盾文学奖获奖作品中,虽然先锋小说并没有成为它的重要组成部分,这一具有先锋色彩的时间句式却大量地存在于很多作品中,也更见它的影响之深远。

《白鹿原》的开端第一句"白嘉轩后来引以为豪壮的是一生里娶过七房女人",被认为是对魔幻现实主义循环时间的一种变形,小说接下去便依次叙述白嘉轩与七房女人围绕"性"发生的故事。与之相同的句子如第七章的交农事件中,"白嘉轩后来引为终生遗憾的是没有听到万人涌动时的踢踏声",在此之后即叙述交农事件的发展过程。在"后来"作为一种完成式引起的时间回转中,作者不仅自由地导入事件的叙述,又通过"引以为豪壮""终生遗憾"这样的词语突出了人物带文化色彩和精神特征的主体意识,使之后的叙事已先在地具有了某种评判和态度。在《白鹿原》中,"多年以后"的语句使用是自由而多样的,如由朱先生带头铲除罂粟事件到好多年后,美国记者斯诺在《西行漫记》中对这片土地上罂粟花的感喟,不仅增加了历史时空的纵深感,借《西行漫记》的感喟也间接流露了作者对朱先生

① 陈晓明:《无边的挑战:中国先锋文学的后现代性》,中国人民大学出版社 2015 年版,第 67 页。

② 陈晓明:《无边的挑战:中国先锋文学的后现代性》,中国人民大学出版社 2015 年版,第 67 页。

带悲剧色彩行为的敬仰和对一段漫长历史的评价。在朱先生死后的几十年后，红卫兵冲入了书院，挖墓刨根，却发现历史上的这一切运动早已被墓中人预言在墓砖上的铭文中，犹如神启，充满了神秘性，既在很短的篇幅内以红卫兵这一特定的社会现象囊括了十年“文革”的历史，又在“折腾到何时为止”带诘问的预言中使这一段历史与过去联通，充满了历史进程中的无意义和荒诞感。过去、将来甚至传说与现实、人与鬼的自由呈现，《白鹿原》的时空序列呈现出立体交叉的特色。

在时空的立体交叉中，《白鹿原》打破了革命、改革小说中进步时间意识所固有的传统—现代、过去—现在—未来的价值维度，表现出文化价值的多元、历史发展的“非本质”性。《白鹿原》是从文化而非社会政治的视角，在近百年剧烈的社会变动背景下讲述了白鹿原的常与变，通过几代人的命运和纷争透视一个民族坚实的文化根底，也反思着它的惰性和束缚。对传统文化和传统人格进行反思，是现代文学的一个主题。在现代启蒙的使命之下，鲁迅先生看到了传统文化形成的国民麻木愚昧的奴隶性，吃人和被吃的残忍，早期的周作人对传统礼教在青年身上的“重来”也予以批判。老舍是一位对中国传统文化深怀眷恋的作家，也是从文化角度构筑了独特的北京市民世界，他对传统文化的态度很能代表20世纪40年代的文化倾向。《四世同堂》在日寇侵华、民族存亡的抗战背景下对中国传统文化进行了全面而理性的审视，通过祈老太爷、祈瑞宣等人的有家无国或懦弱的性格揭示民族痼疾，对传统文化中阻碍民族进步的一面进行了严厉的批判，对钱家父子以及更多如车夫等的底层人物的描写，则发掘了民族文化和民族品格中的精神宝藏。我们可以看到，老舍对传统文化的审视主要继承了自五四以来“批判国民性”“改造民族灵魂”的文学传统，由此，《四世同堂》中贯穿着“家庭义务与国家意识、国民责任”①的基本冲突，站在民族国家的立场上，用现代历史的尺度将传统文化进行筛分过滤，期待中国传统文化的现代性革新并相信具有这样的精神基础，这是贯穿整个现代时期的期望和呼声。刘心武的《钟鼓楼》从文化的角度以两种生活态度，两种时间意识的对立，在立体的时空中表达对现代时间意识的呼唤和礼赞是20世纪80年代改革的热望。《白鹿原》也涉及整个近现代中国的现代化过程，作为传统文化精神领袖来体现和颂扬的朱先生对社会的变革并不真正理解，对国共两党纷争的认识也近似于传统的治乱相交、朝代更替的观念，将之喻为“翻鏊子”，他支持抗日出于传统的家国观念虽不及钱默吟思想的现代转变，但还能感

① 赵园：《艰难的选择》，上海文艺出版社1986年版，第309页。

受到他们之间传统精神上的联系,白嘉轩以朱先生为精神领袖,固守着传统文化规范、家族制度,以“仁义”为自身行事的准则并用以规约整个家族,他自身游离于现代化的边缘,对革命既不理解,更将忠实于革命的女儿白灵逐出族门。用历史的视点和标尺衡量,白嘉轩的固步自封、对家族成员的专制、不能自省于“仁义”内在的残酷性,远离时代的浪潮都是未曾觉醒的表征,被白嘉轩誉为“好人”的鹿三也只是鲁迅先生笔下“闰土”一族的成员。陈忠实对朱先生、白嘉轩等人精神人格上的肯定远大于反思和批判的态度使他对传统文化价值的追寻有别于五四以来的现代性视角。

《白鹿原》中存在着两套时间观念,两种时间意识,一种是以兆鹏白灵等年轻一代为代表的社会历史时间,一种则是白鹿原的传统时间意识,以白嘉轩为代表。兆鹏对黑娃“冲破封建枷锁实行婚姻自主”的启蒙,正是现代力图以自身的标准对传统进行转换和收编。在《白鹿原》中,这两种时间意识虽然存在矛盾冲突,但由于它对现代革命进程进行了部分悬置,使白鹿原虽不是封闭的空间却一直处于社会进程的边缘,历史的动荡并没有从根本上影响白鹿原自身的生存秩序,白嘉轩心理、精神上的文化道德自信也使他从没有精神上的困惑。作者以充满赞誉的语气描绘白嘉轩挺拔的脊梁,办学堂、交农事件、天旱求雨等对家族以及白鹿原的担当,黑娃虽与参加革命的兆鹏交好,但也并没有理解兆鹏“婚姻自由”的现代启蒙却最终“学为好人”转向对传统文化的皈依,认祖归宗,表现出对白嘉轩的认同,在这里,陈忠实着重的不再是依据现代价值的传统文化革新,更是传统文化自身的强大生命力和文化人格魅力。传统文化精神代表的朱先生、国民党军官鹿兆海、共产党革命战士白灵同属于白鹿精灵,白孝文继承了白嘉轩身上传统文化养育的“官本位”思想又和唯利是图无节操的鹿子霖精神相通的书写,都在消解着现代时间意识所建立的单一的进步的神话。

《白鹿原》对传统文化内在价值的肯定,固不同于现代时间意识所确立的价值序列,但小说书写什么,希望读者看到什么,它对传统文化和文化人格的选择和遮蔽,既是作者主观意图的呈现,又来自于20世纪90年代反思现代性的时代文化需要,是作者立于当下的现实生活和文化观念,对过去历史的文化想象。归根结底,陈忠实都不可能脱离于现代理性的眼光去审视驳杂丰富的传统文化,他对传统文化价值的肯定并不同于传统时间意识的向后性。对现代—传统序列的颠覆,对文化价值多元性的呈现,对历史发展本质的消解使《白鹿原》的时间意识带有了后现代的色彩。

同样从文化的角度进行书写的是王旭烽的《茶人三部曲》,这部作品中多次使用的“多年以后”语句也最具模仿意味。“后来知晓杭家根底的人们说起那一天发生的事件，都觉得神秘。人们无法想象两代人婚礼的骚扰究竟意味着什么。这里有什么前尘孽缘，有什么因果报应，又有什么未来的预兆。”①不仅在时间上造成了一种循环，这些在“后来”说起的“那一天发生的事件”也正如一个个的预言，给接下去叙述的故事带上很强的宿命意味，而且小说中人物的性格和命运也都具有命定的色彩。不管作者是否有意让这样的语句如《百年孤独》中一样带来一些魔幻性或命运感，整部《茶人三部曲》给人更多的却并非魔幻或命运，而是故事和人物的传奇性。在时间上，它书写一个家族随时代大潮波澜的命运，涉及的人物很多，对杭氏家族中每个成员命运的关注使它的时间流动常转化为空间的变换。它书写茶文化、传统文化形成的人格，也书写现代化的民族进程，这两方面正如杭嘉平和杭嘉和同父异母的两兄弟，一个个性热烈为民族抗战而争锋，一个性格沉稳有尺度要守卫家园，这里已经不同于《白鹿原》中白嘉轩与白灵、兆鹏等人反抗—禁止的思想矛盾以及由之带来的传统—现代时间意识的对立和隔绝，嘉和、嘉平二人以及杭氏家族中其他人虽然每个人的人生道路不同，最终方向都与社会现代化的进程保持着一致性。在这一基本点上，他们以及他们各自代表的文化之间没有对立冲突而是相辅相成，形成杭氏一家，也即是中国普通人民的精神传承。

宗璞的《东藏记》以其典雅的语言，婉约的风格在人伦日用中表现一段壮怀激烈的民族历史，表现知识分子在国家危难中“尽伦尽责”、不屈不挠的民族精神，由之展现一个民族的博大胸襟和必胜的信心。在创作上，它融合了诗词、书信等体裁，虽然颇有“红楼”的笔法，但它的引人之处并不在于艺术上的创新，事实上，它在艺术上采用的是较为传统的、现实主义的方法。其中有很多“多年以后”的句式，它们大都与小女孩嵋有关：嵋跟随姐姐峨去上夏正思先生的英文课，夏先生讲的是《我们是七个》这首诗，“很久很久以后，嵋还记得在一片昏黄的灯光笼罩下那本不属于她的一课。”住在昆菁学校的第一晚，学生们集体痛哭，“那时人们都说是黄鼠狼成精作祟。很多年以后，嵋和慧书才知道，那是集体发作歇斯底里，少女群中最易发作。医学上有此一症。”②在抗议刘克棒以飞机运狗的示威游行中，嵋想到殷大士会不会也让狗坐上飞机，“嵋摇摇头，想摇掉这个想法，她得了一个结论：很难说。当地位能让你为所欲为时，个人的道德堤防是很薄弱的。这是过了

① 王旭烽：《茶人三部曲》（第一部），人民文学出版社 2010 年版，第 125 页。

② 宗璞：《东藏记》，人民文学出版社 2000 年版，第 54 页。

若干年后，嵋才明白的一句话。”[①]这些句子在互文性的文学网络中，很易使人想到马尔克斯。实际上，《东藏记》同《茶人三部曲》一样，也并未给我们呈现时间上的魔幻意味。这里没有什么神秘的因果，也不具有时间“观”的意味，从现在到很久的将来再回到现在，作者借助这道语式，只是在叙述时间的自然流动中忽然拉了一下闸门，故事被暂时中断，很快又接续上了。这些句子在小说中也没有引发事件行进的动力，嵋记得那一课，知道了集体痛哭的原因，明白了一句话，本身都并非“事件”，而是此刻事件的影响或结果，它们完成的只是对事件影响或结果的一个交待，而且这个交待与事件的发展、人物性格的塑造都没有什么促进和影响。那么，这种语句在小说中反复出现的作用又体现在何处呢？

故事的突然中断，却使作者的动作凸现出来，看到了作者对时间的任意安排，看到了作者的“讲述”。“‘许多年以后’，使‘现在’的局面与‘未来’的局面联系起来，‘现在’迅速转变为‘过去’。叙述对故事的打断，只有借助‘时间语式’才存在，叙述一旦从现在转入过去，立即又沉没到故事中去，但这个‘过去’在叙述和解读的感应里自然地延伸，反溯到久远的过去。”[②]这是这一句式在小说文本中最普遍的作用，也是很古老而传统的时间转换手法，使故事的“现场感”忽然成为整体上的“后”叙故事。杨沫的《青春之歌》中“多少年以后，她还清楚地记得卢嘉川给她阅读的第一本书名字叫《怎样研究新兴社会科学》”[③]，但这本书对林道静产生了怎样的影响却没给读者以明确的交待。历史小说《李自成》中“后来当地百姓把这个悬崖起名叫马跳崖，把刘宗敏曾经立马一旁的大松树叫做百箭松，因为据故老传说，官军从树上拔掉的箭足有百支以上。”紧接着有“这地方，后人称做白马坡。”[④]诸如此类，都具有这样的作用。

《东藏记》又表现出自己的独特之处。小说的很多部分都是通过小女孩嵋的眼睛和体会展现出来的，“多年之后”的句式也都与嵋的个人成长紧密联系在一起，是她在多年之后对此刻经历的领悟和感怀，这使小说具有“回溯性叙事”的特点，不仅在时间上山回路转，形成叙事时间和故事时间相离相融的状态，产生较大的时空跨度，也给小说叙述带来了两重的视角，既具有嵋少年视角的描述性、纯真、活泼、诗性世界的特点，又具有成年人缅

---

① 宗璞：《东藏记》，人民文学出版社 2000 年版，第 242 页。

② 陈晓明：《无边的挑战：中国先锋文学的后现代性》，中国人民大学出版社 2015 年版，第 68 页。

③ 杨沫：《青春之歌》，人民文学出版社 2012 年版，第 106 页。

④ 姚雪垠：《李自成》（第二卷），中国青年出版社 1999 年版，第 623 页。

怀、议论、抒情的理性折射，两种视角对应人物的不同成长阶段，形成对照或对比。我们无法忽略的是，《东藏记》是一篇带有个人经历痕迹的作品，嵋在某种程度上，投射着宗璞少年时的身影。“多年以后”的语句中又蕴含了作为作家的宗璞多少人生的体会和感触呢？如前所示，想到殷大士会不会也让狗坐上飞机，少年的嵋只是模棱地认为“很难说”，“若干年后”嵋长大成熟，却从经历中（也是宗璞的人生经验）认识到普遍的人性弱点，“当地位能让你为所欲为时，个人的道德堤防是很薄弱的。”“回溯性叙事”也给事件平添了回忆与抒情的色彩，它在文本中的不断反复，形成一种情感节奏和情绪意向流贯在整部作品之中。而且这种句式为作家将当下带入文本提供了一种非常直接便利的方式。这样的例子在小说中还有很多，如当嵋与姐姐等人送无因走时，小说这样描写道：“在马要转弯时，无因回头一笑，他很少笑，笑起来有几分妩媚。似是说，我们不怕！我们会活得好！这一笑停留在嵋的记忆中，似是一个特写镜头，和那骑马的身影，永不磨灭。”①

杨义先生在《中国叙事学》中论及《儒林外史》中的时间幻化时曾这样说道：“大概作者把一群朋友熟人连同自己的形迹，经过艺术联想、改造和想象，由清朝前期推到明朝中期，创造出一群既熟悉、又陌生的士林人物，是会有不少‘我耶？非我耶？’的幻觉被时间的幻化呼唤出来的。”②宗璞作为一个知识分子，经历过各种战争、“文革”、拨乱反正、经济政治转型以及世界文化语境等等之后，隔着几十年的世事尘雾，回望那段硝烟弥漫、壮怀激烈的历史，将那些所敬佩、所热爱甚至梦绕魂牵的人物，经过联想、想象和体验复活成为一个个鲜活的个体，应也会有很多“我耶？非我耶？”的时空感叹吧。

这种书写所体现的时间意识显然与《钟鼓楼》通过北京市民日常生活所寓示的时间意识不同。一堂不属于自己的讲解诗歌的课程，一时一地女孩子们集体的情绪失控，一个童年伙伴的微笑，这些细微琐屑的“小事”是纯然个人的，它们在生命中留下的持久而深刻的美好印迹正显示了日常、个人时间对于个体生命的重大意义，这是生活和生命本体意义的呈现，而没有融合于国家—民族等宏大的历史话语。在《钟鼓楼》《沉重的翅膀》《都市风流》等小说中，日常生活和生命体验并不具有独立的意义，《钟鼓楼》对薛纪跃、潘秀娅式只关注日常生活的贬抑和《沉重的翅膀》对夏竹筠的描写、《都市风流》中阎鸿唤对妻子日常情调的不屑一样，它们肯定和追求的都是将个人融入社会进步的追求效率和价值的现代时间意识。在《东藏记》中，生

① 宗璞：《东藏记》，人民文学出版社2000年版，第42页。

② 杨义：《中国叙事学》，人民出版社2009年版，第172页。

命的本质和历史的本质已然不再是完全同一的。也正是对这些细微而深刻的生命体验的书写使它的叙事节奏不是《钟鼓楼》式的充满紧迫感，而具有一种舒缓自然的美。注重于时间流逝中个体生命的体验和感觉，是民族国家意识产生之前的前现代社会中最为普遍的人与时间的关系，孔子对时间"逝者如斯"的喟叹也更多是对人类个体生命的感怀，儿童作为与人类的前现代最为接近的一个生命时期，时间的个人属己性在这些细微的小事中充分体现了出来。

但处在血与火的战争环境下，即使是儿童，也不可能完全脱离于战争的现实，使得"花生米和国家大事"都成为生活的一部分。而且《东藏记》中的儿童视角是不彻底的，它更从知识分子的角度来追怀先辈们在战争中的浩然正气和民族国家意识，如书写孟弗之等知识分子对抗战、对学术的态度，亮祖一家的生活，玹子、保罗和卫葑的爱情纠葛，卫葑和雪妍之间的至爱，犹太人米氏老夫妻对生命的顽强与执着等。纯然个体的生命体验和对民族国家的书写都融合在《东藏记》对人性的关注、对日常生活的诗意叙述、从人的角度对战争和革命的思索之中，使它的时间意识和价值取向不同于以社会变革为核心的传统的革命历史小说。

文学是对人类存在的探险。人类对时间认识的每一次深入，都会带来时代文化的重大变化，并开启文学多向探索的可能性。从上面的论述可以简要看出，随着时代文化的变迁，从追求改革、进步的急迫到对现代性的反思，从民族——国家的启蒙到宏大话语的被质疑，很多曾经被遮蔽的如传统文化的价值、日常生活本身的意义、纯属个人的体验浮出地表，重被发现，体现在新时期之初的《冬天里的春天》《钟鼓楼》，九十年代的《白鹿原》，二十一世纪的《东藏记》等小说中时间意识发生了怎样的变化，这些变化给题材、主题、结构带来了怎样的影响。在后现代的视野里，传统—现代并非是价值高低的序列，循环时间和线性时间、个人时间和公共时间也不是完全对立的落后、先进之分，而是相互渗透，彼此融合，甚至循环时间意识在生命体验中具有的神秘魅惑力量更具有文学叙事革新的推动力。从新时期以来开始的时间意识的发展变革已经使心理化时间、感觉化时间、空间化时间、随意穿梭古今的时间等时间的多维性成为一种常态，存在于当下长篇小说的创作中。

第三节　结构艺术的影响与创新

作为谋篇布局的艺术方式，用怎样的结构将情节人物语言有效组织起来使之成为富于生命力感染力的故事，对小说家来说至关重要，在其中“蕴藏着作者对于世界、人生以及艺术的理解”。① 而人类认识中普遍性的存在，也使传统结构技巧普遍存在于当代小说之中。

中国传统小说大多是以情节为中心，依线性时间和因果逻辑发展的结构模式，从超越的时空落笔，采用全知视角叙事，在这种模式中，有着中国人“天人合一”的宇宙人生观念，循环的历史观念，善恶的伦理观念。通常“大团圆”的结局也正是传统艺术观念的核心——“中和之美”在结构中的一种体现，“乐而不淫，哀而不伤”。

“大团圆”的结构模式使中国古典小说并不注重悲剧意识和悲剧精神的表现，而呈现温柔敦厚的艺术风格。《孔雀东南飞》所咏叹的焦仲卿与其妻的爱情悲剧，它正视了在封建专制下大多数相爱男女可能面临的劳燕分飞的现实悲剧，“两家求合葬，合葬华山傍。东西植松柏，左右种梧桐。枝枝相覆盖，叶叶相交通。中有双飞鸟，自名为鸳鸯。仰头相向鸣，夜夜达五更。”（《孔雀东南飞》）这种幻化的结局消解了故事本身悲剧的力量，抚慰了人们悲怆的情感，“哀而不伤，怨而不怒”，“以义节之”，典型的温柔敦厚之风。即使《红楼梦》被鲁迅称作“打破所有写法”的石破天惊之作，被王国维认为是一个彻头彻尾的悲剧，“可谓悲剧中之悲剧也”，②高鹗的续书对贾宝玉也还要有一个兰桂齐芳的命运安排，以消减悲剧可能产生的极端情感。

这种模式曾受到鲁迅先生的犀利批判，认为这是一种“瞒”和“骗”的文学，这种批判有其启蒙目的的时代性。较为客观地去看，这样的结构安排虽然很大程度削弱了对社会不合理现象的批判力量，却显然寄予了人民对生活的美好愿望，一种理想的人生样式。它并非仅仅是对现实的粉饰，还体现着儒家文化“仁者爱人”的仁慈、仁爱之心，以艺术的圆满弥补生活的缺憾，给人以精神的安慰和生活的信念，具有理想的色彩。“大团圆”叙事模式在当代小说中也大量存在。革命历史小说或战争小说，对历史的讲述大都以“全知全能”的视角，以胜利者的姿态站在历史的终点上把握了故事的开端和来龙去脉，自是具有“数风流人物，还看今朝”的自信和豪迈。《东方》写的是真实存在的抗美援朝之战，战争的苦难成为展现战士斗志昂扬、意志坚定等美好品质的场域，它注重表现的是一个不断取得胜利的过程。反思小说《芙蓉镇》《许茂和他的女儿们》《将军吟》《冬天里的春天》等作品，充满了好与坏，忠贞与荒淫、真诚与虚伪的二元对立，以及改革小说《沉重的翅

① 杨义：《中国叙事学》，人民出版社 2009 年版，第 43 页。
② 王国维：《〈红楼梦〉评论》，浙江古籍出版社 2012 年版，第 14 页。

膀》《都市风流》《骚动之秋》《英雄时代》等改革与反改革的矛盾，向人们证明，美终究将战胜恶，忠贞会得到美好的爱情，荒淫和虚伪将被历史和人民抛弃，改革因为民心所向必然取得成功，最终的胜利成为抚慰曾经苦难心灵的一剂方药。《芙蓉镇》以一副美好的山镇风俗画开始，以美好习俗的重新获得而结束，在结构上即呈现着圆形的状态，胡玉音与秦书田的最终团聚也可以作为风俗之内的事件来看待。《湖光山色》以暖暖的个人愿望开始，经历自主结婚，与旷开田创业，与詹石磴的斗争，旷开田的蜕变、离婚，旷开田被抓捕一系列事件之后，暖暖终于使楚王庄换了新颜，实现了这个更大的梦想。这些小说大都是着重于对社会、历史、政治的反映，描写具体的现实生活，在创作模式上都呈现着“恶有恶报”、理想的实现、问题的解决为结局的“大团圆”式。对这样的小说，“大团圆”的结局同古典长篇小说一样，也是先验的，必然的，不可抗拒的，具有一种本质论倾向。

但与古典小说“大团圆”模式不同，当代“大团圆”建立于社会实践进程的现实基础之上，体现了特定的时代精神和社会历史风貌。当作家站在胜利者的立场上、站在时间和历史线性发展的角度书写历史，自然流露着对过去的超越、欢悦和豪迈。它不是粉饰，而是乐观而激昂的时代情绪和心理的反映。

西方现代小说推动了中国小说叙事模式的转变，也给小说的叙事结构打开了一个开放的空间。“茅盾的史诗式长篇结构，巴金和李劼人的‘三部曲’结构，老舍的嘲讽体结构，以及沈从文的抒情体结构，都相当引人瞩目。这些结构迅速形成，既得力于作者的本国文学修养，又明显地受益于外国文学的影响。”①现代小说结构向多方面展开，注重性格，尤其是内面性格——心理的刻画，故事也不一定有高潮和结局，甚至事件断裂，不再有头有尾，呈现不完整性，情节可以淡化，强化人物的感受和体验，人物也可以模糊处理……但也正如斯克洛夫斯基所说，“叙事作品史就是文学结构的几条基本规律的精致化，复杂化，简单化和颠来倒去。”②现代小说结构探索和创新的另一面正是已有的结构技巧和经验。杨义先生在《中国现代小说史》中对现代作家作品的结构有过精到的分析，看到它们的独特创造，也辨识出外国文学和传统文学影响的痕迹。茅盾的《子夜》是现代长篇小说结构艺术的成熟之作，结构宏伟而严密，有类乎托尔斯泰小说结构的气魄和章法，而小说以吴老太爷到上海避乱始，以吴荪甫偷偷离开上海去外地作结，“首尾

① 杨义：《中国叙事学》，人民出版社 2009 年版，第 107 页。
② [美]华莱士·马丁：《当代叙事学》，伍晓明译，北京大学出版社 2005 年版，第 37 页。

呼应，气韵圆融，不须连篇累牍的议论，便可弦外有音地暗示着不同社会势力的生死升沉，如此等等，皆应视为结构艺术中东方诗学的光辉”，《霜叶红似二月花》以一个人物的人际交往，牵引出七个家庭数十个人物的情节结构，也和中国古典小说一脉相通。① 巴金《家》《春》《秋》三部曲之间的衔接方式“颇似我国古典章回小说回与回之间的衔接和递进的方法”。②

当代作家对结构的诸要素也进行了多方面深入，先锋小说甚至将涉及小说艺术手段和结构技巧的“怎么写”提高到小说本体的位置。同样的“大团圆”模式，有《许茂和他的女儿们》《将军吟》等传统的情节结构，《芙蓉镇》《黄河东流去》的一个一个人物，一个一个故事勾连而成的板块式结构，也有《冬天里的春天》的意识流结构，注重人物心理、意识的描写，呈现时空倒错，以及《抉择》以事件为中心，在事件的线性发展中着重体现了人物的心理和情感冲突的戏剧性结构。此外，刘心武《钟鼓楼》的“花瓣式”结构，霍达的《穆斯林的葬礼》采用整体上倒叙的方式展开故事，一章以玉，叙述解放前韩子奇的经历，一章以月，叙述当下韩新月的成长与困惑，两条线索最后汇合，首尾响应，路遥的《平凡的世界》则以孙少平的城市奋斗史、少安的乡村奋斗史和田福军的政治沉浮三线并行的方式展现了“文革”后期到改革初期从城市到乡村，从上层到普通百姓的广阔社会面貌和精神激荡。迟子建的《额尔古纳河右岸》采用了回忆讲述的方式叙说一个民族的历史，具有诗化小说浓郁的抒情性，宗璞的《东藏记》不仅如古典小说中常见的以几首词曲作为小说序曲，借以点明了时代的境况、作者（以及小说中人物）的情感和思想倾向、坚定意志，末篇有“间曲”与“序曲”相对，还有如剧作一般在开端对小说人物的介绍，使主体故事不必再费笔墨于人物关系的提示，在故事进程中，又插入碧初、雪妍、米老人以及婴儿卫凌难以第一人称内心独白的方式倾诉或讲述的人物情感、人生经历，《东藏记》融汇了中外小说结构的技巧，使整体结构摇曳多姿……

当代作家都极其重视结构的设计，对传统叙事结构的借鉴和汲取也历历可见。

陈忠实在有关《白鹿原》的答问中曾说，在《白鹿原》的创作中最难的是结构，“最恰当的结构就是能够负载全部思考和所有人物的那个形式”。③《白鹿原》以白鹿原作为叙事空间，在历史动荡变革的时代背景下，围绕白

---

① 杨义：《中国现代小说史》（中），人民出版社 1998 年版，第 135—136 页。
② 杨义：《中国现代小说史》（中），人民出版社 1998 年版，第 178 页。
③ 陈忠实：《关于〈白鹿原〉的答问》，《小说评论》1993 年第 3 期。

鹿原的未来走向,展开了白嘉轩和鹿子霖、孝文、黑娃、白灵、兆鹏等不同人的矛盾冲突,这些构成了叙事的主线,在这条主线之上,将不同时期各种政治力量的消长与家族矛盾扭结在一起,结构诡谲而宏伟。《白鹿原》的叙事视角也恰与作家对传统文化带迷恋色彩以至不免偏爱的审视相一致。同时,陈忠实还运用了很多既传统又现代的魔幻现实主义的艺术手段,打破了时序的自然发展,从而使结构更为活泼和更具时空和意义的延展性。为了突出白嘉轩作为传统文化精神的符码的形象,小说一方面设置了在人格精神、行为方式上完全与白嘉轩相对的鹿子霖;另一方面圣人朱先生和下层家仆鹿三对白嘉轩的形象则起到了正向强化和烘托的作用。其中既暗含了传统二元对立的模式(白嘉轩和鹿子霖,作者对之的态度也是褒贬鲜明),对比和烘托的人物关系设置也让人想到《三国演义》等传统小说中人物的设置。在小说的开端,白嘉轩费尽心机谋得了鹿子霖的风水宝地,小说的结尾则是风云世事之后的白嘉轩面对已经疯傻的鹿子霖对当年的谋地进行忏悔,这不仅给小说增添了神秘的命运感,结构上的这种首尾呼应和圆融性也同《子夜》一样,具有“东方诗学的光辉”。徐贵祥的《历史的天空》在对战争历史的传统叙述中,吸取了“新历史主义”话语,没有着力于战争场面的描写,而着重于人物的心灵沉思和对队伍内部斗争的表现。结构上“虽未直接采用‘章回体’,但在章节段落的衔接上却基本上处理为‘花开两朵,各表一枝’的格式,交替地写八路军与国民党军队两组人物各自的场景。”①贾平凹的《秦腔》对传统文化传统生活衰落的书写在精神意蕴上与《红楼梦》对旧家族败落的命运回顾相通,都具有一种挽歌的气息,《秦腔》在行文结构上对清风街家长里短、喜怒哀乐的“鸡零狗碎”“密实的流年式的叙写”与《红楼梦》着重于对宁荣两府喝茶吃饭、饮酒论诗等日常生活还原式的描写以及《金瓶梅》对说话做事一类日常行为“一路有意无意,东拉西扯,便皆叙出”②的结构也有相通之处,没有贯穿始终的主要故事,只有一个个细碎真实的场面描写来呈现生活的琐碎、混沌性、无本质性,以审美化的眼睛看到了日常生活内在的悲剧的美,呈现着一种无为自然的形态。这种结构也正是贾平凹所致力的“好的文章,囫囵囵的一脉山,山不需要雕琢,也不需要机巧地在这儿长一株白桦,那儿又该栽一棵兰草的……鬼魅狰狞,上帝无言。”③但在看似无结构中又有着内在的肌理,以之展现了现代化进程中,传

---

① 李迎丰:《历史天空与当下语境——徐贵祥小说〈历史的天空〉中的“新历史”话语》,《解放军艺术学院学报》2006年第1期。

② 转引自杨义:《中国叙事学》,人民出版社2009年版,第101页。

③ 贾平凹:《废都·后记》,作家出版社2009年版,第460页。

统乡村和乡土文化崩溃和消亡的过程，正如《红楼梦》在生活的琐碎、人物命运的哀叹中暗自涌动着封建社会的没落和消亡。

当代小说结构上的多样探索和丰富，正是当代人对当代生活经验和人生诉求的个人性表达，寓示了当代人生视阈的深刻变化，它为对生活、意义、价值等的理解开启了多种可能性，也因为人生视阈的普遍交合而在结构的探索中暗藏着传统的结构艺术精华。中国传统小说中丰富的结构艺术，自然是当代作家不可能拒绝的艺术资源。

一　书信体、纪传体、戏剧的多文本结构

——《蛙》的叙事结构与主题

莫言是一个非常注重小说结构创新的作家，他的每部作品都体现了对结构的潜心经营。《檀香刑》“有意识地大踏步撤退”，吸收借鉴传统说唱艺术，大量使用韵文，以“猫腔”来统摄小说的声音，开始的凤头部和结尾的豹尾部使用小说内人物的话语独白，中间的猪肚部则运用全知视角进行叙述。《生死疲劳》外在采用了传统章回体的形式，内在则借用佛家的“六道轮回”说以生命的“轮回”再现几十年中国乡村社会的变迁，既有大头儿的叙述视角，又不时切换到西门闹所变的驴、牛、猪、狗等动物的视角，还穿插着“莫言那小子”的叙述，“而这种叙述也构成了这部小说的特殊结构，似乎可以说，这种叙述很大程度上改变了再现50年历史那种滞重的线性时间结构，而是通过每一道轮回，把时间切换成了几个重要的空间场景”①。《酒国》将丁勾的侦探和沦落故事与一个文学爱好者李一斗和作家莫言的通信以及李一斗的九篇小说的多重文本相互嫁接，形成一个“叙事迷宫”，分不清现实与虚幻的边界。这些作品，都具有多文本结构的特征。这种结构方式给小说的主题带来了丰富而复杂的意蕴。

《蛙》是第八届茅盾文学奖获奖作品之一，对这部作品，茅盾文学奖“授奖词”说：“书信、叙述和戏剧多文本的结构方式建构了宽阔的对话空间，从容自由、机智幽默，在平实中尽显生命的创痛和坚韧、心灵的隐忍和闪光，体现了作者强大的叙事能力和执著的创新精神”②，莫言自己在与记者谈论《蛙》时说：“我觉得长篇小说结构很重要，每次在构思长篇时都在结构上挖空心思，希望能够以跟以前的小说不一样的结构来讲述一个故事。……现

① 赵勇：《莫言这个“结构”主义者——关于〈生死疲劳〉致友人书》，2012年11月8日，http://book.ifeng.com/shupingzhoukan/detail_2012_11/08/18966542_0.shtml。

② 《第八届茅盾文学奖获奖作品授奖词》，http://www.chinawriter.com.cn/news/2011/2011-09-20/102619.html。

在这个结构是不是最完美的我不敢说，但是写着特别顺。”①都提到了《蛙》的结构。

《蛙》在主体上由“我”——姑姑的侄子蝌蚪以第一人称限知性视角向他人写信讲述的方式，呈现了当妇产科医生的姑姑与计划生育这一影响中国每一个人思想和生活的国家政策之间牵缠的故事。选取了几个具有鲜明时代色彩的历史片断，计生政策实行之前的五十年代、计生政策开始实行的20世纪60年代和“文革”、20世纪80年代的新时期再到新世纪，展现了姑姑在时代浪潮中由“送子娘娘”到“杀婴恶魔”再到晚年之后人性中的追悔等不同历史阶段的不同形象。这是一个有关姑姑的故事，是姑姑复杂而传奇的人生传记，生育既是大的时代背景也是主题事件贯穿着姑姑的一生，也影响了姑姑的一生。作为讲述者的蝌蚪具有多重的身份特征，他不仅是一个讲述者、旁观者，也是故事的主要参与者，在职业上，他有着一个从军人到退休成为一个自由知识分子的转变。而文学家的身份不仅一直潜在于文本内外，小说的最后一章更是直接铺写蝌蚪自己以姑姑和生育为题材创作的一部话剧，成为“姑姑故事的一个有机构成部分”②。

（一）姑姑故事的纪传体结构

《蛙》的主体将要讲述姑姑的一生传奇，也是姑姑的人生传记，这已经在蝌蚪写给杉谷义人的第一封信中予以点明，形成了读者的阅读期待。对姑姑的刻画运用了很多传统传记的艺术手法。叙事开始介绍姑姑的出生年月、名字：“姑姑生于公历1937年6月13日，农历五月初五，乳名端阳，学名万心。”便具有浓郁的纪传小说的色彩，接下去便是对其前期经历的介绍。小说选取了姑姑一生中有代表性的几个历史阶段，紧紧围绕着接生、计生展开，由此突出了姑姑作为妇产科医生在时代潮流中带悲剧色彩的性格和命运，线索单纯明晰。由于是第三人称限知视角叙事，它主要通过语言和行为来表现人物，结构上善于设置伏笔，前后呼应。如姑姑接生的第一个孩子陈鼻出生时先出手，似乎要向这个世界讨要什么，姑姑为此开他的玩笑，“陈鼻总是回答：讨饭吃呗”，这与小说最后陈鼻以乞讨为生的悲剧命运恰成对应。王仁美生了个女孩后，袁腮诡秘地说到时候帮蝌蚪想办法，既预示了后来王仁美偷怀二胎，也连接着蝌蚪的代孕得子。这样的伏笔在小说中大量存在，使得叙事结构比较严密。对作为亲人的姑姑，蝌蚪采取的是不虚美不

---

① 《莫言：小说〈蛙〉的出炉与计划生育政策的松绑有关》，2012年10月11日，http://culture.ifeng.com/huodong/special/2012nuobeierwenxuejiang/moyan/detail_2012_10/11/18166239_1.shtml。

② 莫言：《蛙》，作家出版社2012年版，第289页。

隐恶的客观历史态度，而《蛙》以姑姑这一普通女性作为基层计划生育政策执行者的命运起伏、心灵变迁来体现整个时代文化的变迁以及这一政策对“中国人的生存、生命以及精神和灵魂的影响”这样重大的主题，也是“史传”传统开创的“以小人物写大时代”的结构技巧。这种结构主题的方式在当代长篇小说中是常见的，《许茂和他的女儿们》《芙蓉镇》《白鹿原》《长恨歌》《张居正》等都具有这一方面的特色。

在姑姑的故事叙述中，又具有双构和重复叙事特色。

1. 结构中的双构现象

《蛙》中的讲述并未直接从姑姑入手，反而荡开一笔，从给孩子起名的地方风俗以及蝌蚪童年时吃煤的饥饿经历写起。对煤的颜色、气味、味道、咀嚼的声音、吃煤的感受以狂欢化地色调细致入微地加以刻画，这自然让我们想到莫言自身刻骨铭心的饥饿体验，这个开端在结构上也将《蛙》中主要牵涉的人物——陈鼻、陈眉、王肝、王胆、王仁美、袁腮的主要特征、人物之间的关系等信息预先呈现了出来，使此后的叙述能够更为集中和明晰，无需再分散笔墨。这个开端在结构功能上类似于茅盾《子夜》的开篇，以吴老太爷进上海及随后的葬礼汇聚起上海各界人物，也展开明争暗斗的线索和动荡危机的社会背景。陈鼻作为姑姑接生的第一个孩子，由之引出姑姑应该是自然而然的，但叙述并没有沿着这条线展开，而是由陈鼻引出旧式接生习俗，紧接着讲述了姑姑的家世——大爷爷的高超医术和坚定的革命立场。这些静态地叙述作为一种背景为姑姑的闪亮登场做了充分的铺垫，也给结构带来一波三折的功效。在这些叙述中，姑姑虽未正式出场，却一直存在着——姑姑对旧式接生的过激态度，姑姑对平度城经历的政治化，这使讲述中一直暗含着今/昔的双构，也造成今/昔的对话。

对话性、多声部是莫言小说普遍具有的特点。《红高粱》《酒国》《檀香刑》《生死疲劳》等长篇小说因叙事视角的多重性都有着多音齐鸣的叙事特色。《蛙》中的对话性存在于书信、叙述、戏剧不同的文体之间，也存在于姑姑的故事和“我”的故事之间，更存在于姑姑的故事之内。姑姑的故事和“我”的故事作为一明一暗的线索构成了《蛙》有关生育、人性、救赎的整体叙事，两条线索自然具有双构性。其中“我”的故事是依照时间的顺序自然进行的，这同讲述的时间与“我”的人生历程大体一致有关，如第三部分是即将退休之前所写，还主要叙述姑姑“从前”的故事，“我”在其中的立场观点和此前并没有什么变化，第四部分写于退休之后回到故乡高密，有关“我”的故事迅速转到当下，有了牛蛙养殖场代孕之事，也才开始了“我”的精神变迁和灵魂自审。但姑姑的故事不同，在蝌蚪讲述之前，姑姑的主要故事已经是完成式，她已经进入了晚年，思想也早已有了很大的转变，已经开始了对过往忏悔和救赎的历程，这便很自然地在姑姑过去的故事中引入后来的视点两相对照。这种由心灵自审所产生的今/昔对话性结构可说是姑姑故事的一大特色。

这种对话性的存在，使对姑姑的讲述内部也存在着主副两线：姑姑接生和计划生育实施过程中的“丰功伟绩”，包括她的情感历程是一条主线，姑姑晚年对接生和计生政策中自我作为、情感历程的审视和反省是一条副线。这条副线的存在使小说在时间上今昔共存，也使晚年的反思、忏悔和救赎成为笼罩整个故事的基调。比如《蛙》的第一部分，讲述从 50 年代初到“文革”二十多年的时光，在如此之长的时间跨度下涉及了姑姑事业的成功和与王小倜爱情的悲剧、与黄秋雅的矛盾以及“文革”中的磨难，故事的结构是这样的：50 年代，姑姑的黄金时代（接生、“送子娘娘”的形象）——晚年，经常怀念，并令她“双眼发亮，心驰神往”——60 年代初与王小倜爱情的悲剧，这一事件给姑姑带来巨大的灾难，并成为家庭的话题禁区——晚年的姑姑一句“是他毁了我，也是他救了我！”显示了人性中的宽容和时代的转换——“文革”前，和资产阶级小姐出身的妇产医生黄秋雅之间的势不两立——晚年对时代和人的反省，“那时所有的人都疯了，想想真如一场噩梦”，对黄秋雅医术和医德表现出由衷敬佩——“文革”中人们的疯狂行为，姑姑被批判——晚年的忏悔与哀伤，认为自己罪大恶极。主线采取了横截面的方式，截取一定时期的典型事件，故事叙述有详有略，副线则仅类似于故事结语，却给我们表明，除了“接生”这一时期，姑姑晚年对阶级斗争、对人、对“文革”运动都有了与过去截然不同的认识。如果从前是对革命工作的极度忠诚以至忘我、无我，晚年则显示了“清醒地反省历史、反省自我”的精神，不仅具有人的觉醒的特征，还认识到每个人都应承担的历史的责任。在随后的第二部分第二封信中，蝌蚪肯定并赞赏杉谷义人正视历史、并勇担罪责力图赎罪的历史担当精神，便有了一种讲此而意在彼的意味，是肯定杉谷义人，也是肯定了晚年的姑姑。《蛙》并没有意图去着力表现这种转变的过程，对十七年和“文革”中行为的反思和觉醒是伤痕和反思小说普遍的主题，在每一事件之后凸显姑姑晚年的态度、反省和忏悔在此也正如一个扣子，它已经给整个叙述奠定了一个方向，此后的叙述也将归结于精神的这一方面。

第二、三部分是依时间的顺序叙述姑姑在计划生育政策实施中的“丰功伟绩”。姑姑对革命政治的忠诚使她不遗余力地执行这一政策，过程中的坚定和残酷相较与黄秋雅的斗争、与“文革”中的被批判似乎只有对象而没有方式上的不同，这些事件虽然是单线发展，晚年的思想行为转变却一直是一个潜在的对话。当姑姑在第四部分与我们再见时，姑姑已经退休嫁给了郝大手，让自己曾扼杀的胎儿通过郝之手复活的方式来表达自己的忏悔和救赎、表达对生命的尊重，她对青蛙的恐惧，因为蛙正是“娃”，充满魔幻意味的与青蛙的搏斗折射了姑姑内心情感的变化——她对过去行为的否定。这一彻底转变之所以不会让读者感到突兀，因为它正是对第一部分扣子的正面回应，虽然两部分反省的对象不同。第四部分一方面是姑姑对计划生育执行过程中自己行为的反省和忏悔；另一方面是协助蝌蚪的代孕，使另一女子陈眉失去了孩子。计划生育的流产和代孕，剥夺的方式不同，结果却又有着某种共通性，姑姑对此也是有着清醒的认识的，才会有“我们亏对了陈眉”的感觉，产生的幻觉也具有一致性：“那个讨债小鬼带着那群残疾青蛙每天夜里都来吵我，我不但能感觉到他们凉森森的肚皮，还能嗅到他们身上那股子又腥又冷的气味……”①这就使姑姑的忏悔、救赎和对生命尊重终究没有能够摆脱仪式性。这种对话给小说的主题带来了多重的意味。

2. 重复叙事

为了展现姑姑“波澜壮阔”“跌宕起伏”的一生，体现伦理、生命、人性的丰富主题，小说围绕着姑姑的职业——妇产所关联的“生”与“死”，亦即接生和流产展开，采用了极具民族传统色彩的重复叙事的结构方式。

重复叙事（也有人将之称为“重叠法”）是中国古典长篇小说普遍存在的情节结构模式。如为大众所熟悉的《水浒传》，有关打虎的故事即有武松景阳冈打虎，李逵沂岭杀四虎，解珍解宝争虎；劫法场之事也有江州城劫法场和大名府劫法场，讲述了诸多同质的故事。《三国演义》中“三气周瑜”“三顾茅庐”“过五关斩六将”更是耳熟能详，这样的故事情节不胜枚举。所谓重复叙事，是指同类性质的事情反复出现数次，但绝不是简单的再现，而是同中有异，极尽变化。杨义先生认为这是“重复中反重复”的叙事谋略，仅以《三国演义》来说，其中诸多看似重复的情节模式，实则相互之间差距极大，“其中的反重复不仅体现在单元内部每次行为本身的差异，而且体现在每次行为之间连接和间断的不同”②。中国古代小说批评家早就注意到小说结构中的这一特色，称之为“犯”，金圣叹、脂砚斋等都曾对这种结构模式有过精当的论述，并看到“犯”（重复）与“避”（变化）之间相互抵牾又相互依存的辩证关系。当代小说中也不乏这种情节结构模式，余华的《许三

① 莫言：《蛙》，作家出版社2012年版，第343页。

② 杨义：《中国叙事学》，人民出版社2009年版，第56页。

官卖血记》《活着》对“卖血”和“死亡”的重复叙述，莫言《生死疲劳》的六道轮回也具有一种重复的外在结构特色。莫言《蛙》中姑姑的一生，有关生的故事写了四次，有关死的故事也写了四次。

《蛙》的第一部分开始书写的50年代既是姑姑人生的黄金岁月，也是姑姑这一妇产医生作为“送子娘娘”的最辉煌阶段，在此，小说接连讲述了姑姑的三次接生：陈鼻、“我”和家里的牛，三次的共性在于都是非正常式出生，具有很大的危险性。第一次对陈鼻的接生事件写得最为“惊心动魄”，因为这是姑姑正式登上人生舞台的一个精彩的亮相。小说采用了最具莫言特色的一种夸张、神话般的语言流，浓墨重彩地描述了姑姑接生和与“老娘婆”斗争的整个过程，既突出了姑姑高超的接生技艺，又呈现了姑姑英勇、直率甚至强悍的性格，也是对旧式接生的“初战告捷”。她对“老娘婆”的粗言暴语、各种不恭在生命面前，不仅都具有合情合理的成分，甚至更体现出一种英雄的气概，是英雄壮举。这种壮举正承接着姑姑出场前对此地接生习俗和姑姑对这种落后习俗过激态度的介绍。紧接着的对“我”的接生不再细致书写接生的场面，因为亲缘关系，也不可能再和持旧式观念的“我”奶奶发生激烈的斗争，如果第一次是“暴风骤雨”，这一次则温和得多。这两次的成功，巩固了姑姑“送子娘娘”的绝对胜利。第三次则是对“牛”的接生，再次强化了姑姑的形象和接生的意义，充满了对于生命的大爱和神圣感。小说中写道：“那母牛一见到姑姑，两条前腿一屈，跪下了。姑姑见母牛下跪，眼泪哗地流了下来。我们的眼睛也都跟着流了下来。”①姑姑虽然阶级观念很重，但在接生的过程中，也舍弃了阶级观念（甚至人畜的界线），只充满对新生命由衷的欢悦。对生的重复叙事与此后对流产过程中死亡的书写形成了更为鲜明的对照。

《蛙》的第二部分和第三部分集中讲述了姑姑作为计划生育执行者的经历，计划生育造成诸多胎儿死于未生，执行过程中还有着诸如拆屋、连坐、追捕等极端的行为，小说又将叙述着眼于它所导致的死亡这样的大悲剧。这样的取材自然不乏对现实历史的简化倾向，在这种简化和选择中显示了叙述者的主观态度和意图，它要突出的是计划生育过程中“残酷”的一面。小说集中书写了耿秀莲、王仁美、王胆三位女性的死，这三次死亡与蝌蚪的两次婚姻交织在一起，一喜一悲，亦恰如生与死的相互映衬。

死亡的叙述是从“我”的第一次婚姻开始。第二部分的讲述从“我”与王仁美的结婚、生女，到王仁美偷怀了二胎，在姑姑、部队领导和“我”等各

① 莫言：《蛙》，作家出版社2012年版，第25页。

方面的压力之下被迫流产大出血而死为止。在得知王仁美怀二胎之前，“我”又用一节的篇幅插叙了青春时期曾亲眼目睹的耿秀莲之死。这两次死亡事件，一是亲身的经历一是旁观所见，一是为人夫为军人，一是懵懂的青春少年，身份的不同感触自然不同，叙述上一详一略。因为只是旁观者，对耿秀莲之死的叙述用了纯粹客观化的叙述语言，并未涉及“我”的态度。姑姑自己讲述的语言则是夸张、充满斗志和激情的。这一事件主要给我们预示了另一种姑姑的形象，也为王仁美事件做了一次铺垫。同样是对党的事业的坚定和执着，在决策的指挥棒下，姑姑已无法选择地走向了生命的另一面，从众人敬仰的“送子娘娘”转向了众叛亲离的“魔”。小说对王仁美事件过程的叙述是极为细致的，展开了一系列的对话和行为，也细腻书写了“我”在这过程中的心理变化，最初的恼火、妻子离家后的沮丧与犹豫、妻子手术中内心的焦灼、妻子去后的哀伤，甚至被袁腮保证是儿子时曾有的莫名其妙的欣慰；都真实地坦露出来。姑姑的“魔”性在此过程中也体现得淋漓尽致。在这样的“魔”性之下，王仁美的死亡也为王胆的命运开启了帷幕，第二部的结尾姑姑挥动着血手说：“她（指王胆，作者注）就是钻到死人坟墓里，我也要把她掏出来！”使第三部顺理成章地转入叙写王胆的逃亡与死亡。虽然都是将死亡与蝌蚪的婚姻重叠在一起，第三部在结构上与第二部不同，它是以王胆逃亡和死亡为讲述的线索和叙述重心，中间扭结着“我”与小狮子的婚姻，两者交错叙述。在王胆隐匿过程中，也没有抓捕王仁美的浩荡声雷，先叙陈鼻、陈耳的关押和释放，又有我与小狮的结合稀释了紧张的氛围，似乎一切都是平静而胸有成竹的，王肝透露王胆的行踪形成了一个悬念，漂浮河面混迹于卖桃船中华丽夸张的王家木筏则充满了神秘和紧张，整个叙事节奏张弛有度。在三次死亡的重复叙事中，以“犯”求“避”，也使结构富于变化，错落有致。

文艺理论家米克·巴尔曾说，事件的重复有可能引人注目，并由此而产生强烈的艺术效果。① 死亡的重复叙述，从一个侧面真实而醒目地反映出计划生育过程中，政治文化观念和乡村传统生育观念的激烈冲突，政治文化观念对姑姑的塑造，同时也隐晦曲折地再现了姑姑内心责任和人性的复杂纠缠和心理的转变过程。由于是第三人称的叙述，“我”无法直接呈现姑姑的心理和意识，但在姑姑的语言和行为细节上，依然能够看到姑姑内心情感的蛛丝马迹。虽然姑姑对于政治任务一直忠心耿耿，对计划生育的意义也确信不疑，但也有被政治压抑的人性挣扎和痛苦。姑姑对耿秀莲抓捕过程

① ［荷］米克·巴尔：《叙述学：叙事理论导论》，中国社会科学出版社2005年版，第88页。

的讲述是慷慨激昂的，这种讲述方式恰与第一次接生的讲述方式具有一致性，耿死后，姑姑只是为受到牵连有过牢骚，为自己抱不平，王仁美死后不久，“我”母亲去世，姑姑在“圆坟”之日在“我”母亲坟前使人震撼的痛哭，小狮子说：“她憋得太久了”，又是什么潜藏在姑姑的内心里呢？到追捕王胆的过程中，对小狮子和秦河“舞弊”意欲放掉王胆行为的明察与默认，当王胆难产之时，姑姑伸出的属于妇产科医生的手，都让我们看到姑姑内心压抑而温暖的一部分，使晚年姑姑的忏悔和转变有迹可循。

如果将流产也归入死亡叙事的话，《蛙》中除了这三次接生和三次死亡，第四部分同样是对生与死的叙事，王小梅的流产和陈眉代孕，而以陈眉代孕——生的故事为其叙述的主线，姑姑的一生似乎完成了一次循环，由接生开始，经过死亡，再以接生而结束。这部分同样都是“非正常”的生和“非法”的“死”，表面上承接着前面生与死的叙事，然而，却有着本质的不同，在新的文化观念之下，连生与死的本身也具有了多重性。这已经是姑姑的晚年，此时，时代文化已经发生了重大转变，失去了中心和本质，人们对政治的热情转向对金钱的崇拜，在金钱的威力下，生命也失去了原有的庄严感。王小梅流产和陈眉代孕，都与金钱有关。姑姑讲述王小梅的故事，一方面呈现了时代文化的变迁，更重要的则是这次事件接续了前三次对死亡的叙述，彻底完成了姑姑形象的转变。姑姑“已经受不了了”，“一听到那负压瓶发出的‘咕唧咕唧’的声响，就感到自己的心脏被一只大手攥住了，越攥越紧，痛得我浑身冒汗，眼冒金花，手术做完了，我也瘫倒在地上……”①这种感觉已经与对青蛙的感觉有了相似之处。这一有关“死”的故事成为姑姑再生的一个转折点，我们才能够更好地理解此后与青蛙大战的故事，姑姑嫁给郝大手寻求救赎的故事。王小梅怀孕是被利益诱惑，陈眉代孕则有其不得已的苦衷，这也是小说大书特书的一部分，它是生，也是死，它牵涉了小说中众多的人物，也是晚年的姑姑、蝌蚪等人的一面镜子。我们无法忽略的是，这一事件发生在姑姑和蝌蚪都退休之后，退休给予作为军人的蝌蚪更多人性自由呈现的机会，它恰是一个契机，映照出在失去信仰之后，人类“魔”性的膨胀。

除了结构上事件的重复，《蛙》中还使用了词语的不断再现，来增强故事整体的有机性，也强化了姑姑晚年的忏悔心境和她对自己悲剧命运的认识，其中也有着蝌蚪对姑姑式悲剧的悲悯和同情，这个词可以用“悲凉”来概括。纵观小说的整篇叙述，只有“送子娘娘”的黄金时期，姑姑的形象才

---

① 莫言：《蛙》，作家出版社2012年版，第220页。

是明朗的，笑容是灿烂的，内心是喜悦的，从计划生育的实施开始直到晚年的姑姑，无论是在工作中，还是对历史的回忆和对婚姻的态度，姑姑的表情和语气就成为了“感伤”“哀伤”“悲凉”和“凄凉”。在蝌蚪的眼睛里，由姑姑的讲述而制作的泥娃娃也带着“一种难以言传的悲凉表情”，姑姑的外在形象是“苍白的、茂密如同蓬草的头发上落满了槐花，有几只蜜蜂在她头上飞舞。”“她庞大的穿黑衣的身体走在前边，对我们造成一种神秘的压力”，姑姑的命运同样是“凄凉”“悲凉”的。从第一部贯穿下来的这些词语，成为小说叙述的情感基调。“悲凉”“凄凉”这样的情感显然不仅来自于忏悔与赎罪，更是人在历史中无法把握的命运之叹。

（二）书信体的运用

《蛙》分为五部，在整体上是蝌蚪在不同时期写给日本友人杉谷义人的五封书信，姑姑的故事虽也是信件的部分，但在形式上和内容上更可看作随书信附寄的材料。真正的书信放置在每一部的开端，也正是这五封信将姑姑的故事分割成几个典型阶段。

书信体是一种由来已久的现代小说叙事方式。这种叙事方式在传统艺术渊源上虽然可以追溯到中国传统文人的尺牍文学，但作为一种小说文体，更是直接来自西方书信体小说的影响，在中国20世纪20年代曾一度繁荣，出版了近二百篇（部）①书信体小说，可以想见当时创作和出版的热潮。但很快这种偏于个人性的文体便在30年代新的时代环境下衰落了，直到当下，作家也很少有完全采用这种文体的创作，更多的是如内心独白等艺术手段采用部分插入的方式，宗璞《东藏记》在整体客观叙事中插入的“炸不倒的腊梅林”和“流不尽的芒河水”分别是碧初对爹爹和雪妍对卫葑的情感倾诉，在形式上也都类似于书信。

书信体这种独特的叙事方式不仅具有叙述上的自由，能够更“真实”和更“自由”地表现叙事者的个体情感和生命状态，它的私密性也带来一个相对封闭的个人性空间，为叙事者对事件的介入性剖析和针砭提供了合理性界阈。80年代初的很多小说因叙事者主观介入过多往往损减了小说的艺术性和结构上的完整性，如《钟鼓楼》中过多的议论使小说理性色彩强化从而削弱了应有的形象性，也局限了小说主题的多方面拓展，《芙蓉镇》《沉重的翅膀》等作品也都或多或少具有这一方面的弊端，《蛙》的书信体则很好地解决了这种矛盾。蝌蚪作为亲历者，他对计划生育这一政策的认识和态度，对姑姑行为的评判，对自我的剖析都被打包在个人信件之内，作为附寄

① 引自韩蕊：《现代书信体小说书目文献钩沉》，《华夏文化论坛》2010年00期。

材料的姑姑的故事得以主要使用近似客观的叙述语言，从而保证了故事的连续性和形象性。对书信在《蛙》中的作用，有论者曾进行了概括：书信的纪实感拉近了与读者的距离，又可以自然地引入话题，具有前导的作用，可以调节叙事节奏使长篇小说的叙述张弛有度，又便于叙述者直抒胸臆。通信的对象既可看作是一个实存的友人，又可看作莫言的另一个自我。① 对这一方面，很易使我们想到鲁迅先生的《在酒楼上》《孤独者》等小说具有的复调效果。

不仅如此，书信在《蛙》的小说结构上有着更为突出的作用。首先，它由此设置了小说叙事和阅读的视角。《蛙》的开端是由书信开始。既为书信，就有一个写信人和收信者，这名收信者既能够使"我"毫不顾忌地倾诉内心的隐秘，也理解和同情"我"的讲述。《蛙》设置的阅信对象杉谷义人作为一名日本友人在社会身份上与蝌蚪具有很大的相似性，如同蝌蚪既是忠于纪律的军人也是文学家一样，杉谷义人被强调了具有的双重身份，既是一名曾经参与过侵略中国的日本指挥官的儿子，对于父辈在中国的侵略战争深怀忏悔之心，表露出历史的担当精神，又是当下的一位文学家，身份上的这种相似性使蝌蚪对杉谷义人的每一种书写都成为自我的一种反观。第一封信给我们点明了写作（故事）缘起，是出于杉谷义人的请求，却从杉谷义人的长篇报告《文学与生命》落笔，在报告中杉谷义人多次以姑姑为例来阐发他的文学观念。虽然《蛙》中并没有书写杉谷义人的回信展示另一文化视角对计划生育这一主体事件的认识，他所作的《文学与生命》的报告，已经表明了他对于"人"的认识更是从人道主义出发的"生命"以及与生命有关的生存、伦理、精神的视角而非政治的角度，是对个体生命的关注。这种生命的角度自然也是同样作为文学家的叙事者蝌蚪所具有的，成为统摄姑姑故事的支点。姑姑的故事也就是一个有关"生命"的故事。无论是接生还是诸多的死亡，是姑姑年轻时对政策的忠诚还是退休后在泥娃娃中求到心灵安慰和救赎时表现出的人性的回归，是袁腮之流不择手段对金钱的攫取，还是陈眉在其中的悲惨遭遇，文化、伦理、道德、政治、权力，这些在小说中都成为"生命"展现的方式。蝌蚪与杉谷义人的不同之处在于，身处中国现实历史文化环境，不仅目睹了计划生育过程中众多可悲可叹的事件，更有妻子王仁美为此丧生的刻骨之痛，这使他对计生问题比杉谷义人更多了理性的审视和历史的评判。在第三封信中，蝌蚪曾剖析自己对这一历史事件

① 姚国军：《"跨文体"与"永远的两难"——论莫言长篇小说〈蛙〉的双重结构》，《社会科学论坛》2014 年第 8 期。

的认识：“历史是只看结果而忽略手段的，就像人们只看到中国的万里长城、埃及的金字塔等许多伟大建筑，而看不到这些建筑下面的累累白骨。……实事求是地说，这不仅仅是为了中国自身的发展，也是为全人类作出贡献。”①在“生命”和“历史”发展的错位中，具有一种无法达到平衡的情感和心理状态，但，作为文学家和文学家之间的通信，就决定了“‘蛙’的叙事目的并不是要理论性地探讨、评判计划生育本身的功过是非，而是要把计划生育处理成一个精神事件和精神背景，以此来表现其对中国人的生存、生命以及精神和灵魂的影响。”②这也是理想读者所应具有的视点。

更为重要的，在结构上，书信给我们提供了小说叙事的另一条线索：“我”——蝌蚪自己的故事。如果叙事的原始是“我”讲述“姑姑”的故事，姑姑在不同历史时期的遭遇成为贯穿叙事的一条线索，从第二部起，应杉谷义人之嘱，“我”的故事也开始占了很大的比重。包括“我”与王仁美的故事，“我”与小狮子的故事，“我”借腹生子的故事等，有的章节，如第四部借腹生子和第五部的话剧，“我”的故事甚至压倒了本应占主体位置的姑姑。这种叙事重心偏移并没有导致结构的涣散，正在于书信对小说中另一个故事——“我”的精神变迁的铺垫和提示。如果姑姑的精神历程，她的救赎是一条叙事的明线，是在主体故事中完成的，“我”的心灵自剖、忏悔和救赎则是叙事的暗线，经由“我”在书信中的自陈和叙事共同完成，一明一暗双线并行。在这个过程中，杉谷义人对于蝌蚪正如一位精神的导师和心灵的聆听者。杉谷义人的历史担当精神一直潜在地影响着蝌蚪的历史叙述，不仅对作为亲人的姑姑不虚美不隐恶，而且在书信这个私密的空间里，蝌蚪真诚而无顾忌地坦露了自己灵魂中的卑怯、懦弱、自私等各种阴暗的角落，最终完成了蝌蚪这一知识分子的形象。

书信给我们完整地呈现了蝌蚪精神蜕变的过程。小说的第二部分写于2003年，在叙事中回忆了妻子王仁美怀孕6个多月，在各方力量的逼迫之下接受流产而不幸死在手术台上。紧接着写于2004年的第三部分则是蝌蚪与小狮子在姑姑的撮合下重新结合成家庭。从2004年的第三封信可以看到，回忆和书写王仁美的去世固然使蝌蚪“热泪盈眶”，但他此时还不能做到反躬自身，还是一个无辜者和受害者的自我塑像，“我不抱怨姑姑，我觉得她没有错，尽管她老人家近年来经常忏悔，说自己手上沾着鲜血。”③并

① 莫言：《蛙》，作家出版社2012年版，第151页。
② 吴义勤：《莫言长篇小说〈蛙〉原罪与救赎》，《南方文坛》2010年第3期。
③ 莫言：《蛙》，作家出版社2012年版，第151页。

从历史的发展、国家和人类的发展这一宏大的目的对计划生育进行了看似公允的理性评判。这种评判应该说并没有特别之处，蝌蚪之所以还要在这里“老生常谈”，表面上看是在为姑姑辩解，但联系后面的书信可知，它更是蝌蚪潜意识中洗清自身的罪责，为自己找到的放下的理由，以之掩盖了自己灵魂深处的自私和懦弱，这种自我解脱的方式与巴金《家》中的觉慧在放弃拯救鸣凤时以“有进步思想的年轻人的献身热诚和小资产阶级的自尊心”①来掩盖内心的懦弱同出一辙。蝌蚪和小狮子重组家庭，蝌蚪虽然也曾心怀愧疚，但这种愧疚仅仅停留在情感的背叛和忠诚、停留在自然本性方面，他对自己的自省还仅止于此。写于 2008 年的第四封信则出现了重大转变，开始了深入自我灵魂的历程。“至于我自己，确实是想用这种向您诉说的方式，忏悔自己犯下的罪，并希望能找到一种减轻罪过的方法。”“要把自己放在解剖台上，放在显微镜下。”②此时，姑姑的传奇已接近尾声，她在退休后嫁给了郝大手，在不断地回忆并假借郝之手使那些被流掉的婴儿重获生命中，对过去的自我进行了颠覆。蝌蚪也已经退休，和小狮子回到故乡居住，然而抢钱的黑胖男孩和女人使“我”意识到，故乡同都市一样，也已经在金钱文化的巨大威力下全面沦陷。姑姑所在卫生院的混乱，袁腮和表弟的牛蛙养殖场在养殖的合法招牌下潜藏着为人代孕这种不合法的勾当，金钱和利益主宰了一切。在这样的环境中，不受制约的人性中的“小”不断地被激发出来。在信件之后的叙事中可以看到，因为陈眉代孕一事，蝌蚪一面不断地自责、反省，表现出焦虑不安和犯罪感，一面却又不断地自我安慰和开脱，是自责之后的欣然接受，是得到孩子后的喜悦和对陈眉痛苦的漠视。蝌蚪是正视了自身灵魂中的“小”的，将自己在这过程中思想和行为的矛盾无保留地呈现在杉谷义人面前，但在这时候，蝌蚪所要忏悔的罪也更多的是一种实指，指向陈眉代孕一事。只有到了 2009 年的第五封信，蝌蚪的反省才深入到灵魂深处，才有了对王仁美悲剧和借腹生子的重新认识。创作话剧的过程也是蝌蚪对生命伦理重新认识的过程，对自我重新审视的过程，开始正视自己人性中的自私、懦弱、虚伪。“王仁美和她腹中的孩子——当然也是我的孩子——之死，尽管我可以用种种理由为自己开脱，尽管我可以把责任推给姑姑、推给部队、推给袁腮，甚至推给王仁美自己——几十年来我也一直是这样做的——但现在，我却比任何时候都明白地意识到，我是真正的罪魁祸首。是我为了那所谓的‘前途’，把王仁美娘儿俩送进了地

① 巴金：《家》，四川文艺出版社 2010 年版，第 155 页。

② 莫言：《蛙》，作家出版社 2012 年版，第 185 页。

狱。我把陈眉所生的孩子想象为那个夭折婴儿的投胎转世，不过是自我安慰。这跟姑姑制作泥娃娃的想法是一样的。”①由此，可以看到，蝌蚪的精神转变，他的忏悔和剖析正是通过书信而非讲述故事一步步逐渐深入和完成的。

也正是通过书信与故事的对照，给我们呈现了这种忏悔的有限性和复杂性。不论是作为政策执行者的姑姑的晚年忏悔和救赎的行为，还是作为身历者的“我”的忏悔，小说都真实地写出了姑姑在实际生活中还是为了私利做了争抢陈眉孩子的帮凶，“我”则一面愧疚一面仍然自我欺骗为得到代孕的孩子心安理得，在面对生命和自我之时，高大与渺小、真实与虚伪、救赎与自我安慰，这些从不同的方面共同展现的正是人性的复杂。

除此之外，在结构上，五封信彼此照应，草蛇灰线。第一封信不仅是起始，也是一个总括。杉谷义人对姑姑的不同印象如同一幅幅简笔画，分别简单地勾勒出了姑姑在不同时期的主导形象，在此后对姑姑的讲述中，我们在不同的历史阶段，看到其中的一个方面，或者几个方面组合在一起，从不同侧面勾勒了姑姑复杂的一生。从这一封开始，蝌蚪在信中不断地提及想要创作的那部话剧，形成一个个扣子，使最后话剧的出现顺理成章。可以说，这部小说的主要意象——妇科医生姑姑、青蛙、话剧，都已在第一封信中有了简单的交待，在作用上，类似于传统小说的“楔子”。此后的每一封信都犹如历史的帷幕，不仅以应答的方式对前一章内容进行简要的回顾以承接上文，而且对这一章将要讲述的内容也有个大体的交待，起到一个预叙或过渡的作用。如第二封信，预告了“遵您之嘱，尽量多地把我本人所经历过的一些事情，顺便写到了信里。”对后来叙述重心的转移，我们也不会感到突然。第三封信既承接了第二部分王仁美的去世，又写了蝌蚪回乡的期望，第四封信则是回到故乡了。第三封信对故乡的美好想象又与第四部分回乡见闻和经历正相映衬，显示出乡村文化的巨变。

（三）《蛙》的亦真亦幻：现实、电影与古典戏曲的融合

《蛙》在结构上除了给杉谷义人的书信，以及蝌蚪所叙述的姑姑和自己的故事，还包含了蝌蚪所创作、与小说同名的一部话剧。蝌蚪说，这个剧本“是姑姑故事的一个有机构成部分”。剧本的故事承接着蝌蚪的代孕一事，而剧本的文学虚构性和魔幻色彩既在一定程度上颠覆了前面叙述的真实性，也以荒诞的方式极真地反映出现实中的悲剧和荒诞。这种悲剧和荒诞是属于整个社会和人类的。

---

① 莫言：《蛙》，作家出版社 2012 年版，第 289—290 页。

剧本分九幕，以蒙太奇的手法，在陈眉对孩子的痴迷寻找和姑姑、蝌蚪之间不断转换为其结构方式，场景之间便具有了对比性和反讽的色彩。陈眉对古今的混淆，对包青天的期盼透露了一个底层女子在现实中的无望和抗争的无力。也只有在疯癫的状态中，在混淆古今，穿越现实与虚幻中，使这种悲剧具有了超越自身的历史的探问。在结构上，剧本又奇特地将电影融合进来，让陈眉在抱孩子逃跑过程中与电影摄制组奇遇，电影正在拍摄《高梦九》，这是曾在小说《红高粱》中出现自诩为"高青天"的英雄人物，演员在"高青天"和现实之间徘徊，却无法逃脱现实之手，"高青天"也不得不屈服于现实中的金钱和权力，在导演的指挥棒下，和周围大多数人一样违背本心不假思索地说着谎言。判决的方式同样具有极大的反讽性，它借用了古典戏剧《灰阑记》的方式，也是对古典《灰阑记》的反仿。

《灰阑记》是元代李行道创作的一部有名的包公断案的杂剧，讲述了富翁马均卿的妾张海棠生有一子，马的正妻与赵令史通奸，合谋毒杀亲夫，反诬海棠；为谋夺家产，又强称海棠之子为己生，海棠屈打成招被判死罪。后来包拯巧施"灰阑计"，判明海棠为孩子的生母，昭雪了她的冤屈；并审出马妻与奸夫合谋的杀人罪，给予严惩。所谓灰阑计，即用石灰画一个圆圈，将孩子放在圈中，谁先将孩子拉出来谁就是孩子的生母。海棠心疼孩子不忍用力，正妻夺之，包公因此辩明。这一断案的逻辑前提就是只有心怀真爱，才会宁可自己蒙冤，也不会伤害孩子。《灰阑记》本是为赞颂包公的英明智慧，在《蛙》这一剧本中，高梦九、小狮子、蝌蚪等人正是利用了这一策略，假意让陈眉和小狮子争抢孩子，以看似正当的理由达到了夺取的目的，使古典戏剧《灰阑记》颂扬的智慧和申明的正义受到了颠覆和质疑。

夺子大战在现实、电影、戏剧中的重新搬演，使虚构的英雄人物和现实中人物、古人包公和今人派出所人员、演员、导演以及蝌蚪、姑姑一干人等同台，建构了古今真幻的立体空间，充满了荒诞感，也使悲剧具有了时空的深广度。

莫言曾经说过："结构从来就不是单纯的形式，它有时候就是内容。长篇小说的结构是长篇小说艺术的重要组成部分，是作家丰沛想象力的表现。好的结构，能够凸现故事的意义，也能够改变故事的单一意义。好的结构，可以超越故事，也可以解构故事。……"①《蛙》是一部精心结构的创作，创造性吸取了传统的结构技巧，又具有独特的方面，它的多文体结构形式恰如

① 莫言：《捍卫长篇小说的尊严》，2008 年 4 月 25 日，http://www.chinawriter.com.cn/2008/2008-04-25/34502.html。

授奖辞所说“建构了宽阔的对话空间”，也使小说的主题包含了政治、文化、伦理、救赎、罪感、人性等多向的维度。

二　反“目的性”的叙述

——《一句顶一万句》的叙事结构

中国传统哲学创建了很多颇具特色的哲学范畴：“天”、“天道”、“天命”，由此给人类社会和整个宇宙设定了存在秩序，“天不变，道亦不变”，社会的发展遵循这样的秩序，在“道”的坐标轴上形成脱离——回归的不断循环。儒家文化从道德哲学的角度提出了“仁”、“礼”的伦理秩序和政治秩序，具有现实实践性地规范了人与人之间的关系。由于佛教的融入和道家的影响，民间文化中还有浓厚的“善有善报，恶有恶报”、善恶相因的因果观念，这些认识反映在古典小说中形成了小说结构上通常从超越的时空结构开始的“叙事元始”。《水浒传》的开端从“天道”有乱和“人道”中政体荒唐落笔，使整体的结构呈现着“天道”与“人道”的对应和“乱自上始”的历史哲学观念，这样一个“礼崩乐坏”的混乱时期，给梁山好汉的起而反抗提供了具体的现实依傍，其中也很容易剥离出一种因果逻辑关系。在“家反宅乱”、“敦伦睦族”、“才子佳人”等结构模式中，人物的活动、事件的发展大都“合目的性”，具有明确的缘由（“天道”“仁”“礼”等等）和明确的结果，使小说充满讽世或劝谕的功效。故事通常随时间展开，具有开始、发展和结局的完整性。历史唯物主义讲究本质论、目的论，提出了合规律性合目的性的活动是现实的人的特性和本质的命题，这是人的活动区别于其他动物本能活动的根本的特性。在这样的认识之下，现代文学中充满了对启蒙、理性、规律和本质的书写。当代众多的小说对战争的胜利、“文革”的被打倒、改革的成功、丑恶得到惩罚而正义与美德得到宣扬的写作大都具有这样的结构模式：它们是社会历史发展的本质，具有合目的性，必然是人心所向，也必然是成功的。事件和线索极为明晰，世界和人的行为都是可以进行阐释的，可认知的，充满了乌托邦的乐观理想和对终极真理的确信。“小说所抵达的那个‘结局’是先验的、必然的、不可抗拒的，小说必须以一种‘速度’进入那个终极之地，那是一个无法阻断的过程，任何延宕、阻隔都无法改变小说的最终方向。这当然与作家的认识水平有关，本质论、因果论思维可以说是这种小说速度得以形成的基础。”①现代小说结构在此一点上和中国古典长篇

① 吴义勤：《难度·长度·速度·限度——关于长篇小说文体问题的思考》，《当代作家评论》2002年第4期。

小说的“大团圆”结构具有一致性，所不同只在于对本质和因果的认识。尽管马克思恩格斯也认识到，到目前为止，现实的人的活动是缺乏合目的性和合规律性的，自然规律和社会规律都是“以当事人的盲目活动为基础的自然规律”①，也曾指出历史活动的多元化和多向度的特征，它的结果是“交互作用”和“合力”的结果，而非单向度的简单的因果律。但在现代性“本质论”“合目的论”的历史观照下，当代现实主义和现代主义文学中更多地过滤了可能有的多元与歧义，呈现着本质和目的的单纯与直接。后现代主义颠覆了现代性的本质论，强调了非目的、不确定性，世界本原的荒诞与无序消解了现代性的本质与深度，在具有后现代主义色彩的小说中，偶然性、不确定性、未完成式、生活原生态呈现而不是为了表现本质，成为影响小说结构的重要因素。

刘震云的《一句顶一万句》是一部“去历史化”的乡土寓言，是在淡化了时代风云、模糊了历史时间和背景的人物生存中对千百年来默默无闻的普通百姓生活和心灵的书写，在结构上，它具有一种反“目的性”的特色。

《一句顶一万句》包含上下两部分，上部“出延津记”和下部“回延津记”。在整体结构上，它以这种标题直接标示了故事“出走”和“回归”的显在构架。加之杨摩西的命名以及传教士老詹的存在很容易使人将之与基督教圣经中《出埃及记》联系在一起，使它的主题多了西方宗教文化的参照，但在结构上，“出走”与“回归”本来就是中国现代文学以来的重要结构模式。它是带有原型意味的，具有丰富的现代内涵。

“出走”和“回归”是自晚清五四以来处于东方/西方，传统/现代之间的现代知识分子人生道路、精神状态的写照，反映了一定的社会文化思潮，也成为现代文学中重要的一个主题和结构模式。易卜生的娜拉出走引起了中国文学中“出走”的大潮，鲁迅的小说中大都具有一个“离去——归来——再离去”的结构。对于现代知识分子，“离去”（出走）是一种自觉的主动的行为，是对精神的追求和道路的探索，在这样的视点之下，涉及乡土的小说表现的中心往往是乡土的困顿、凝滞导致的“离去”和“再离去”的必然性。这一过程中，知识分子一直如“狂人”，具有敏锐的超越的精神，具有理性、批判的能力，也具有乌托邦建构的想象，并自觉于这种精神上的孤独。游走、精神上的漂泊，精神家园的寻找，对于故乡作为“根”和“原乡”的批判和想象性建构，在现代文学中似乎一直是知识分子的专利，底层的普通人民作为被压迫者一直在求生存的物质层面存在，或者作为一种想象存在于古朴、

① 《马克思恩格斯全集》(23)，人民出版社1972年版，第92页。

和谐的田园之中。刘震云的《一句顶一万句》却是通过底层普通百姓的人生况味来书写的普通人（而非先觉者，社会精英）的"出走"与"回归"，"孤独"与"寻找"。这些普通人并不具有知识分子精神孤独的自觉，也不存在一个乌托邦的建构，他们只是碌碌于日常的生存活动，最基本的人生欲望，连追求都那么低微——仅仅是一个"说得着"的朋友，其中"出走"和"回归"是祖孙三代不同人的行为。小说中并不具有"异乡"的视点，延津作为结构故事和人物的所在，也不具有"原乡"的性质。与之相对应，在结构上，它着重书写了先辈"出走"之前和后辈"回归"之前的碌碌生活，在其中，我们可以看到，"出走"和"回归"不是缘于他们的主动和自觉，而是不得不的被动和盲目，它们仅仅是一种非目的性的结局。这既是对现代以来知识分子"出走"与"归来"启蒙主题的一种补充，也是对它的一种反叛。

（一）"出走"的反"目的性"和"回归"的偶然

上部"出延津记"主要以杨百顺的经历为线：父子兄弟之间的隔阂、冷漠和欺骗最终使杨百顺逃离了家庭，摆脱了父亲对他的掌控，这似乎在重复"五四"文学中太过熟悉的情境，青年人走出家庭的桎梏，寻求个人的价值。离开家庭的杨百顺开始在社会各职业间游荡，跟杀猪匠学杀猪，在染坊里挑水，竹业社破竹，在县政府种菜，后娶妻，离开县政府后与吴香香卖馒头，因妻子与人私奔，杨百顺不得不假意寻找，却在路途上不慎将养女丢失，假寻找变成了真寻找，最终不得不离开延津，完成了"出走"的结构模式。

在杨百顺的每一次职业转换中，都并非出于对更高生活或某一明确目标的追求的主动行为，只是他自己无法把握的被动和被迫。如他自己所说："两年来倒换了几个窝，一次也没守熟，没守熟并不是自己不想守熟，而是事情总出岔子"①。因私下里对他人流露了对师娘的不满，被师傅断绝师徒关系赶出师门，断了杀猪的生路；在染坊又因无意间放跑了掌柜的猴子，没有勇气面对掌柜的目光，被迫"再一次有家难回，有国难投"；为了找到工作，杨百顺投靠于传教士老詹，在他的推荐下进了竹业社，也正因投靠了老詹不得不接受老詹夜晚的教诲最终使他太过困倦导致破竹时不断出错又被解雇。在县政府种菜，既是一个偶然的机遇更是他无法自主的一种生存，县长更换也连带着杨百顺失了业，他与吴香香并没有深厚的感情，也并不想去找回私奔的妻子，但又不得不去，养女丢失又是他最不希望的。杨百顺为了生存的流徙，就像无头的苍蝇没有目的也没有方向，更没有主动选择的权利。

① 刘震云：《一句顶一万句》，长江文艺出版社2009年版，第97页。

刘震云的《一句顶一万句》同刘恒的《狗日的粮食》一类的小说一样，都是剥离了历史、政治和文化属性对底层生存原生态的呈现。如果《狗日的粮食》在还原作为生物学意义上的人类的生存困境时，有着“粮食”这一贯穿的最为原始的信仰，还具有一种“合目的性”的叙事结构，甚至其背后有着历史苦难的沉重面影，《一句顶一万句》在人物几度转折的经历中，舍弃了苦难、欲望、迷茫、反抗等惯常的渲染，便只剩下偶然、荒诞、被动和盲目，个人无法把握的命运并不是历史暴行的牺牲品，恰恰是平淡无奇的日常以及日常生活中个人行为。

不仅仅是生存中的被动和盲目，“出走”对于杨百顺也是情非得已的道路选择。除了最初的逃离家庭是充满勇气的自主抗争，此后，无论是在染坊挑水还是县政府种菜、卖馒头，杨百顺自身都并没有要去改变什么的想法，如果不是外在的因素，他的人生道路很可能也同父辈一样，在延津生老病死，只是世事总是与他的期望相违，一次次逼迫着他最终离开故土。在杀猪的谋生方式遭遇失败后，杨百顺曾有过一时离开延津去往开封的打算和行动，觉得“要想找到出路，看来得离开延津”①，但出走毕竟面临更多的未知，因偶遇同学小宋便取消了离开延津的打算，进入了染坊，“能在近边烧火，总比去脸生面不熟的开封强”②。等到离开竹业社并与老詹分手，多次的经历不是给予杨百顺对未来探索的勇气，反而使他对离开延津更多了一层恐惧，“没经过老蒋的染坊和老鲁的竹业社，杨摩西还有胆量去外地；经过这些波折，对去外地的前景，心里更加打鼓，只好先在延津县城待着，看将来有无别的机会。”③他最后离开延津只是因为他丢失了巧玲，使他无法再回延津。这其中更多的是不得不的无奈和悲苦。在离去的火车上，一个中年男人问已是吴摩西的杨百顺“干啥去?”使他想起师傅老詹。“当年老詹让人信主，说的就是这套话；说人信了主，就明白自己从哪儿来，到哪儿去。吴摩西当初为了生计信过主，后来又不信了；不管信不信，一个最大的问题一直没解决，就是到哪儿去。”④杨百顺以“出走”的方式告别了过去，但并没有获得如知识分子叙事所具有的“启蒙”或“救亡”的目的性，就如同他的名字，老詹将杨百顺改为吴摩西，在火车上，他自己又改为罗长礼这一心中偶像的名字，名字的转换并不代表本质的不同，割断了历史，也不意味着获得新生，“到哪儿去”在事实上依然悬而未决。

① 刘震云：《一句顶一万句》，长江文艺出版社2009年版，第96页。
② 刘震云：《一句顶一万句》，长江文艺出版社2009年版，第97页。
③ 刘震云：《一句顶一万句》，长江文艺出版社2009年版，第119页。
④ 刘震云：《一句顶一万句》，长江文艺出版社2009年版，第207页。

下篇“回延津”共十节，主要叙述了杨百顺丢失养女的儿子牛爱国的故事，二到四节则插叙了养女曹青娥从被拐卖以来几十年间的人生经历。他们各自有一次“回归”的历程。

如果杨百顺的“出走”过程中更多的是不得已的生存的被动和盲目，牛爱国“回归”的契机更充满了“偶然”性因素。牛爱国一直陷落在情感婚姻的困惑里，与妻子感情不和却没有勇气离婚，在开车送货的过程中与章楚红两情相悦又怯于争取，最终同样因妻子与人私奔，无意间重复了祖先的命运，不得不假意寻找，在假意寻找的过程中，无意中走近了延津，假意寻找（对妻子）于是转变成真寻找（母亲的亲人）。与祖辈毕竟不同，牛爱国此时有了更多的主动性和选择的可能，小说最后牛爱国再次离开延津去咸阳，又离开咸阳去寻找章楚红，已不同于杨百顺的被动，寻找的过程使他的精神逐渐获得了涅槃后的新生。但“回归”本身却是偶然的。牛爱国虽然感到冥冥之中与吴摩西（杨百顺）的联系，但由于延津本身精神意义的缺失——杨百顺的出走并没有给它赋予现代性的丰富意义，牛爱国“回延津”也不带有更未获得如《秦腔》如《白鹿原》等众多乡土小说具有的精神或文化内涵。

最应具有现代意味的“回归”是作为“离乡人”曹青娥的“回延津”。因为离乡才可能有乡愁，延津最有可能成为精神原乡。她被拐卖给山西曹家，在婚姻上因与养母斗气，嫁给了本不合心意的牛书道。小说详细地描述了她与延津的绵密关系，延津是已经改名为改心（曹青娥）的巧玲的身份铭记，无数次与养母的争吵使延津逐渐成为内心挥之不去的情结，以至无数次的梦回。但在曹青娥的一生中，“回延津”一直被主动地延宕着。小说使用了一次对比：曹青娥因与丈夫吵架有过一次出走，养父母和丈夫都认为她回了延津，事实上她去寻找了少女时期的初恋，这是“突然想起”的一次说走就走的行动。而直到年近中年才第一次，也是唯一的一次回延津。回的因由却又和延津并没有关系，反而和养父的死有关系，可见延津对于年幼即被卖离乡的曹青娥固然是一种身份铭记，也更像是一种符号的存在，现实的内涵早已流失，这将延津的意义从本源上进行了颠覆。事实是，在历史成为“听说”和“闲话”的延津现实下，所有的意义也便如同“滚滚长江东逝水”，给人一种荒诞和不真实的面目。延津对于曹青娥是如此，曹青娥对于延津同样如此，延津和人，彼此相互解构。

这就是普通百姓的延津，不再是被“赋魅”的精神家园，不再是具巨大能指的象征，它跟巧玲被卖的襄垣，跟巧玲长大出嫁后的沁源，对于巧玲和其他人而言，都没有什么根本性特殊的意义，杨百顺的离去和牛爱国的归来都只是人生中偶然的一站，其间也不具有必然的因果。这也许是另一种

"出走"与"归来"的本真，拒绝了崇高、意义、本质、历史的本真叙述。"对于刘震云来说，不再有一种高于乡土农民的思想在观照他们，历史发展到今天，叙述者不再迷信未来的前景，也无须召唤他们觉醒去面对现实。这可能是真正的零度叙述，没有历史，没有变革的奇迹，没有未来面向，也就是没有弥赛亚主义。"①

（二）话语的迷宫：荒诞的显现

与人物"离去"与"归来"的"反目的性"相应，《一句顶一万句》创造了一种独特的语言方式，让人物在话语迷宫中迷失。

语言的"绕"是这部小说重要的一个特色。它创造的最典型的语言模式就是："……因为A，也不是因为A，而是因为B，也不是因为B，而是因为C……"老裴和老蔡打架后，"老裴也是一时怒从心头起，从床上爬起来，拿起砍刀，就要杀人；但不是杀老蔡，而是要到镇上杀她娘家哥。也不是要杀他这个人，是要杀他讲的这些理；也不是要杀这些理，是要杀他的绕；绕来绕去，把老裴绕成了另一个人。"②杨百利和牛国兴闹翻，"并不是因为'喷空'，当然和'喷空'也有关系"，"但两人闹翻，还不是因为'喷空'，而是因为一个女同学"，牛国兴恼杨百利"不是说他把事情办砸了，影响了他和二妞的关系，而是收了自己五块钱，到了关键时候还出卖自己"③。老温老婆买巧玲"既不是为了孩子，也不是为了老曹两口，也不是为了造七级浮屠，而是为了跟二叔治气。"④在这样的句式中，语言的能指得到无限放大。人物一直试图去探寻事物的本源真相，在"不是……而是……"中虽然显示了人类理性的力量，但对一件事的追寻总是使它变成了另一件事或几件事，甚至变得面目全非，以至于最后只有"事出有因，查无实据"。这样的语言表现出后结构主义的色彩，就像一颗葱头，"是许多层（或层次、系统）构成，里边到头来并没有心，没有内核，没有隐秘；没有不能再简约的本原，唯有无穷层的包膜，其中包着的只有它本身表层的统一。"⑤而我们自然可以循着这样的思路继续探寻下去，在这样的缠绕中，最后连探寻自身都甚可怀疑。它所建构的世界是他人无法认识和把捉的，事实上也足以否定掉自认为的那个"而是"，从根本上解构了终极本源的存在。

① 陈晓明：《"喊丧"、幸存与去历史化——〈一句顶一万句〉开启的乡土干叙事新面向》，《南方文坛》2009年第5期。

② 刘震云：《一句顶一万句》，长江文艺出版社2009年版，第21页。

③ 刘震云：《一句顶一万句》，长江文艺出版社2009年版，第55—57页。

④ 刘震云：《一句顶一万句》，长江文艺出版社2009年版，第233页。

⑤ 转引自张隆溪：《结构的消失——后结构主义的消解式批评》，《读书》1983年第12期。

语言是人的存在方式,语言的迷宫和缠绕正体现了人的存在特征——充满荒诞、盲目和非理性的一种存在。“在这个人类世界中,言语的能力占据了中心的地位。因此,要理解宇宙的‘意义’,我们就必须理解言语的意义”①。人类通过语言实现对外在现实世界的认识和把握,也通过语言建构起一个内在的心理世界,但在实际日常生活中,言语的意义却变得模糊而混沌:老马本是设套让老杨钻而撺掇老杨去提亲,老杨提亲时本是被老秦家境况震慑住打了退堂鼓,老秦本也是虚张声势,秦曼卿按自己的思路来想象生活,结果竟假戏真做,真成了亲家,以至秦曼卿“不是伤悲嫁错了人家,而是伤悲不该读书”。老裴想杀人,在一系列的追问中,要杀的对象都变成了虚幻——杀他的绕。语言建构了世界和人,而世界和人却都无法通过语言去把握。

博尔赫斯创造了迷宫和叙事圈套,在探寻真相的过程中使真相的面目更为复杂和模糊,刘震云的《一句顶一万句》对于生活原生态的描写中一系列的细节无比生动而真实,但却又通过话语的缠绕,使这一切连同人物都带有了虚幻和假象的色彩,内里的那个“真”因无从追寻似乎从不曾示人,它通过话语的迷宫揭示了人类行为的盲目和生存的荒诞。

（三）“蝴蝶效应”——结构上的“跑题”和“顺手牵羊”

《一句顶一万句》在主体结构上是以杨百顺如何一步步被迫离开延津和牛爱国如何偶然回延津的“离去”“归来”模式,在这种结构中,又具有“跑题”和“顺手牵羊”的特色。陈晓明说:“‘跑题’和‘顺手牵羊’,是这部小说的显著特色。……每个故事都要牵扯到另一个故事,而每一个故事都无法独立存在,一个靠着一个,一个顶着一个。这么多的小故事随着不同的人物转来转去,每个都十分精彩,都引人入胜,但都无法独立成篇,总是被其他的人物和故事侵入,打断。”②这使小说的结构既主干鲜明,又旁枝横逸,犹如生活本身的杂色无章而丰富,也给小说增加了生活的厚度和张力。

比如,杨百顺真正成为自己生活的主角即离开家庭是在小说第五节,在此之前,小说第一节先由杨百顺引出他爹卖豆腐的老杨,叙与老杨有关的人与事。老杨自认与赶大车的老马交好,故事未及展开即被铁匠老李与他娘的故事打断,也正是通过老李给他娘做寿,人们知道老杨和老马原来并不真正过心,接下去由老杨又牵引出卖胡辣汤的老窦和卖葱的老段以及晚年的

---

① ［德］恩斯特·卡西尔:《人论》,甘阳译,上海译文出版社 1985 年版,第 143 页。

② 陈晓明:《“喊丧”、幸存与去历史化——〈一句顶一万句〉开启的乡土干叙事新面向》,《南方文坛》2009 年第 5 期。

老杨和大儿子。小说第二节主要是剃头匠老裴的经历和故事,涉及了妻子老蔡、盐商老褚、杀猪的老曾等各色人物,中途被杨百顺和李占奇听喊丧和罗长礼的故事打断,因杨百顺找羊遇老裴又接续上老裴的事。第三节由杨百顺上过私塾自然讲述了塾师老汪的故事,第四节讲述两任县长,新任县长设新学,在老马的建议下,老杨设计让小儿子进了新学。其后的叙述也是如此,如杨百利、牛国兴的"喷空",随老万到火车上当司炉以及对杨百业成亲经过的详细叙述等等。每一个人物出场时,都携带着与之相关的或复杂或简单的个人历史以及相关的人事,形成一个个小而独立的生活网,这种个人的网与杨百顺往往并没有什么直接关系,使对杨百顺的叙述中拉拉杂杂充满了别人的故事。

为了使这些人物成为环绕杨百顺的网,收放自如,小说通常采用以杨百顺为主语的句子作为人物出场的引导。如"杨百顺十一岁那年,镇上铁匠老李给他娘祝寿。""杨百顺十六岁之前,觉得世上最好的朋友是剃头的老裴。""杨百顺认识老裴那年十三岁。老裴之前,杨百顺有个好朋友叫李占奇。""杨百顺十岁到十五岁,在镇上老汪的私塾读过五年《论语》。""杨百顺十六岁那年……"既水到渠成的叙述人物的故事,又突显了杨百顺的核心位置,是以杨百顺为中心发散出去的网。这些人物来去自由,似乎随时都可能出现,也随时都可以消失,他们有的只出现一次,有的在此后与杨百顺又有复杂的交集:因老裴,离家后的杨百顺得以和老曾学杀猪;喊丧是杨百顺的一个梦想,罗长礼就驻在杨百顺的心里,离开延津时的杨百顺终于让自己成了另一个罗长礼;老汪因女儿之死辞职离去的选择也给丢失巧玲后的杨百顺以道路的启示;新学更是导致杨百顺离家的一个重要因素。但这些旁逸的故事和人物大多都只有开始没有结局,犹如老舍话剧《茶馆》中的大多数人物一样,我们都无从知道老马、老蔡、老曾、杨百利、杨百业等人此后的生活和命运,这些五行八作的市井人物使民间的生活呈现着毛茸茸的质感,更从另一个侧面丰富着杨百顺的生活和经历,也同杨百顺一样,在庸碌、盲目的个人生活中消解着历史的宏大意义。

《回延津记》同样是这样的结构手法,以牛爱国为主语引出各色人与事,如第一节即引出了冯文修(由冯文修又引出牛爱国爸和冯文修爸)、李克智、杜青海、陈奎一,每个人都有属于自己的故事,具有一种信马由缰的叙述的自由,甚至以这种方式用四节的篇幅完整地补叙和倒叙了牛爱国他妈曹青娥的经历,其间又有另一套拉拉杂杂与牛爱国似乎无关的人的故事,但只要用牛爱国的绳索一拉,这些旁逸的故事就被自然结束而开始另一种自由的叙述。

小说结构上随处存在的这种“跑题”和“顺手牵羊”恰如洛仑兹提出的“蝴蝶效应”。“蝴蝶效应”虽然最初是针对于气象学,但在整个社会生活中却是一种普遍的现象,它指出了系统内部的非线性因素,各种因素交相制约错综复杂,显示出世界本身的复杂和混沌。小说中人物能够“把一件事说成八件事”,在看似无关的人与事中又有着无法预知的千丝万缕的关联,未找到羊不敢回家的十三岁杨百顺无意中使素不相识的老蔡放弃了杀人的念头,因而救了一个并不相识的人的命,有了后来在老蔡的推荐下跟随老曾学杀猪,以及杀猪后的一系列故事,县长小韩设新学也改变了杨百利和杨百顺兄弟的命运,促使杨百顺离家,有了跟老曾学杀猪,有了巧玲,有了牛爱国……牛爱国本去找曾志远,路上遇到了沧州的崔立凡,阴差阳错留在了沧州,由此有了章楚红,有了后来的寻找。生活并不能抽丝剥茧般剥离出本质之线,所有的人物和事件之间似乎都有着一种神秘的关联,在人们未知中错杂影响,斩不断理还乱,以至于我们再怎样追根溯源,都如同小说中典型的语言迷宫,正呈现着世界的非理性和混沌性,形象地向读者展示着“事情并不像你想的那么简单”①。无论是反“目的性”的对知识分子“出走”与“回归”模式的反写,语言的缠绕形成的迷宫,还是叙述中的拉杂“跑题”,体现的都是作者对世界和生活的独特理解。

反传统也是一种传统,对现代“出走”与“回归”叙事模式的反写有着新的时代文化因素,也有着“影响的焦虑”。在不事雕琢的语言,对生活细节的热衷以及完全以叙事者的口吻来呈现故事和人物心理的书写中也具有明清白话小说的特色。《一句顶一万句》的开头即是极其传统的一种手法。围绕“说话”先叙杨百顺的爹,而“说话”恰是小说的中心也是所有小故事的一个核心。这样的开端将“话”延伸到历史的深处,父辈如此,杨百顺、老裴、老汪、县长小韩每个人都是如此,杨百顺的后辈牛爱国同样生活在“话”的迷宫之中。这种开端无疑是《红旗谱》《创业史》等小说惯用的,表现祖孙(或父子)几代人相同或不同的命运,由之表现了中国人的命运。

第四节　“魔幻”:借鉴与本土化

新时期文学中出现了众多具有魔幻色彩的作品,在获奖的作品中,陈忠实的《白鹿原》、阿来的《尘埃落定》、迟子建的《额尔古纳河右岸》、贾平凹的《秦腔》、莫言的《蛙》等,都具有浓厚的魔幻气息。魔幻色彩的大量出现,

---

① ［捷克］米兰·昆德拉:《小说的艺术》,唐晓渡译,作家出版社1993年版,第19页。

无可否认受到拉美魔幻现实主义文学的影响，它在具有魅惑魔力的时间指环中所展现的人类命运，神秘的拉美文化，怪诞的艺术手法，给予当代作家的影响是“爆炸性”的，巨大而深远。

最初的借鉴总难免有模仿的痕迹。莫言自己曾说过：“像我早期的中篇《金发婴儿》《球状闪电》，就带有明显的魔幻现实主义色彩，因为我那时已经看过马尔克斯的一个短篇小说集，里边有《巨翅老人》等具备魔幻特征的小说。”①莫言的《球状闪电》中，同样有一个似人非人似鸟非鸟，遍身粘满羽毛的老人。20 世纪 80 年代中期兴起的寻根文学潮流中，作家热衷书写偏远之地的怪诞、神秘、传说，似乎偏远蛮荒之地带着我们文化始祖的信息，与马尔克斯的“马贡多”这一古老、闭塞、停滞而最终消逝的小镇相仿佛。众多作品对“很多年以后”句式的钟爱，即使在时间意识上并不完全同于《百年孤独》的时间意识，却显示了《百年孤独》开篇第一句的巨大魔力。即使在后来的作品或现实主义小说中这样的句式都是大量存在的，如莫言出版于 2001 年的《檀香刑》，他曾力避作品可能的魔幻气息，为此舍弃了很多精彩细节，甚至推倒重来，但第一章第一句“那天早晨，俺公爹赵甲做梦也想不到再过七天他就要死在俺的手里”，马上让人看到了《百年孤独》的影子。

但拉美魔幻现实主义文学对于中国作家更如一个契机，它不仅使中国作家认识到“原来小说可以这么写”②，它所附带的文化密码更如闪电一样，照亮了中国悠久的文化历史和多姿深厚的民间文化，促使中国作家开始在现代和传统的坐标中重新思考自己的文化，魔幻也更多了本土化的色彩。

一

魔幻现实主义在其发展演变过程中至少具有这样三重的内涵指向：对拉丁美洲当代一个重要小说创作潮流的指称；一种观照世界的方法，即“对现实的态度”；一种艺术方法。③ 作为观照世界的方法，马尔克斯相信现实生活本身的“魔幻性”，“每日每时的生活中现实都与神化羼杂”④。作为艺术方法，不同理论家的概括也许不尽相同，但都注意到魔幻现实主义小说中将幻想与现实相结合，大量使用象征暗示、隐喻怪诞、多人称独白、下意识心

① 莫言、王尧：《从〈红高粱〉到〈檀香刑〉》，《当代作家评论》2002 年第 1 期。
② 穆肃：《莫言：我和马尔克斯搏斗二十年》，《东莞日报》2011 年 6 月 27 日。
③ 陈黎明：《魔幻现实主义与新时期中国小说》，河北大学出版社 2008 年版，第 20—21 页。
④ ［哥伦比亚］加西亚·马尔克斯：《两百年的孤独——加西亚·马尔克斯谈创作》，朱景冬译，云南人民出版社 1997 年版，第 169 页。

理、多角度叙述、时空顺序颠倒等艺术手法。无论是作为观照世界的方式还是作为艺术方法，中国作家认识到，“魔幻”原来并非是拉美的特产，也不是一种新的艺术和思维方式，而是非常古老的存在，在中国传统文化和文学创作中，都有着丰富的体现。

中国传统文学中具有丰富的魔幻色彩。“姑妄言之姑听之，豆棚瓜架雨如丝”是中国古典文化的一大流向。杨义在《中国古典小说史论》中以广博而丰赡的史料论述过中国文化源流中存在的神话、仙话和鬼话，它们滋养了一代代的中国文人。学者和作家都认识到“从《离骚》、魏晋志怪、唐传奇到《西游记》、《红楼梦》，中国传统文学中从来就不缺乏‘神秘性’的因子”。[①] 古典文学自是如此，即使在“去魅”的现代时期，也不乏具魔幻色彩的创作。叶灵凤的《鸠绿媚》由一个骷髅引发了梦与现实、来世与今生的错杂，施蛰存《将军的头》失去头颅的将军仍能因心中爱的支撑奔赴爱恋的少女，犹如刑天，魔幻作为艺术方法恰赋予了这些小说极具现代性的意味。当代作家宗璞的《泥沼中的头颅》创作于 20 世纪 80 年代之前，是一篇具有荒诞意味的小说，也被认为是对西方现代派艺术自觉的借鉴。它刻画了身体尽失陷于泥沼的一颗头颅，在周围一片浑黄混沌中，仍努力保持意识的清醒，并奋力寻找一把钥匙，以期打破这种混浊、静止的局面。这篇小说以荒诞写现实，又融合了象征暗示，心理意识等手法，在艺术技巧上也具有“魔幻”的因素。现当代时期的这些创作，固然都受到外国现代文学的影响，但也可以追溯到传统的神话、仙话和鬼话。“魔幻”作为艺术手段，它一直存在于中国文学之中。

中国传统文化具有普遍的魔幻思维方式。传统文化以儒、释、道三种文化影响力最大，作为中国文化主流的儒家文化，孔子主张“不语怪、力、乱、神”，却并未否定它们的存在，对未知保持着一种敬畏，“敬如在”，传统儒家典籍《周易》中有“圣人以神道设教”之说，也正是利用民众对神秘的敬畏以达到整合人心的目的。佛教充满了来生的神话色彩，道教出世风演化成后来的寻仙炼丹、期望长生，人神鬼三界的设立同样充满了神秘性。鲁迅先生说“中国根柢全在道教”[②]，不了解道教，就无法真正认识中国的社会和文化，虽然着眼于道教的消极方面而进行现代性的批判，却也指出了道教对中国社会和人的深远影响。不唯如此，中国地域广阔，民族众多，风俗各异，在多维文化影响下形成的多姿多彩的民间文化和地域文化中，魔幻思维方式

---

① 陈黎明：《魔幻现实主义与新时期中国小说》，河北大学出版社 2008 年版，第 25 页。

② 《鲁迅书信集》上卷，人民文学出版社 1976 年版，第 18 页。

都是普遍存在的。现代时期，王鲁彦《菊英的出嫁》中浙东农村的“冥婚”、萧红《呼兰河传》的跳大神、放河灯等风俗自是一种现代眼光下的愚昧、陋俗，但在民间文化中，这些文化因子如对“狐仙”“招魂术”的世俗信奉却一直顽强地存在着，并没有因现代性的挤压而完全消失。它寄予了底层民众美好的心愿，在某一方面也暗合着中国文化中“天人合一”理念以及“万物有灵”的原始思维。当代作家贾平凹童年时常听大人们说仙说鬼的经历，窝嘴婆婆讲鬼犹是亲眼所见，贾平凹自己就因半夜偷红薯蔓时被一小树桩挂了裤腿，疑心有鬼，回来身子像筛了糠一样地抖，母亲担心他撞了鬼，给他叫“魂”。① 莫言的童年用耳朵阅读了无数神神鬼鬼的故事，大爷爷以第一人称讲述的鬼故事总是让人信以为真。② 我们可以感受到，民间文化中对鬼神的敬畏，无论“叫魂”还是述鬼，所叫者所讲者都将鬼魂看作是“确然”的。这也正是传统文化以及民间文化所养育的民间现实生活的“魔幻性”，充满魔幻的思维方式。

在表现出魔幻意味的作家及其创作中，我们都能感受到他们背后的民间文化、地域文化的依托。韩少功、残雪等人作品中呈现的楚地巫风，张炜与齐文化，陈忠实与关中文化，贾平凹与商州文化，阿来的西藏文化……张炜自称：“要理解我全部的作品，就要理解齐文化，这是一个前提，要作为一种文化的背景去理解。每个人脚踏的土壤都不一样，我脚踏的这片土壤的文化就是齐文化，或者东夷的文化。从我的书中就可以发现人和动物对外部世界的幻想，里边有疯癫的语言、人物，就不奇怪了。齐文化滋生的就是这类色调的故事。”③陈忠实所在的关中地带，白鹿是美好、吉祥的象征，作家将这种民间的信仰纳入到小说中，形成了有关白鹿精灵的美好传说：“很古很古的时候，这原上出现过一只白色的鹿，白毛白腿白蹄，那鹿角更是莹亮剔透的白。白鹿跳跳蹦蹦像跑着又像飘着从东原向西原跑去，倏忽之间就消失了。庄稼汉们猛然发现白鹿飘过以后麦苗忽地蹿高了，黄不拉几的弱苗子变成黑油油的绿苗子，整个原上和河川里全是一色绿的麦苗。……这就是白鹿原。”④这种神话传说影响着作品中人物的思想、行为和命运，它

① 贾平凹：《我是农民》，上海三联书店 2012 年版，第 33—34 页。

② 莫言在很多地方都提及了这些。如 2000 年 3 月在科罗拉多大学博尔德校区的演讲《我在美国出版的三本书》，2001 年 5 月在悉尼大学的演讲《用耳朵阅读》等。见莫言：《用耳朵阅读》，作家出版社 2012 年版。

③ 2007 年 4 月 18 日张炜做客新浪谈新书《刺猬歌》实录，2007 年 4 月 24 日，http://book.sina.com.cn/author/subject/2007-04-24/1435213993.shtml。

④ 陈忠实：《白鹿原》，人民文学出版社 1993 年版，第 28 页。

与人物命运沉浮的隐秘联结给小说增添了一层神秘和命运感。当白嘉轩在雪地里见到了一小棵不知名的绿草，将之画下来向朱先生请教，发现是一只白鹿的形状的时候，由此认为那是一块风水宝地，设计与鹿子霖进行了交换，将祖坟迁到宝地之上。经过几十年的风雨变迁，当老年的白嘉轩面对已经疯傻的鹿子霖，他也才会很自然地想到也许正是因为自己当初的换地，导致了鹿子霖现在的不幸，并为此忏悔。作为吉祥美好的象征，陈忠实也很自然地将自己理想的人物朱先生、白灵设置成白鹿的精魂，让他们死后均化作白鹿飞去。

也正因此，作家在短暂的影响和借鉴之后，很快找到了民族文化的根源，作品中魔幻色彩也更具有了本土化的特色。莫言最初受魔幻影响模仿痕迹较为鲜明的作品，已经融入了本民族的文化因素，如“《球状闪电》里举子赶考救蚂蚁，《爆炸》里狐狸炼丹，《金发婴儿》里八个泥瓦匠庙里避雨等都是从爷爷那听来的”①，调动了童年文化的记忆。在其后来的创作过程中，莫言在承认马尔克斯、福克纳等的影响时，更一再地宣称和强调，蒲松龄是他的祖师“蒲爷爷”，对之表达了无限敬仰，②显示出向民族文化传统的大踏步回归。莫言生活的山东高密，距蒲松龄的故乡不过几百里，他的童年除了苦难的记忆，还有民间无数的鬼怪故事，既浸淫于它神秘恐惧的魅力，迷恋着无限自由奔腾的想象，又借以阅读了人心和人性。他的很多作品，《夜渔》中亦真亦幻的荷花仙子、《奇遇》中死去的三大爷以玛瑙烟袋嘴抵债、《战友重逢》人耶鬼耶的迷惑、《我们的七叔》七叔的鬼魂一如日常生活的对亲人的关切和留恋、《翱翔》中的少女燕燕因不满于换婚而出逃被追，生出双翅化为飞鸟，具有明显的聊斋的影子。而且，莫言作品中充斥的狐狸、马、狗、猴子、蝗虫、穿红肚兜的娃娃等魔幻意象具深厚的本土意味，在民间故事和民间信仰中都留有熟悉的影像。东北乡的泥娃娃塑像中，有许多都怀抱着一只蛙，因“蛙”与“娃”同音，蛙即娃，蛙的多子寄予了人民希望多子多孙的传统生育观念，还有青蛙戏人的传说，在这样的文化氛围中，蛙与婴儿的连接是自然而然的。于是有了《蛙》中的姑姑对蛙的恐惧，在迷醉的意识和眼睛里，产生了“从那些茂密的芦苇深处，从那些银光闪闪的水浮莲的叶片之间，无数的青蛙跳跃出来。它们有的浑身碧绿，有的通体金黄，有的大如电熨斗，有的小如枣核，有的生着两只金星般的眼睛，有的生着两只红豆般

① 管谟贤：《莫言小说中的人和事》，见杨守森等主编：《莫言研究三十年》（上），山东大学出版社 2013 年版，第 19 页。

② 《问莫言——诺奖获后独家长篇访谈》，《新民周刊》2012 年第 40 期。

的眼睛。它们波浪般涌上来,它们愤怒地鸣叫着从四面八方涌上来,把她团团围住。姑姑说她感觉到了它们坚硬的嘴巴在啄着她的肌肤,它们似乎长着尖利指甲的爪子在抓着她的肌肤,它们蹦到了她的背上、脖子上、头上,使她的身体不堪重负,全身趴在了地上"①这样怪诞的感觉。在姑姑听来,青蛙的叫声"仿佛是无数受了伤害的婴儿的精灵在发出控诉"②。这种青蛙是怪诞的、变形的,姑姑被青蛙追赶、撕咬、拼命逃窜的场面充满了荒诞和恐惧,这种幻化的情景正曲折变形地反映了作为妇产科医生的姑姑对过去的内疚和忏悔,在多年的隐形扼杀中被使命埋藏而被人性积累所潜伏的罪恶感。它是魔幻的,又是本土的文化意象,是人性自然的体现。

作家对魔幻意象的选择是极具本土文化特色的,同时作家对鬼魂灵异、人畜互变之事的热衷也凸显了传统文化和文学的渊源。道家文化对社会的广泛影响使得民间文化中对鬼神的敬畏和崇拜极为普遍,产生了丰富的鬼话文学。在《白鹿原》中,小娥冤死化鬼,鹿三鬼魂附体、撒豆驱鬼,白嘉轩修镇妖塔等行为和心理内含着鬼文化对人物的形塑。贾平凹的《秦腔》以疯子引生的视角似乎无所不知地讲述了清风街在现代过程中无可挽回的衰落,作为一个生活在清风街主流生活之外的闲人,引生时而附魂于蜘蛛,亲历村里的两委会,有时又变为螳螂,绿头苍蝇,看到金莲们如何抓走了违反计生怀孕的改改。这样的分身术,域外之眼使他的叙述具有无限的自由性,能够随心所欲地看到听到探询到清风街各个角落以及各个人的生活,甚至夏天智一家的闲谈,夏风和白雪在房间里的私密。引生的叙述视角类似于阿来《尘埃落定》中的"傻子"二少爷。他们都是带有魔幻色彩的人物,"傻子"二少爷同样能够看见并非发生在眼前的很多事情。如果《尘土落定》中"傻子"的魔幻背后有着藏族文化的神秘斑斓,正如同沾满死者血迹的紫色衣服还能残存死者不屈与报复的意志,喇嘛能够预言,土司之间能够发起意念的战争一样,这种文化本身就是魔幻的,拒绝理性认知的,引生在幻想和现实之间的漂移则有着民间文化观念的影子。引生变为螳螂的情节,是引生跟金莲一同去找改改,因见到了白雪,想逃避,便往巷子外跑,一只鞋都跑掉了,还是跑。"我跑得越远,魂却离白雪越近,如果白雪能注意的话,一只螳螂爬在她的肩膀上,那就是我。"因为金莲从不说白雪漂亮,"我恨起了金莲,我的螳螂不再是螳螂了,我变成了绿头苍蝇来恶心她,在她头上嗡嗡地飞,她赶不走,还把一粒屎拉在她脸上。"让我们想到《牡丹亭》中杜丽娘因

① 莫言:《蛙》,作家出版社 2012 年版,第 221—222 页。
② 莫言:《蛙》,作家出版社 2012 年版,第 221 页。

情而死，因情而生，鬼魂与情人相伴的故事，汤显祖曾为之辩护道：“情不知所起，一往而深。生者可以死，死可以生。生而不可与死，死而不可复生者，皆非情之至也。梦中之情，何必非？天下岂少梦中之人耶！”①引生变身亦如杜丽娘的变鬼，在他的疯言叙述中实则深蕴了情感的真实。

幻化的故事易让人想到西方现代作家卡夫卡的《变形记》，而庄生化蝶早已在历史中飞舞了几千年，《太平广记》有记薛伟化鱼而人不能懂其言，《西游记》孙悟空能七十二变，《聊斋志异》也有小儿变作蟋蟀解父忧的故事，在传统文化和民间文化的熏陶下，读者对此并不会感到陌生。这种人畜互变，鬼魂灵异在当代文学中是大量存在的。蔡测海《非常良民陈次包》中“人畜互变”，“读着就好像似‘傩’、似‘巫’的南方咒语”②，莫言《生死轮回》西门闹变驴变牛变猪变狗变猴经历过六道轮回然后又变成了大头婴儿。

在《秦腔》中，引生并未处于清风街文化的中心，他对白雪的极端爱恋，对夏天智的敬服，对夏天义的追随，正表明了他对传统文化的一往情深，而他身处边缘更为自由的身份，也更自然地给我们呈现着民间文化的原态。引生具有明显的“天人合一”观念和“万物有灵”的原始思维，认为夏风伤了腿是自己意念的结果，认为树和夏天智通灵，去掉树身上的疙瘩也便去掉了夏天智身上的肿瘤。这种人树合一、人物合一的互通在现代理性的审视之下，近似于疯人疯语，由引生这一被视为“疯子”类人物进行体现也就极为自然而真实。引生的这种思维和情感方式恰如阿斯图里亚斯对魔幻现实主义同印第安人原始意识关系论证的中国式说明，③它的魔幻性正是本民族

---

① 汤显祖：《牡丹亭：作者题词》，中国文史出版社 2002 年版，第 229 页。

② 朱小如：《漫谈近期长篇小说反讽、谐趣的叙述表情》，《南方文坛》2009 年第 5 期。

③ 阿斯图里亚斯认为：“魔幻现实主义同印第安人的原始意识有着直接的关系。”“简单地说，在我看来，‘魔幻现实主义’是这样的。一个印第安人或混血儿，居住在偏僻的小村，叙述他如何看见一朵彩云或一块巨石变成一个人或一个巨人；或者彩云变成石块。所有这些都不外是村人常有的幻觉。无疑谁听了都觉得好笑，不能相信。然而，一旦生活在他们中间，你就会意识到这些故事的分量。在那里，人对周围事物的幻觉和印象渐渐地转化为现实，尤其是存在着某种宗教和迷信基础的地方，譬如印第安部落。当然这不会是看得见摸得着的现实，但它是存在的，是某种魔幻思维的产物……又如，一个女人在汲水的时候掉入深渊，或者一个骑兵坠马夭殇，或者任何事故、任何事物，都可能染上魔幻色彩，假如你具备相应的思想基础。对印第安人或混血儿来说，事情就不再是女人掉入深渊了，而是深渊缠住了女人，因为它需要把她变成蛇、山泉，或任何一样他们想象得到的东西；骑兵也就不会由于多喝了几杯而摔下马来，而是因为那块石头，那块磕破他脑袋的石头在向他‘召唤’，或者是那条河或那条小溪，那条溺死他的河流在向他‘召唤’。”见［危地马拉］安·阿斯图里亚斯：《访阿斯图里亚斯》，陈众议译，陈光孚校，收袁可嘉等编选：《现代主义文学研究》（下），中国社会科学出版社 1989 年版，第 872—873 页。

和地域文化所养育的,是来自文化本身蕴含的神秘,是来自土地的力量,它书写的正是深具本土色彩的“现实生活的魔幻”。

二

对本土文化影响的强调,甚至对魔幻痕迹的有意抗拒和摆脱,都显示了作家力图突破拉美文学影响,突显自身文化特色的努力。“我不否认莫言的写作确实受到了马尔克斯的影响,但莫言的‘幻觉的现实主义’主要是从中国古老的叙事艺术当中来的,比如中国的神话、民间传说,例如蒲松龄的作品。他将中国古老的叙事艺术与现代的现实主义结合在一起。所以我们需要讨论马尔克斯、君特·格拉斯例如《铁皮鼓》的影响,但我个人认为马尔克斯和格拉斯的影响不是直接的,他们真正的重要性在于让中国式的故事讲述方式变得合法了,他们让中国作家知道可以利用自己的传统艺术写作。”①作为当下的作家,运用魔幻的手法进行创作不仅仅是追求一种新奇的艺术表现力,如马尔克斯对自己写作的现实主义的肯定一样,它同样是多姿现实的写照。

莫言为自己创作中呈现的怪异魔幻追根溯源,找到了蒲松龄的源头。更进一步地追寻,蒲松龄也为自己文学上的精神谱系勾勒了屈原、干宝、李贺、苏东坡。追寻艺术的源头绝非仅仅是艺术上的,更在于艺术体现的精神品质。蒲松龄以花妖狐魅、牛鬼蛇神的叙述“真幻错综,以幻写真,在幻想的狐鬼世界背后隐藏着焦灼而犀利的人间省视”。② 在谈狐说鬼中寄予的是一位知识分子对现实人生的强烈关怀,正如同屈原,在奇谲瑰丽的篇章中蕴含着对人间美恶的强烈爱憎,对国家的拳拳之情。魔幻意象的本土化也不是魔幻本土性的全部,本土特色的一个重要方面还在于,无论莫言、陈忠实、贾平凹、阿来、迟子建等作家,在魔幻表现手法的背后,体现的都是作家对自身文化的思索,是作为一个现代知识分子对中国的现实大地和本民族命运的关注情怀。

《白鹿原》《秦腔》《额尔古纳河右岸》都体现出对传统文化(或民族文化)和现代文化的反思,这一点在前面已经有过简要论述。《额尔古纳河右岸》表现鄂温克民族的历史,这一行走于丛林,与驯鹿为伍的民族信仰萨满,认为万物有灵,自身就充满了神话。作为一个汉族作家,一个文化外来者,自我在现实中承受的重压和焦虑影响着她对另一文化体验的情感向度,

① 埃斯普马克:《幻觉现实主义堪称莫氏独创》,《新京报》2012 年 10 月 24 日。

② 杨义:《中国古典小说史论》,中国社会科学出版社 1995 年版,第 426 页。

这种审视和取舍就难免带着主观的认识倾向。《额尔古纳河右岸》在表现民族心理和精神内核方面必然会有所偏颇和欠缺，而它的意图也并非为一个民族立传，更像是一个文化的寓言，尤其是在现代文化和民族文化的二元架构以及当下文化场域中。它契合了当下对传统文化的追寻，对诸多社会问题的反省，包括现代文化以“拯救者”的态度对其他文化的压抑，现代理性的盲目自大，对环境生态的掠夺，等等，“通过书写他者以达到自我文化的反思和重建”。①

作为来自藏族本土的作家，西藏文化哺育了阿来，形成他独特的感受世界的方式。《尘埃落定》书写西藏的历史和生活，魔幻色彩不是作为一种艺术技巧，更是对西藏文化现实的映现。藏地的喇嘛和活佛信仰，土司制度的专制和腐朽，藏、汉、佛文化的多元，文化、地理位置上更多的封闭，在任何一个角度上，西藏都像是一个人的童年时期，童年的梦幻奇异是一种真实的存在，充满对人类生命和宇宙奥秘的独特理解。“她用手指叩叩铜盆边沿，随着一声响亮，盆中的牛奶上荡起细密的波纹，鼓荡起嗡嗡的回音在屋子里飞翔。”“水从高处的盆子里倾泻出去，跌落在楼下石板地上，分崩离析的声音会使她的身子忍不住痉挛一下。水从四楼上倾倒下去，确实有点粉身碎骨的味道，有点惊心动魄。”②在这里，“神话不是他们生活的点缀，而是他们的生活自身，是他们存在的理由和基础”。③ 魔幻正是这种文化存在的原生样态，是魔幻，又是现实。阿来以“傻子”二少爷作为历史的见证者，亲历者，讲述了土司制度在文化进程中必然衰落和灭亡的命运。也正由于身处其中，无论“傻子”在本质上是怎样一个清醒的智者，面对深陷其中蒙昧不明、专制甚至不乏冷漠的亲人——父母兄弟，所爱的这片广大土地上真诚生活的仆从和人民，都不能不对这种毁灭的命运发出哀婉的感叹。《尘埃落定》是抒情的。站在现代性的山巅回眸，依然感受到本民族瑰丽又充满魔力的文化本身巨大的磁力，打卦、占卜、咒术、预言的歌谣，丰富的神话传说，带有已死者的不屈意志甚至可以左右他人行为的紫衣，升入天际的灵魂，在宇宙、人类行为和未来之间神秘的感应，生活于此中的人民忠诚、单纯、热烈、爱憎分明而人性自由。在携带着枪炮、罂粟花和梅毒而来的现代进程和现代文化冲击下，一个制度已然尘埃落定，这个民族将开启新的进程，文化还将延续。在这种美丽绚烂的书写中，我们可以感受到，阿来对自己民族文化

① 李长中：《“汉写民”现象论——以迟子建的〈额尔古纳河右岸〉为例》，《中国图书评论》2010 年第 7 期。

② 阿来：《尘埃落定》，人民文学出版社 2005 年版，第 1—2 页。

③ 马原：《冈底斯的诱惑》，《上海文学》1985 年第 2 期。

来自血流深处的迷恋。也正是由于“傻子”二少爷在本质上还是一个智者，使他在迷恋之际仍不能闭上审视的眼睛，从而洞穿了这种文化内部的停滞、落后、司空见惯的残酷和腐朽，以及对人民精神和命运的束缚。

莫言一直强调自己是“作为老百姓”在写作，他的写作尽管想象怪异，充满魔幻和怪诞，却从来没有离开过中国的现实和历史，一直关注着人民的命运，“魔幻现实主义融合传说、历史与当下”。看一看莫言小说中蛮野而又生机勃勃的大地，养育的无所畏惧、敢爱敢恨、美恶杂陈的“我爷爷”“我奶奶”（《红高粱》）、“父亲”（《野种》）、“媚娘”（《檀香刑》），具有旺盛生命力、坚忍超拔的“母亲”（《丰乳肥臀》），不为任何强力屈服坚持自我的蓝脸（《生死疲劳》）这样的祖先，而身处城市和现代文明中的教授、画家虚伪、懦弱（《红蝗》），知识分子自我迷失（《十三步》），甘愿变为动物（《幽默与趣味》），以至莫言一再地羞愧于“种的退化”。这样的书写充满了文化反思的意味，充满魔幻、想象和野性的大地显示的强悍生命力也成为导致人种退化的现代文化的一种对抗力量，未尝不蕴藏着莫言以此来为民族补气的期望。在此一点上，莫言承续的正是自五四以来文学中一直潜在的对野蛮强力推崇的一脉。《蛙》是以富于魔幻的笔法对中国特有的计划生育进程的书写，涉及了一个极具现实敏感性的题材，在这部作品中，计生给人民的生活和生命带来的诸多问题得到了触目惊心地呈现。历史是残酷的，作家并没有回避这一进程中血泪的代价：王仁美、耿秀莲和王胆的死；人身关押，拔树推房，邻里连坐……过程的残酷当然不是由计划生育来担责，作家呈现的一个方面便是文化思想的激烈冲突，是文化对人性制约和异化的思索。在这个过程中，不同的文化如何在各自的方向上成为一种枷锁，制造着悲剧，扭曲着人性。姑姑的政治文化教育使她丧失了自我思想的能力，只成为一个坚定的执行者，她对蛙的恐惧，对蛙的幻觉，又显示着她人性自然，尊重生命未泯的光点；农村传统重男轻女、多子多孙的文化观念同样绑架了人的行为，生育似乎已经成为人们生存的唯一意义，为了多生、生子，可以不顾一切。陈鼻在女儿陈眉“幸运”地出生后，关心的并非自己妻子的死活，首先痛苦绝望的是“老陈家五世单传，没想到绝在我的手里”。在当下商业的文化下，金钱成为一切的主宰，有钱者可以借腹生子，底层的女孩子为了金钱不得不出卖自己的生育，不仅被剥夺了正常的人伦情感，还可能遭遇欺骗、愚弄，作为知识分子的蝌蚪、姑姑们可以用谎言和自欺欺人为残忍戴上合理的光环。在《蛙》的最后部分，小说人物与戏剧人物叠影、戏剧人物与电影人物交融，现实和虚构穿梭、人鬼同台，历史回到当下，以魔幻的方式给我们展现了现代社会的“魔幻”性、荒诞性。曾经显示正义的“灰阑”也已沦为金钱和权势的帮凶，人类社会的荒诞和人性的悲剧在现代文化中以变形的方式依然在重演，甚至愈演愈烈。如果曾经的人性荒原背后还有着政治文化或传统文化作为信念的支撑，当下的扭曲荒诞、混乱无序、赤裸裸的虚伪映照着当下社会文化中心与信仰的缺失，正是莫言“焦灼而犀利的人间省视”。

结　语

中国的社会主义现代化已经取得了举世瞩目的成就，在此时，2008 年的第七届茅盾文学奖获奖作品中却出现了三部对传统文化深怀眷顾的作品，不约而同地表现出以传统文化的优秀品质去裨补“现代性的偏至”的倾向，这是引人深思的文学现象，也是一种文化现象。事实上，正如我们曾经论述的，文化传统是不可能断裂的，儒家文化传统对当代文学的文化价值取向有着深远地影响，无论显或隐，文化传统都不是博物馆里的藏品，而是我们须臾不曾离开、不曾摆脱的徽记。

从 20 世纪 80 年代到新世纪的十年，中国社会文化变化纷纭，新的文化现象层出不穷，尤其是 20 世纪 90 年代之后，颠覆、解构经典的“大话”文化、娱乐至上的消费文化、新媒体迅速发展带来的“轻”文化都充满了大众狂欢的气息。随着这种社会文化的变迁，作家对传统文化反思和追寻的时代性在从第一届到第八届的茅盾文学奖获奖作品中也有着明显的变化。在正文中，通过对不同题材不同时代的作品进行解读很明晰地体现了出来。其中，具有更为明确的寻根意图、对传统文化或传统人格进行着力表现而对现代化具有更多警觉的作家，如陈忠实、贾平凹、张炜、宗璞等，和他们的文化教养、生活的地域文化有着紧密的关系，关中文化、齐鲁文化、新儒学，传统文化的深厚土壤几乎是从根子上滋养了他们的文化性格，形成了他们的文化立场。在传统文化被现代化入侵而渐趋衰落的过程中，这些作家也必然更强烈地受到精神上、情感上的震荡，内心产生矛盾、痛苦和依恋、凭吊之感，对现代性更多了叩问和疑惑，这些在他们的创作中都留下了深刻的痕迹。“《秦腔》站在过去的立场，或怀旧的立场面对今日的生活，它对敦厚、仁义、淳朴等乡村中国伦理文化的认同，是否也影响或阻碍了它对‘现代’生活的理解和认知，对任何一种生活的理解和描述，都不免片面甚至夸张。”①在更多的作家笔下，对传统文化的现代命运表现的则更为平和，如《天行者》和《推拿》中的人性之美并不就是传统文化的体现，人的自私、渺小、卑微也不成为现代化弊端的隐喻。周大新的《湖光山色》对楚王庄沦落

① 孟繁华：《百年中国的主流文学——乡土文学/农村题材/新乡土文学的历史演变》，《天津社会科学》2009 年第 2 期。

的描写，对旷开田传统专制思想的揭示，着重表达的并非现代对传统人情伦理的冲击和破坏，更是现代化的未完成式，现代化还是一个未完成的过程，沉渣泛起的社会现象背后有着传统文化劣根性的推波助澜。也正因此，在旷开田被抓捕后（也是传统专制思想去除之后），暖暖即顺利地建构了楚王庄的乌托邦，透过湖面的烟雾，所看所想才会是："楚王赀，是你吗？是你就请走远点，走得越远越好……越远越好……"①

作家的文化立场导致作品中所体现出的文化倾向、情感态度虽然有所差异，对传统文化优质因素的开掘还是呈现着某种一致性，因为人类文化精神的优秀遗产往往也是"最富有现代感，最有益于现代生活的内核"的。

当代长篇小说对传统文化优质因素的追寻和表现必然也包含着对不适应当代社会发展的部分的批判和反思，唯有如此，我们才能够对传统文化以及我们自身具有全面而深刻地认识，知其所"扬"，警其所"弃"，对此，无论文化研究者还是作家，主要都是将之放在现代化的坐标中进行考量。中国传统儒家文化是建基于自然小农经济之上，以血缘关系为纽带的宗法制度为基础形成和发展起来的，由此形成的伦理秩序规范必然会与现代化工业大生产的要求产生某种冲突。在20世纪80年代的文化热中，很多论者著文反思传统文化中不适应现代化要求的消极落后因素。如张岱年先生即指出中国传统文化中至少有四个方面是与现代文明不相两立必须予以否弃的：封建等级特权思想、家族本位传统、直觉神秘主义和笼统思维方式。②张鸿雁则将之归为平均主义的理想；中庸、无为、守旧、保守思想；否定个性的群体本位主义；家长作风和宗法观念；以德为尚的价值观等几个方面。③所有这些在当代小说中通过鲜明的人物形象得到了生动的展示。

细究起来，传统文化既然深刻地影响着我们的心理特征、价值观念、情感态度、审美趣味、思维方式，它的负面影响也必然在每一部作品中都或多或少，或显或隐地存在着。不仅仅作为改革派的对立人物如田守诚、高伯年、严阵等人，即使改革者身上也不乏传统文化对他们思想、精神、行为的束缚。郑子云对无爱婚姻的固守以维持其表面的模范家庭的行为心理，旷开田、岳鹏程等人君主的作风折射着乡村权力的畸形存在形态和人民民主意识的缺失，李高成在对严阵及其周围人的"圈子"思想进行批判的同时，也对自己身上不自觉中流露的"圈子"意识有所反思；在一些小人物张义民、

① 周大新：《湖光山色》，作家出版社2009年版，第361页。
② 范学德、范鹏：《张岱年谈中国传统哲学的批判继承》，《理论信息报》1986年12月29日。
③ 张鸿雁：《中国传统文化新探》，见张鸿雁：《断裂与继承》，上海人民出版社1987年版。

楚长顺等身上,体现着官本位、权势思想对人性、人情伦理的异化,甚至表现出一种奴性。张义民在家人面前的颐指气使和在领导面前的小心谨慎形成鲜明的对照。当《湖光山色》中的村主任詹石磴亲自为其弟的亲事登门时,我们看到楚长顺"受宠若惊"的样子:"忙不迭"地放下饭碗,"急急地"去搬凳子,"连声地"让着,脸上"漾满了"笑容,在明知暖暖不同意地情况下先表态同意,并用"变严厉"的眼光瞥着暖暖,送走主任后,又"有些激动,不停地搓着手自语着",活画出一个老人面对权势者时诚惶诚恐、唯唯诺诺、恭谨顺从的心态和模样。保守、中庸、因循等传统文化的消极因素在人物的身上更是一种常态。在《抉择》《白门柳》和《张居正》中,都触及中国传统文化中朋党政治的危害及其顽固性,予人以警醒。即使如《白鹿原》和《秦腔》虽然对传统文化有着更多一些的留恋,但作家的现代理性也驱使他真实地描绘了传统宗法观念对人的戕害,写出了农耕文化的局限和衰败的必然。可以说,作家对传统文化中不适应现代化发展的方方面面都有着表现和反思。借用余昌谷先生对改革小说中阻碍改革的人物形象的分析,"从他们产生的历史背景、社会根源以及他们的思想实质、性格特征和行为方式中,可以提高我们对这场改革斗争的艰巨性和复杂性的认识"。① 其中主要就是传统文化对人物的负面影响。传统文化在许多方面影响着我们社会的发展和进步,如果对这点估计不足,就会出现"新瓶装旧酒"的局面,表面上看,我们的社会前进了,而实际上封建的东西仍在起支配作用。② 中国的历史发展已经多次证明了这一点,从五四时期到20世纪80年代的新时期,时隔半个多世纪之后,依然需要"人"的觉醒的呼唤。况且,"精华"和"糟粕"常常同生共体。我们只能以理性之光去对之细加辨析,不断以现代文化去促进它的转化和再生,让自己的历史文化之河既是灵魂的归栖和养育之地,又适应现代社会的发展。对传统文化的追寻和反思,归根究底还是如何面对"现代"的问题。

文学的发展源于艺术上的不断探索。新时期文学在文学艺术上确实呈现了五彩缤纷的创新趋势,意识流、魔幻现实主义、语言迷宫、零度叙述、日常生活的平面化、先锋小说的艺术实验,不断更新和丰富着人们的阅读经验。同时,优秀的文学和文化遗产作为人类共同的财富,文学创作再怎样的一种创新都必然以对文学叙事传统的继承和借鉴为其基础和底色,如艾略

① 余昌谷:《在改革浪潮的冲击下——谈阻碍改革的人物形象的塑造》,《当代文坛》1985年第5期。

② 汤一介:《略论中国文化发展的前景》,《理论月刊》1987年第1期。

特的“传统与个人才能”，如布鲁姆所谓的“影响的焦虑”，虽彰显的是不同的向度，但都强调了传统对作家的影响。即使激进而陷入民族文化虚无的“文革”文学，力图创造“开创人类历史新纪元的、最光辉灿烂的新文艺”，在“样板戏”的创作过程中，仍需要对传统艺术吸取和利用，使“样板”的创作与艺术传统有了紧密的联系，不可能建成空中楼阁。在当下自由的文学环境中，文学的多样性得到了有效的保障，作家的创作更为自由，面对丰厚的文化和文学传统，丰富的精神资源，问题就在于怎样实现创造性转化和整合，化为我们的精神营养。

第五部分主要论述了新时期长篇小说对传统叙事模式的承传。古典长篇小说形式章回体以及史传、诗骚、传奇对当代小说的影响已是共识，有较多的研究成果，在此只是作了简单的概括性描述，而主要从时间、结构和魔幻手法三个方面去探索当代长篇小说作为现代小说叙事艺术中的创新与借鉴之处，在创新中不乏对传统叙事的借鉴和转化。新时期小说中体现的时间意识，从单一的线性发展的时间观到多样化的时间观，这样的发展线索是非常明晰的。这自然也与科学的发展、时代文化的发展分不开。虽然由于文化和社会实践的影响，线性的时间观和历史观一直占着主流的地位，但循环的时间意识却给当代文学带来了特殊的活力和魅力，是最具革新实验的叙事时间策略，也是文学进入后现代后常用的一种叙事时间手法。在循环时间既传统又后现代的双重性中，我们看到人类传统经验的巨大包容性。时间意识是具有哲学意味的，它与人的世界观、人生观都有着紧密的联系，对文学的影响也是全方位的，必然也影响着结构的设置。当代小说的结构方式众多，研究者对此有着多种多样的概括，①但人类对世界、人生和艺术的理解具有某种共通性，作为这种理解的艺术体现的结构，传统的叙事经验潜存于每一个作家的每一篇创作中。如当代以情节为中心的叙事性结构显然是中国古典小说包括史传的写作所采用的主要结构形态，《金瓶梅》《红楼梦》所开创的日常生活模式，更是影响了历代作家。正如研究者指出的

---

① 何镇邦在《文学观念的开拓与艺术手法的创新》（《文学评论》1985 年第 4 期）一文中以 20 世纪 80 年代前期的几部长篇小说为例，将长篇小说的结构类型划分为三种：叙事性结构、心理结构、多种结构的交错使用；李兆忠在《长篇小说结构的艺术整体性》（《文学评论》1985 年第 4 期）中认为，“倘若我们对长篇小说的结构形态作一个大体的甚至有点牵强的分类，就可以分出这样四种基本类型：第一种，传统的情节结构；第二种，以情绪为主体的心态结构；第三种，以思辨为主体的理念结构；第四种，交叉性结构。”张志忠在《论长篇小说的结构艺术》（《小说评论》1988 年第 6 期）中提出了三种结构模式：放射性结构，内敛式结构，介乎放射性结构与内敛式结构之间的写历史与写心灵并重的结构。此外，还有诸如“社会历史时代型”“文化心理感觉型”等的划分。

“从汪曾祺、阿城，经由贾平凹《废都》，再到莫言《檀香刑》《生死疲劳》等”，叙事传统在当代文学中获得了整体上的意义和再生①，他们各自的不同正显示着中国文学叙事传统的多样性。本书主要选择了莫言的《蛙》和刘震云的《一句顶一万句》进行细致的分析。《蛙》具有纪传体的特色，总体上也是以情节为中心的叙事性结构，《一句顶一万句》更接近于日常生活式的叙事，可以看到，这两部作品主要承袭的正是古典小说叙事传统中的两个重要面向：情节、故事模式和日常生活模式，它们又都是极其现代性的小说，在叙事结构上都有其独特性。

传统叙事艺术是极其丰富的，限于篇幅，在此也仅仅涉及了新时期文学中的魔幻写作，因为它对于新时期文学影响的巨大性，也因为作家体现出的从对拉美文学的借鉴到回归本土的明显转变。人类的很多新的创造，往往只是对传统的一种转化和利用，传统的叙事艺术因是人类普遍精神现象的体现充满了生命的活力。

本书对叙事传统的探讨是蜻蜓点水般浅尝辄止的，远没有能够呈现它在当代小说中的形态体现。这也许需要专门地细致研究，我想，它应该是一项很有意义的工作。

① 郭冰茹：《中国当代小说中的“叙事传统”》，《南方文坛》2013年第6期。

附　录　一

茅盾文学奖评奖条例

（2015 年 3 月 13 日修订）

茅盾文学奖是根据茅盾先生遗愿，为鼓励优秀长篇小说创作、推动中国社会主义文学的繁荣而设立的，是中国具有最高荣誉的文学奖项之一。

茅盾文学奖由中国作家协会主办。

一、指导思想

茅盾文学奖评奖工作以马列主义、毛泽东思想、邓小平理论、“三个代表”重要思想和科学发展观为指导，深入贯彻落实习近平总书记系列重要讲话精神，遵循文艺为人民服务、为社会主义服务的方向，贯彻百花齐放、百家争鸣的方针，弘扬主旋律，提倡多样化，鼓励深入生活、扎根人民，坚持导向性、权威性、公正性，褒奖体现中国当代长篇小说创作思想高度和艺术水准的优秀作品。

二、评奖范围

茅盾文学奖每四年评选一次。

参评作品须体现长篇小说体裁特征，版面字数 13 万字以上，于评奖年限内在中国大陆地区首次成书出版。

用少数民族文字创作的长篇小说，应以其汉语译本参评。

多卷本作品，应以全书参评。

三、评奖标准

茅盾文学奖评奖坚持思想性与艺术性有机统一的原则。获奖作品应具有深刻的思想内涵，有利于倡导爱国主义、集体主义、社会主义的思想和精神；有利于倡导改革开放和现代化建设的思想和精神；有利于倡导民族团结、社会进步、人民幸福的思想和精神；有利于倡导用诚实劳动争取美好生活的思想和精神。对于深刻反映现实生活和人民主体地位、体现中国精神、弘扬社会主义核心价值观、书写中华民族伟大复兴中国梦的作品,尤应予以关注。应重视作品的艺术品位,鼓励题材、主题、风格的多样化,鼓励在继承中国优秀传统文化和借鉴外国优秀文化成果基础上的探索和创新,鼓励具有中国作风和中国气派、为人民大众所喜闻乐见的作品。

四、评奖机构

茅盾文学奖评奖工作在中国作家协会书记处领导下,由茅盾文学奖评奖委员会负责。

评奖委员会成员应为关注和了解全国长篇小说创作情况的作家、评论家和文学组织工作者,均以个人身份参与评奖工作。年龄一般不超过70岁。

评奖委员会设委员若干名。由中国作家协会书记处聘请部分符合条件的人员;同时各省、自治区、直辖市作家协会和中国人民解放军总政治部宣传部艺术局各推荐一名符合条件的人选,由中国作家协会书记处审核聘请。

评奖委员会设主任、副主任,由中国作家协会书记处聘请。

评奖委员会下设评奖办公室,承担事务性工作。

五、评奖程序

1. 参评作品的征集与审核。

茅盾文学奖评奖办公室向中国作家协会团体会员单位、中国人民解放军总政治部宣传部艺术局、出版单位、大型文学期刊和持有互联网出版许可证的重点文学网站等征集参评作品。作品的参评条件以评奖办公室公告为准。

作者可向上述单位提出作品参评申请。评奖办公室不接受个人申报。

评奖办公室依据参评条件对所征集的作品进行审核,参评作品目录经审核后向社会公示。如发现不符合参评条件的,评奖办公室有权取消其参评资格。

2. 评选和产生获奖作品。

茅盾文学奖评奖实行票决制,评奖细则由中国作家协会书记处制订。

评奖委员会在对参评作品阅读、讨论的基础上,选出不超过十部提名作品;在提名作品中选出不超过五部获奖作品。

提名作品向社会公示。

投票实行实名制。投票、计票在公证机构监督下进行。

评奖委员会主任主持评奖工作,不参与投票。

3. 评奖结果发布和颁奖。

评奖结果经中国作家协会书记处批准后发布。举行颁奖大会，公布授奖辞，向获奖作品的作者颁发证书、奖牌和奖金；向获奖作品的责任编辑颁发证书。

六、评奖纪律

1. 严禁行贿受贿等违纪违法行为和人情请托等不正之风。评奖委员会成员和评奖办公室工作人员，须自觉遵守本条例和评奖细则规定的评奖纪律，不得有任何可能影响评奖结果的不正当行为。如有违反，有关人员的工作资格和有关作品的参评资格均予取消。

2. 评奖委员会成员和评奖办公室工作人员中，如系参评作品的作者或责任编辑、参评作品作者或责任编辑的亲属、参评作品发表或出版单位的主要负责人、参评作品所属的文库或丛书的主编，应主动回避。相关人员可选择退出评委会，或作品退出评选。

3. 中国作家协会组成专门的纪律监察组监督评奖过程。

七、评奖经费

1. 茅盾文学奖创立经费由茅盾先生捐赠。

2. 茅盾文学奖评奖和奖励经费由中国作家协会书记处筹措。

八、本条例由中国作家协会书记处负责修订、解释。

附 录 二

历届茅盾文学奖获奖作品名单

第一届(1977—1981):

魏巍《东方》、姚雪垠《李自成》(第二卷)、莫应丰《将军吟》、李国文《冬天里的春天》、古华《芙蓉镇》、周克芹《许茂和他的女儿们》

第二届(1982—1984):

李凖《黄河东流去》、张洁《沉重的翅膀》(修订本)、刘心武《钟鼓楼》

第三届(1985—1988):

凌力《少年天子》、路遥《平凡的世界》、孙力、余小惠《都市风流》、刘白羽《第二个太阳》、霍达《穆斯林的葬礼》

荣誉奖:萧克《浴血罗霄》、徐兴业《金瓯缺》

第四届(1989—1994):

陈忠实《白鹿原》(修订本)、王火《战争和人》(一、二、三)、刘斯奋《白门柳》(一、二)、刘玉民《骚动之秋》

第五届(1995—1998):

张平《抉择》、阿来《尘埃落定》、王安忆《长恨歌》、王旭烽《茶人三部曲》(一、二)

第六届(1999—2002):

熊召政《张居正》、张洁《无字》、徐贵祥《历史的天空》、柳建伟《英雄时代》、宗璞《东藏记》

第七届(2003—2006):

贾平凹《秦腔》、迟子建《额尔古纳河右岸》、麦家《暗算》、周大新《湖光山色》

第八届(2007—2010):

张炜《你在高原》、刘醒龙《天行者》、莫言《蛙》、毕飞宇《推拿》、刘震云《一句顶一万句》

第九届(2011—1014):

格非《江南三部曲》、王蒙《这边风景》、李佩甫《生命册》、金宇澄《繁花》、苏童《黄雀记》

参 考 文 献

一 专 著

安德义:《论语解读》,中华书局2007年版。

阿城:《闲话闲说——中国世俗与中国小说》,作家出版社1998年版。

《陈独秀文章选编》,生活·读书·新知三联书店1984年版。

陈旭麓编:《孙中山集外集》,上海人民出版社1990年版。

陈忠实:《陈忠实创作申诉》,花城出版社1996年版。

陈思和:《当代文学与文化批评书系·陈思和卷》,北京师范大学出版社2010年版。

陈乐:《现代性的文学叙事》,浙江大学出版社2008年版。

陈平原:《中国小说叙事模式的转变》,北京大学出版社2003年版。

陈晓明:《表意的焦虑:历史祛魅与当代文学变革》,中央编译出版社2002年版。

陈晓明:《无边的挑战:中国先锋文学的后现代性》,中国人民大学出版社2015年版。

陈黎明:《魔幻现实主义与新时期中国小说》,河北大学出版社2008年版。

程文超等著:《欲望的重新叙述》,广西师范大学出版社2005年版。

程文超主编:《新时期文学的叙事转型与文学思潮》,中山大学出版社2005年版。

程文超:《1903前夜的涌动》,山东教育出版社1998年版。

曹文轩:《二十世纪末中国文学现象研究》,作家出版社2003年版。

曹书文:《家族文化与中国现代文学》,中国社会科学出版社2002年版。

《邓小平文选》一、二、三卷,人民出版社1994年版。

戴锦华:《涉渡之舟:新时期中国女性写作与女性文化》,北京大学出版社2007年版。

房玄龄、刘绩注:《管子》,上海古籍出版社1989年版。

冯友兰:《三松堂全集》第5卷,河南人民出版社2001年版。

范国英:《茅盾文学奖的文学制度研究》,中国社会科学出版社2009年版。

樊星:《当代文学与多维文化》,武汉大学出版社2005年版。

《郭沫若全集》第10卷,人民文学出版社1985年版。

郭志刚等主编:《中国现代文学史》,高等教育出版社1999年版。

郜元宝等编:《贾平凹研究资料》,天津人民出版社2005年版。

洪子诚:《中国当代文学史》,北京大学出版社2010年版。

洪子诚:《作家姿态与自我意识》,北京大学出版社2010年版。

[魏]何晏等注:《论语》(四部要籍注疏丛刊),中华书局1998年版。

黄怀信主撰,孔德立,周海生参撰:《论语汇校集释》,上海古籍出版社2008年版。

黄克剑等编:《徐复观集》,群言出版社1993年版。

黄修己编:《赵树理研究资料》,知识产权出版社2010年版。

胡健玲主编,王永兵编选:《中国新时期小说研究资料》,山东文艺出版社2006年版。

湖北省作家协会、华中师范大学文学批评学研究中心编:《〈张居正〉评论集》,长江文艺出版社2003年版。

景海峰编:《儒家思想与现代化》,中国广播电视出版社1992年版。

季红真:《文明与愚昧的冲突》,浙江文艺出版社1986年版。

金汉:《中国当代小说艺术演变史》,浙江大学出版社2000年版。

贾平凹:《我是农民》,上海三联书店2012年版。

[汉]孔安国传,(唐)孔颖达正义,黄怀信整理:《尚书正义》,上海古籍出版社2007年版。

柯倩婷:《身体、创作与性别:中国新时期小说的身体书写》,广东人民出版社2009年版。

《鲁迅全集》,人民文学出版社2005年版。

罗岗等编:《梅光迪文录》,辽宁教育出版社2001年版。

罗婷等著:《女性主义文学批评在西方与中国》,中国社会科学出版社2004年版。

刘迎秋等:《新时期山东小说流变与传统文化》,中国文联出版社2008年版。

刘卫国:《中国现代人道主义文学思潮研究》,岳麓书社2007年版。

刘忠:《知识分子影像与文学话语场》,上海文化出版社2010年版。

刘小枫:《儒家革命精神源流考》,上海三联书店2000年版。

刘小枫:《沉重的肉身》,华夏出版社2007年版。

刘小枫:《拯救与逍遥》,华东师范大学出版社2007年版。

刘晓波:《形而上学的迷雾》,上海人民出版社1989年版。

梁漱溟:《中国文化要义》,上海人民出版社2005年版。

梁漱溟:《东西文化及其哲学》,商务印书馆1935年版。

梁斌:《一个小说家的自述》,中国青年出版社1991年版。

李扬:《中国当代文学思潮史》,上海社会科学院出版社2005年版。

李生龙:《儒家文化与中国古代文学》,岳麓书社2009年版。

李泽厚:《中国古代思想史论》,东方出版社1987年版。

李泽厚:《中国现代思想史论》,生活·读书·新知三联书店2008年版。

李泽厚:《中国近代思想史论》,生活·读书·新知三联书店2008年版。

雷达主编,李清霞编选:《陈忠实研究资料》,山东文艺出版社2006年版。

雷达:《思潮与文体:20世纪末小说观察》,人民文学出版社2002年版。

路遥:《早上从中午开始:〈平凡的世界〉创作随笔》,中国文联出版公司1993年版。

《毛泽东选集》,人民出版社 1991 年版。

牟钟鉴:《儒学价值的新探索》,齐鲁书社 2001 年版。

孟繁华:《1978 激情岁月》,山东教育出版社 1998 年版。

孟华主编:《比较文学形象学》,北京大学出版社 2001 年版。

孟悦等:《浮出历史地表》,中国人民大学出版社 2004 年版。

蒙万夫等编:《柳青写作生涯》,百花文艺出版社 1985 年版。

南帆:《后革命的转移》,北京大学出版社 2005 年版。

彭华生等编选:《新时期作家谈创作》,人民文学出版社 1983 年版。

钱穆:《民族与文化》,台北联合出版中心社 1960 年版。

钱穆:《中国文学讲演集》,巴蜀书社 1987 年版。

钱穆:《国史大纲》,商务印书馆 2010 年版。

钱理群等:《中国现代文学三十年》,北京大学出版社 1998 年版。

任一鸣:《女性文学与美学》,新疆人民出版社 1995 年版。

人民文学出版社编辑部编:《〈白鹿原〉评论集》,人民文学出版社 2000 年版。

邵汉明主编:《中国文化研究二十年》,人民出版社 2003 年版。

申丹等著:《西方叙事学:经典与后经典》,北京大学出版社 2010 年版。

陶东风:《社会转型与当代知识分子》,上海三联书店 1999 年版。

童庆炳:《中国古代文论的现代意义》,北京师范大学出版社 2003 年版。

唐凯麟等:《重释传统:儒家思想的现代价值评估》,华东师范大学出版社 2000 年版。

唐小兵:《再解读——大众文艺与意识形态》,香港牛津大学出版社 1993 年版。

王国轩译注:《大学中庸》,中华书局 2006 年版。

王国维:《〈红楼梦〉评论》,浙江古籍出版社 2012 年版。

王瑶:《中国新文学史稿》,上海文艺出版社 1982 年版。

王一川:《修辞论美学:文化语境中的 20 世纪中国文艺》,中国人民大学出版社 2009 年版。

王德威:《想像中国的方法:历史·小说·叙事》,生活·读书·新知三联书店 2003 年版。

王德威:《现代中国小说十讲》,复旦大学出版社 2003 年版。

王德威:《当代小说二十家》,生活·读书·新知三联书店 2006 年版。

王安忆:《王安忆说》,湖南文艺出版社 2003 年版。

王宇:《性别表述与现代认同》,上海三联书店 2006 年版。

王诺:《欧美生态文学》,北京大学出版社 2003 年版。

吴义勤:《中国新时期文学的文化反思》,江苏文艺出版社 2009 年版。

吴义勤主编,王志华等编选:《王安忆研究资料》,山东文艺出版社 2006 年版。

吴秀明:《中国当代长篇历史小说的文化阐释》,文化艺术出版社 2007 年版。

吴晓东:《记忆的神话》,新世界出版社 2001 年版。

文洁华:《美学与性别冲突:女性主义审美革命的中国境遇》,北京大学出版社 2005 年版。

徐其超等:《聚焦茅盾文学奖》,作家出版社 2005 年版。

徐复观著,陈克艰编:《中国知识分子精神》,华东师范大学出版社 2004 年版。

徐坤:《双调夜行船:九十年代的女性写作》,山西教育出版社 1999 年版。

席建彬:《文学意蕴中的结构诗学:现代诗性小说的叙事研究》,人民出版社 2012 年版。

许纪霖主编:《公共性与公共知识分子》,江苏人民出版社 2003 年版。

许纪霖:《中国知识分子十论》,复旦大学出版社 2003 年版。

杨伯峻译注:《孟子译注》,中华书局 1960 年版。

杨义:《中国古典小说史论》,中国社会科学出版社 1995 年版。

杨义:《中国现代小说史》,人民出版社 1998 年版。

杨义:《中国叙事学》,人民出版社 2009 年版。

杨义:《文学地理学会通》,中国社会科学出版社 2013 年版。

杨志今等主编:《新时期文坛风云录》,吉林人民出版社 1999 年版。

杨守森等主编:《莫言研究三十年》,山东大学出版社 2013 年版。

杨柳:《宗璞文学创作评论集》,人民文学出版社 2003 年版。

严家炎:《五四的误读》,福建教育出版社 2000 年版。

禹建湘:《乡土想像:现代性与文学表意的焦虑》,湖南人民出版社 2008 年版。

余时英:《士与中国文化》,上海人民出版社 2003 年版。

袁可嘉等编选:《现代主义文学研究》,中国社会科学出版社 1989 年版。

[宋]朱熹集注:《四书集注》,岳麓书社 1985 年版。

张卫中:《新时期小说的流变与中国传统文化》,学林出版社 2000 年版。

张爱玲:《自己的文章》,傅光明主编,京华出版社 2005 年版。

张曙光:《现代性论域及其中国话语》,武汉大学出版社 2010 年版。

张京媛:《当代女性主义文学批评》,北京大学出版社 1992 年版。

张学军:《中国当代文学的艺术探索》,人民文学出版社 2009 年版。

张文东等:《浪漫精神与现实梦想——中国当代小说中的传奇叙事》,人民出版社 2013 年版。

张炜:《野地与行吟》,中国社会出版社 2007 年版。

张炜:《在半岛上游走》,作家出版社 2009 年版。

张炜:《激情的延续》,湖南文艺出版社 1996 年版。

张占国等编:《张恨水研究资料》,知识产权出版社 2009 年版。

张鸿雁:《断裂与继承》,上海人民出版社 1987 年版。

朱栋霖等主编:《中国现代文学史(1917—1997)》,高等教育出版社 1999 年版。

朱栋霖主编:《中外文学比较史》,江苏教育出版社 2009 年版。

赵景来:《90 年代哲学前沿问题研究述要》,天津社会科学院出版社 2002 年版。

赵园:《艰难的选择》,上海文艺出版社 1986 年版。

郑也夫:《知识分子研究》,中国青年出版社 2004 年版。

周扬:《周扬文论选》,人民出版社 2009 年版。

湛晓白:《时间的社会文化史——近代中国时间制度与观念变迁研究》,社会科学文献出版社 2013 年版。

中国作家协会创作研究部编:《长篇小说艺术论:长篇小说艺术暨文学发展趋势研讨会论文集》,作家出版社 2012 年版。

[美]爱德华·W.萨义德:《知识分子论》,单德兴译,生活·读书·新知三联书店 2002 年版。

[意]艾柯等:《诠释与过度诠释》,柯里尼编,王宇根译,生活·读书·新知三联书店 1997 年版。

[美]杜维明:《儒家传统与文明对话》,彭国翔编译,河北人民出版社 2010 年版。

[德]恩斯特·卡西尔:《人论》,甘阳译,上海译文出版社 1985 年版。

[德]黑格尔:《哲学史讲演录》第 1 卷,商务印书馆 1981 年版。

[美]华莱士·马丁:《当代叙事学》,伍晓明译,北京大学出版社 2005 年版。

[捷克]米兰·昆德拉:《被背叛的遗嘱》,余中先译,上海译文出版社 2003 年版。

[捷克]米兰·昆德拉:《小说的艺术》,唐晓渡译,作家出版社 1993 年版。

[荷]米克·巴尔:《叙述学:叙事理论导论》,中国社会科学出版社 2005 年版。

[美]马泰·卡林内斯库:《现代性的五副面孔》,顾爱彬等译,商务印书馆 2002 年版。

[美]斯蒂文·贝斯特等:《后现代理论》,张志斌译,中央编译出版社 2006 年版。

[英]特里·伊格尔顿:《历史中的政治、哲学、爱欲》,马海良译,中国社会科学出版社 1999 年版。

[英]特雷·伊格尔顿:《二十世纪西方文学理论》,伍晓明译,北京大学出版社 2007 年版。

[美]韦勒克等:《文学理论》,刘象愚等译,生活·读书·新知三联书店 1984 年版。

[法]伊夫·瓦岱:《文学与现代性》,田庆生译,北京大学出版社 2001 年版。

[日]中野美代子:《中国人的思维模式》,北雪译,中国广播电视出版社 1992 年版。

[美]詹姆斯·费伦:《作为修辞的叙事:技巧、读者、伦理、意识形态》,陈永国译,北京大学出版社 2002 年版。

二 博士论文

任美衡:《茅盾文学奖研究》,博士学位论文,兰州大学,2007 年。

王彩萍:《儒家文化与新时期作家研究》,博士学位论文,苏州大学,2005 年。

尹晓丽:《儒家文化传统与中国电影民族品性的构成》,博士学位论文,复旦大学,2007 年。

后 记

《儒家文化传统与新时期长篇小说的文化价值建构》这一课题是我在读博期间开始关注的，当时所做的博士论文将论述局限于茅盾文学奖获奖作品，也未曾涉及叙事方面。这本小书正是在博士论文的基础上进行的修改和完善，同样以茅盾文学奖获奖作品作为主要的考察对象，又涉及其他的有关创作，力图更为全面地反映当代长篇小说对儒家文化传统的表现与反思，借鉴与转化。这样的意图也驱使我尽可能多地阅读了当代的创作，并将之放于时代文化和文学传统中进行思考。纵观下来，也许由于学术上的偏向，落于笔端的更多还是对作家作品的细读分析，整体性的把握还差强人意，而且，第九届茅盾文学奖获奖作品并未纳入考察的范畴。

研究写作的过程也是一个自我不断充实和丰富的过程，就如一条鱼，在学术的海洋里畅游时，所到之处常感惊叹和惊喜，惊叹于海洋的博大深邃，也惊喜于自己的发现，激发着游得更深更广的期望和潜力，也更清楚地认识到自身的局限和不足。中国传统文化博大精深，而自己所知所解不过还限于表层，传统文学经典也常令我读之陶醉，精美丰赡的写人叙事技巧凝聚着多少人类的智慧！它们引起我的文化自豪感似乎并不是一种矫情。

在此，我衷心感谢博士导师张学军先生，他不仅在我读博期间给予我多方的指导，毕业几年，仍然不断地激励着我，不厌其烦地给我学术上的建议和鼓励。事实上，这一课题的最后章节，也正是缘于老师的提议。写作博士论文的时候，老师就曾建议我加入对小说结构的分析，但当时因时力不逮，自己竟知难而退，以致留下了一个遗憾。现在，我将对小说结构的分析作为一节，并加入了对当代小说中时间意识和魔幻手法的论述，这既是对自己的完善，也算是对师恩的一种弥补吧。

感谢山东大学的郑春教授、贺立华教授、刘方政教授、张华教授、黄万华教授，他们对我的论文曾提出了诸多有益的意见，曾使我受益颇多。感谢博士论文匿名评审时对我的论文进行审阅的老师们，虽然我无从知道他们的名字，但我有幸得到了他们认真负责的评阅，收到了那么多中肯的意见，也正是根据这些意见，我对博士论文进行了修改，并成功申请到了国家社科后期资助项目。

感谢项目评审的专家学者，他们提出的各项意见和建议指导着我的写作。

我也常常想起我的硕士导师张明亮先生。在威严的外表之下是对学生的慈爱之心,我和同学们背地里说老师外表像鲁迅,敬他也爱着他。毕业多年,南北城市,虽有联系但还没有机会再见,那天偶然看到老师微信上的头像,须发已经斑白,不禁感慨万千。感谢您最先为我打开了一扇门,使我看到学术中别样的风景,为之吸引着一路起来。

此刻,静坐于灯下,时间似乎静止,头脑中闪现着那么多熟悉的、亲切的、年轻或睿智的面孔,过去的生命又在记忆中复活,感谢所有在我生命中经过的人,认识的不认识的,在如《一句顶一万句》神秘的人生网络里,是你们使我成为现在的我,并将不断改变着我,丰富着我。"在无数的可能里一个变形的生命,永远不能完成他自己",而"那可能和不可能的使我们沉迷",我觉得自己一直是幸运的。

孙俊杰

2016 年 6 月

责任编辑:余　平
封面设计:毛　淳　徐　晖
版式设计:周方亚
责任校对:周　昕

图书在版编目(CIP)数据

儒家文化传统与新时期长篇小说的文化价值建构:以茅盾文学奖获奖作品为研究样本/孙俊杰 著. —北京:人民出版社,2017.6
(国家社科基金后期资助项目)
ISBN 978-7-01-017443-3

Ⅰ.①儒…　Ⅱ.①孙…　Ⅲ.①儒家-传统文化-影响-长篇小说-小说创作-文学创作研究-中国-当代　Ⅳ.①B222.05②I207.42

中国版本图书馆 CIP 数据核字(2017)第 047911 号

儒家文化传统与新时期长篇小说的文化价值建构
RUJIA WENHUA CHUANTONG YU XINSHIQI CHANGPIAN XIAOSHUO DE WENHUA JIAZHI JIANGOU
——以茅盾文学奖获奖作品为研究样本

孙俊杰　著

人民出版社 出版发行
(100706　北京市东城区隆福寺街 99 号)

北京市文林印务有限公司印刷　新华书店经销

2017 年 6 月第 1 版　2017 年 6 月北京第 1 次印刷
开本:710 毫米×1000 毫米 1/16　印张:14.5
字数:253 千字

ISBN 978-7-01-017443-3　定价:38.00 元

邮购地址 100706　北京市东城区隆福寺街 99 号
人民东方图书销售中心　电话 (010)65250042　65289539